# Zurück zur Spitze

Otto Kalthoff
Ikujiro Nonaka
Pedro Nueno

# Zurück zur Spitze

Unternehmen in Europa –
Durch Innovation und Kreativität zum Erfolg

Roland Berger Foundation

**Midas Management Verlag**
**St. Gallen • Zürich**

**Zurück zur Spitze**

Unternehmen in Europa –
Durch Innovation und Kreativität zum Erfolg


Titel der englischen Originalausgabe: The Light and the Shadow
Published by arrangement with Capstone Publishing Limited


1. Auflage 1999

Die Deutsche Bibliothek – CIP-Einheitsaufnahme:

Kalthoff, Otto:
Zurück zur Spitze: Unternehmen in Europa – Durch Innovation und Kreativität zum Erfolg./
Otto Kalthoff; Ikujiro Nonaka; Pedro Nueno.
Übersetzung von Maria Bühler. –
St. Gallen/Zürich: Midas Management Verlag AG, 1999.

Einheitssacht.: The Light and the Shadow < dt. >

ISBN 3-907100-06-9

Deutsche Übersetzung: Maria Bühler

Lektorat: Elisabeth Schüßlbauer
Satz: Silvia Meier
Cover: Agentur 21 (Foto © Mediacolor)

Druck- und Bindearbeiten: Druckerei F. Pustet, Regensburg
Printed in Germany

ISBN 3-907100-06-9

Verlagsanschrift:
Midas Management Verlag AG, Ankerstrasse 3, CH-8004 Zürich

## Autoren

**Otto Kalthoff** ist Seniorpartner der Roland Berger und Partner GmbH und Geschäftsführer der Roland Berger Foundation. Sein Spezialgebiet ist das strategische Management.

**Jean-Paul Larçon** ist Professor für Strategie an der Hautes Etudes Commerciales (HEC) in Paris. Er ist ehemaliger Dekan dieses Instituts und Mitbegründer des CEMS (Verband europäischer Managementschulen) sowie Koordinator des Fachbereichs Internationales Management an der HEC.

**Ronnie Lessem** ist außerordentlicher Professor für Internationales Management und akademischer Direktor des MBA-Programms an der City University Business School in London. Seine Spezialgebiete, denen er sich in Lehre und Forschung widmet, sind kulturenübergreifende Lernprozesse von Unternehmen und die Wissensgewinnung. Er ist als Berater für Unternehmen in Europa, Südafrika und dem Nahen Osten tätig und hat etwa zwanzig Bücher über Management und Organisationsentwicklung geschrieben. Er ist Geschäftsführer eines eigenen Familienunternehmens, Concord Clothing in Simbabwe.

**Klaus Macharzina** ist Präsident der Universität Hohenheim, Stuttgart, und dort auch Professor für Betriebswirtschaft. Er ist Direktor der Forschungsstelle für Technologie und Exportmanagement sowie Herausgeber der *Management International Review.*

**Raoul C. C. Nacamulli** ist ordentlicher Professor für Management und Organisationslehre an der Universität Reggio, Kalabrien, und Professor für industrielle Arbeitsbeziehungen an der Universität Bocconi. Er ist Direktor von CRORA, einem Forschungszentrum für die Effektivität von Organisationen an der Universität Bocconi.

**Ikujiro Nonaka** ist Gründungsdekan der Fakultät für Wissensforschung am japanischen Institut für Naturwissenschaften und Technik (JAIST) in Hokuriko und Professor am Institut für Innovationsforschung an der Universität Hitotsubashi. Er ist Koautor von *The Knowledge Creating Company (dt.: Die Organisation des Wissens. Wie japanische Unternehmen eine brachliegende Ressource nutzbar machen)*, das 1995 mit dem Preis für das beste Wirtschaftsbuch des Jahres ausgezeichnet wurde.

**Pedro Nueno** ist Bertran Foundation Professor für Management am Instituto de Estudios Superiores de la Empresa (IESE), Barcelona. Er ist Kanzler der Internationalen Managementakademie und Verwaltungsratsmitglied und Vorsitzender der China Europe International Business School (CFIBS) in Shanghai.

**Philip Rosenzweig** ist Professor für Strategie und Organisation am International Institute for Management Development (IMD). Bevor er 1997 zum IMD kam, war er Professor für Betriebswirtschaft an der Harvard Business School. Seine Hauptinteressen gelten dem strategischen Management sowie dem Personalmanagement in multinationalen Unternehmen und der Beziehung zwischen Kultur und Management.

## Danksagung

Die Autoren möchten den Unternehmen, die an der Studie teilnahmen, für ihre Unterstützung bei den Recherchen und für die zahlreichen Gespräche danken. Stellvertretend für viele andere sprechen wir David Potter von Psion, Prof. Dr. Berthold Leibinger von Trumpf, Dr. Detlev Hunsdiek von Bertelsmann, Javier Mongelos und Jesús Larranga von Mondragón sowie Rodrigo Echenique von der Banco Santander unseren Dank aus.

Das vorliegende Buch – und insbesondere die Ausführungen über die kulturelle Vielfalt Europas – wurde sehr stark durch zwei miteinander verknüpfte Konzepte beeinflußt. Es handelt sich um die Konzepte der «Global Businesssphere» (Gatley, Lessem und Palsule, 1997) und des «Cultural Compass» (Lessem und Altman, 1996), die wir unserem Kollegen Ronnie Lessem und dessen Mitarbeitern zu verdanken haben.

Besonderen Dank schulden wir der Roland Berger Foundation, die unsere Studie finanzierte, sowie ihren Mitgliedern, die in vielen Diskussionen wertvolle Beiträge leisteten.

Zu Dank sind wir auch Gay Haskins, Morgan Witzel sowie David Sharman verpflichtet, die sich um die Gliederung und Lektorierung dieses Buches verdient gemacht haben.

## Die Roland Berger Foundation

Die Roland Berger Foundation wurde 1992 aus Anlaß des 25jährigen Bestehens der Internationalen Unternehmensberatung Roland Berger & Partner gegründet. Das Ziel der Stiftung ist die Förderung und Unterstützung der wissenschaftlichen Entwicklung im nationalen und internationalen Management.

Die Stiftung wird von einem Rat geleitet und von einem Treuhänderausschuß unterstützt, dem 19 herausragende Persönlichkeiten aus führenden europäischen Unternehmen angehören.

# Inhalt

## Teil 2: Die Vielfalt

## Teil 3: Schlußfolgerungen



## Teil 4: Innovation und Führung

# Vorwort

In der Geschäftswelt war in jüngster Zeit viel von Konzepten wie Umstrukturierung, Downsizing, Reengineering und anderen die Rede. Diese Konzepte haben zwar durchaus ihre Daseinsberechtigung, aber im Grunde genommen sind sie negativ und nach innen gerichtet. Unternehmen, die sich langfristig behaupten wollen, müssen nach vorne blicken und sich nach außen orientieren, um ihr Wachstum zu sichern und neue Chancen zu nutzen. Innovation ist der Schlüssel für die Zukunft.

Unter Innovation stellt man sich häufig lediglich die Einführung neuer Produkte vor, für die ein begrenzter Kreis von Beschäftigten verantwortlich zeichnet. Dabei handelt es sich um eine sehr viel umfassendere und komplexere Aufgabe, die zahlreiche Mitarbeiter und Mitarbeiterinnen im gesamten Unternehmen angeht. Innovation ist ein sehr spannendes Thema, in dessen Kern es um die Vielfalt des Wissens und der Visionen geht. In diesem Buch untersuchen wir erfolgreiche innovative Unternehmen und leiten aus unseren Feststellungen die Grundprinzipien der Innovation ab.

Können diese Grundprinzipien auf alle Unternehmen angewandt werden? Die Vielfalt der in den Unternehmen anzutreffenden Kulturen spricht dagegen. Wir untersuchen daher die verschiedenen Aspekte der Vielfalt und erklären, warum gerade europäische Firmen sich auf ihr kulturelles Erbe besinnen sollten.

Dies führt uns über die Themen der Innovation und Vielfalt hinaus zur zweiten zentralen Aussage des vorliegenden Buchs. Europa besitzt eine außergewöhnliche Tradition der Innovation in Kunst und Wissenschaft. Europa war auch einmal ein Motor für Innovationen in der Wirtschaft, fällt aber derzeit im Vergleich mit Amerika und Japan deutlich zurück. Wir glauben, daß zu viele europäische Unternehmen den oben schon angedeuteten Fehler begehen, auf der Jagd nach vermeintlich «globalen» Prinzipien ihr kulturelles Erbe zu vernachlässigen. Darüber hinaus hat Europa leider auch die Begeisterung für

Innovationen und die Bereitschaft zu Veränderungen und zur mutigen, offensiven Auseinandersetzung mit der Zukunft verloren.

Europa muß die Leidenschaft für Innovationen, die Sensibilität gegenüber der eigenen Kultur und die Bereitschaft zum Wandel zurückgewinnen. Dieses Buch will zum Nachdenken anregen, aber keine fertigen Lösungen anbieten. Wir hoffen, daß uns dies gelungen ist.

# Einführung

# 1 Europa: Eine Tradition des Unternehmertums und der Innovation

Die Ursprünge des europäischen Strebens nach Wissen und Erkenntnis liegen im antiken Athen zur Zeit Sokrates'». Sokrates war der erste, der die menschliche Neugierde auf die Welt der Objekte lenkte, weg von den Göttern und übernatürlichen Erscheinungen. Platon, einer seiner Schüler, entwickelte als erster eine Reihe von Idealen, an denen sich die Menschen in ihrem Leben orientierten konnten. Es handelte sich um grundsätzliche Ziele, die sie in den Künsten und Wissenschaften verfolgen konnten. So begann ein Prozeß, in dessen Verlauf die Innovation zu einem wesentlichen Bestandteil der europäischen Kultur wurde. Heute, 2400 Jahre später, ist die Innovation untrennbar im europäischen Wesen verwurzelt und fest im Bewußtsein der intellektuellen Elite des Kontinents verankert. Die Suche nach Neuem auf allen Gebieten, in der Philosophie, in den Geisteswissenschaften und in den technischen Disziplinen, hat das Bild Europas maßgeblich geprägt – in der Tat gehen diese drei oft Hand in Hand.

Das Wahre, das Gute und das Schöne waren die drei Ideale, die Platon als die Ziele einer gerechten Gesellschaft betrachtete. Die Verfolgung dieser Ideale hat die europäischen Innovatoren seit damals in jedem Bereich ihres Denkens und Handelns beeinflußt. Um Platons Idealen nahezukommen, benötigen die Menschen jedoch Wissen. Zwar mögen Vertrauen und Glauben oft wichtige Einflußfaktoren sein, aber sie stellen keine unabdingbare Voraussetzung dar. Der wahre Kraftstoff, der den Antrieb für Innovationen liefert und ihre Gestalt prägt, ist das Wissen. Platon ging davon aus, daß Wissen in unterschiedlicher Form und Gestalt auftreten könne: Verschiedene Denkweisen führten zu verschiedenen Formen des Wissens, und so erwachse aus der Vielfalt des Denkens die Gesamtheit der Erkenntnisse.

Platon selbst war es nicht vergönnt, die Umsetzung seiner Ideen zu erleben. Sein einziger Versuch, die eigene Philosophie an der Realität zu erproben und einen bestmöglichen Staat zu gründen, der auf dem Wahren, dem Guten und dem Schönen basierte, schlug fehl. Gegen Ende seines Lebens beschränkte er sich darauf, hauptsächlich über das Wesen der Gerechtigkeit zu schreiben. Aber seine Ideen wirkten auf der ganzen Welt fort. Platons Definitionen der Ideale und des Wissens haben die Entwicklung der Grundlagen der modernen Natur- und Geisteswissenschaften erst ermöglicht. In den nächsten eineinhalb Jahrtausenden bezogen die Philosophie und die Naturwissenschaften des Westens (und des Nahen Ostens) ihre wichtigsten geistigen Anregungen von Platon und seinem Schüler Aristoteles. Im Mittelalter stand das Denken Platons hinter der Entstehung einer neuen Wissensbewegung, der Scholastik. Diese wiederum löste die Revolution der modernen Wissenschaften aus, die Europas Weg zur Weltmacht für vier Jahrhunderte ebnete.

Im Jahr 1107 nach Christus galt Paris als das europäische Zentrum des Gelehrtentums. In diesem Jahr machte erstmals ein ehrgeiziger junger Gelehrter und Theologe namens Peter Abaelard von sich reden, als er ein öffentliches Streitgespräch mit einem anerkannten orthodoxen Gelehrten, Wilhelm von Champeaux, führte und dabei dessen Ruf zerstörte. Abaelard war in vielerlei Hinsicht einzigartig. Zunächst war der Sohn eines Ritters anders als die meisten Gelehrten seiner Zeit weder Priester noch Mönch, sondern Laie. Zweitens hatte er nur wenig Respekt für die damals verbreiteten philosophischen und religiösen Überzeugungen übrig, die größtenteils aus den Anfangszeiten des Christentums überliefert worden waren und auf dem Glauben und nicht auf der Vernunft beruhten. Aber die Vernunft war Abaelards Königreich, und aus den Grenzen dieses Reiches heraus griff er die heiligen Kühe seiner Zeit an. Sein persönliches Unglück (nach einer leidenschaftlichen Affäre mit einer seiner Schülerinnen wurde er von deren rachedurstigem Onkel entmannt) scheint sein Verlangen nach intellektueller Auseinandersetzung nur noch verstärkt zu haben.

Abaelard brauchte geistige Herausforderungen und Streitgespräche wie die Luft zum Leben. Während die orthodoxen Gelehrten es mit Anselm von Canterbury und dessen Motto *Credo ergo cognito* («Ich glaube, deshalb weiß ich») hielten und unbeirrt daran festhielten, daß der Glaube als geistige Nahrung für die Menschen völlig ausreiche, widersetzte sich Abaelard dieser allgemeinen Grundhaltung und stellte sie mit seiner berühmten Doktrin in Frage: «Das Zweifeln veranlaßt uns dazu, die Dinge zu prüfen, und durch das Prüfen gelangen wir zur Wahrheit». Kein Bereich der Philosophie war vor seinen bohrenden Fragen sicher. Obwohl Abaelard wiederholt von der katholischen Kirche verdammt wurde, stellte er die Weichen für die Verfolgung philosophischer Fragestellungen in den folgenden Jahrhunderten. Er bereitete den Nährboden für den intellektuellen Wissensdurst, der fünf Jahrhunderte später zu den wissenschaftlichen Entdeckungen von Descartes und Newton führte.

Dieser Geist ist noch heute in der europäischen Kultur lebendig. Nach Abaelard wurde das Tempo des Erkenntnisstrebens, der Entdeckungen und der Innovation selten nachhaltig gebremst. Neugierde und Wissensdurst schlugen tiefe Wurzeln in der europäischen

Kultur. Das philosophische Streben nach Erkenntnis hat wiederum zu Fragen über die physische Welt geführt, zum Wunsch, etwas über die Menschen als Individuen und die Interaktion von Gruppen herauszufinden, und zum Interesse am technischen Fortschritt. Motor dieses Wissensdurstes waren letztlich die drei von Platon definierten Ziele des Wahren, des Guten und des Schönen – also die höheren Dinge, nach denen die europäische Zivilisation immer gestrebt hat.

Im Frühjahr 1434 stand der Infant von Portugal auf einer Landspitze in der Nähe der Stadt Sagres im Südwesten Portugals und beobachtete ein Schiff, das am Horizont verschwand. Die kleine Karavelle unter Führung des Navigators Gil Eannes war mit einer klaren Mission in See gestochen: Sie sollte eine Route um Kap Bojador an der westafrikanischen Küste südlich der kanarischen Inseln finden, die damals die südliche Grenze der bekannten Welt darstellten. Für den Infanten von Portugal, der als Heinrich der Seefahrer in die Geschichte einging, markierte diese Mission den Beginn eines persönlichen Feldzugs der Suche nach dem Wahren, dem Guten und dem Schönen, weil er die Grenzen der bekannten Welt erforschen wollte. Für die Welt bedeutete diese Mission den Beginn des europäischen Zeitalters der Entdeckung und der Kolonialisierung.

Die Geschwindigkeit, mit der immer neue Entdeckungen gemacht wurden, war phänomenal. 1460, im Todesjahr Heinrichs des Seefahrers, legten portugiesische Schiffe an der Küste Sierra Leones an. Die Suche nach neuen Ländern hatte längst eine Eigendynamik gewonnen. 1488 umrundete Bartolomeu Diaz das Kap der Guten Hoffnung und erreichte die Südspitze Afrikas; 1498 warf Vasco da Gama Anker vor dem südindischen Hafen Calicut; 1509 eroberten die Portugiesen die Stadt Malakka im heutigen Malaysia, und 1513 – nur siebzig Jahre, nachdem Gil Eannes zum Kap Bojador aufgebrochen war – erreichten portugiesische Schiffe die südchinesische Stadt Kanton. Die Straße nach China, ein jahrhundertealter Traum der Europäer, war in weniger als einer Generation entdeckt worden, und das mit ein paar winzigen Segelschiffen aus Holzbrettern und mit den primitivsten

Navigationsinstrumenten. Die Welt war kein unendlich weiter unbekannter Raum mehr; sie hatte sich innerhalb kürzester Zeit in ein riesiges Neuland verwandelt, das auf immer häufigeren Entdeckungs- und Handelsreisen erkundet wurde. Zwischen der Enge des frühen Mittelalters, in dem man sich vor dem fürchtete, was hinter den Grenzen des Bekannten liegen könnte, und der Zuversicht eines Engländers, der erklärte: «Es gibt kein Land, das nicht bewohnbar, und kein Meer, das nicht schiffbar wäre», liegt nur ein Jahrhundert.

Die Entdeckungsreisen Heinrichs des Seefahrers waren auch Handelsreisen, und der Welthandel wurde eine Zeitlang zum neuen Grenzland, das den Entdeckerdrang und die Fantasie anregte. Selbst im Fernen Osten dienten die portugiesischen und spanischen Kaufleute als Mittler zwischen den sich feindlich gesinnten Reichen Japans und Chinas. Europa kam mit diesem Handel zu großem Reichtum, der auf unterschiedliche Weise wieder in die Wirtschaft investiert wurde. Die Ausweitung der wirtschaftlichen Aktivitäten führte zu einer wachsenden Komplexität der nationalen Wirtschaftssysteme, und der Wohlstand wuchs. 1776 schrieb der damals 53jährige schottische Gelehrte und Ökonom Adam Smith:

> Die Reichen suchen sich das aus, was am wertvollsten ist und was sie haben möchten. Sie verbrauchen kaum mehr als die Armen... Sie werden von einer unsichtbaren Hand gelenkt, die fast dieselbe Verteilung der lebensnotwendigen Dinge vornimmt, wie sie vorgenommen würde, wenn die Erde unter allen Bewohnern zu gleichen Teilen aufgeteilt wäre. Auf diese Weise, ohne es zu beabsichtigen und ohne es zu wissen, fördern sie die Interessen der Gesellschaft und stellen die Mittel zu deren Wachstum bereit.

Smith war weniger ein Innovator als ein Katalysator für Ideen und Entwicklungen. Er führte ein bis dahin ungeordnetes Feld zusammen und schuf daraus eine Disziplin. Darüber hinaus besaß er die Fähigkeit, seine Ideen über die Wirtschaft auf eine leicht verständliche

Weise auszudrücken, was dazu führte, daß mehr Menschen sich mit ökonomischen Fragen beschäftigten und eine allgemeine Diskussion in Gang gesetzt wurde. Smith haben wir die Werttheorie und die Definition der Produktionsfaktoren Land, Arbeit und Kapital zu verdanken, die bis heute zu den Grundlagen der Wirtschaftstheorien zählen. So unterschiedliche Ökonomen wie Lenin und Hayek haben sich auf seine Theorien berufen. *Der Wohlstand der Nationen* kennzeichnet den Beginn unseres wissenschaftlichen Verständnisses der grundlegenden Kräfte in der Wirtschaft – der «unsichtbaren Hand», die unser aller Leben beeinflußt. Smiths Einfluß wurde auch dadurch verstärkt, daß er seine ökonomischen Theorien mit der moralischen Dimension des menschlichen Handelns in Beziehung setzte.

Die Disziplin der Ökonomie, zu deren Begründung Smith so viel beitrug, hat viele bekannte europäische Denker hervorgebracht. Zu den herausragendsten gehört Max Weber, der seine Laufbahn als Professor für Ökonomie 1896 in Heidelberg begann. Kurz danach erlitt er einen Nervenzusammenbruch, der ihn zwang, sich aus dem akademischen Leben zurückzuziehen. Während seiner Rekonvaleszenz schrieb er sein bekanntes Werk *Die protestantische Ethik und der Geist des Kapitalismus*, das 1905 zum ersten Mal erschien. Möglicherweise verstärkte seine Erkrankung sein Interesse am Rationalismus – auch der Ökonom John Stuart Mill litt an einer Nervenkrankheit und ließ eine starke rationalistische Tendenz erkennen. Jedenfalls üben seine Theorien über den Rationalismus bis heute einen Einfluß auf Historiker, Volkswirtschaften und Wirtschaftsunternehmen gleichermaßen aus.

Zu den größten europäischen Innovationen gehört die Erfindung des Unternehmens. Die Prototypen des internationalen Unternehmens des zwanzigsten Jahrhunderts wurden zur Zeit des ersten Kreuzzugs (1096–1099) in Norditalien gegründet. Ihre Grundlage war der Handel zwischen Westeuropa und Asien mit Waren aus dem Orient, der mit hohen Gewinnen, aber auch mit großen Risiken verbunden war. Gehandelt wurde vor allem mit Gewürzen und Grundstoffen wie

Alaun, das in der Medizin und der Stoffherstellung eine wichtige Rolle spielte. Die Unternehmen wurden von mehreren Kaufleuten gegründet, die sich in Anbetracht der hohen Kosten für den weiten Transport zu Land und zu Wasser zusammenschlossen, um Kapital zu investieren, Größenvorteile zu nutzen und die Risiken auf mehrere Schultern zu verteilen.

Auch wenn diese frühen Unternehmen nach unseren modernen Maßstäben sehr primitiv waren, handelte es sich doch um komplexe Organisationen. Zwar mögen die Zaccaria Company und die Bank of St. George heute – von einigen wenigen Historikern abgesehen – in Vergessenheit geraten sein, aber sie stellen fraglos die Vorläufer der heutigen multinationalen Konzerne dar. Schon im Jahr 1300 verkauften sie und andere nach ihrem Vorbild gegründete Unternehmen Geschäftsanteile, und jede größere Stadt eröffnete eine Börse. Regierungen und Privatunternehmen fingen an, Anleihen zu verkaufen. Die doppelte Buchführung, die Grundlage des modernen Rechnungswesens, wurde als Standardmethode eingeführt, und in den Vorläufern unserer modernen Wirtschaftsfakultäten wurden Buchführung und andere Grundlagen der Unternehmensführung gelehrt. Das Bankenwesen war mit der Einführung von Banknoten und europaweiten Darlehensvergaben immer komplexer geworden. Als die englische Regierung mit der Rückzahlung ihrer Darlehen Mitte des vierzehnten Jahrhunderts in Verzug geriet, bekamen dies die italienischen Banken direkt zu spüren. Die Seeversicherungen entwickelten sich zu einem eigenen Markt. Als die Unternehmen größer wurden und ins Ausland expandierten, wandten sie eine Vielzahl von Wachstumsstrategien an, wie etwa die direkte Beteiligung an anderen Firmen, die Gründung von Vertretungen und frühe Franchising-Formen. Die Unternehmen waren wirklich international geworden. Es gab eine genuesische Firma, die Vertreter in China und in Island beschäftigte und Niederlassungen in jedem größeren westlichen Land betrieb.

Die im Handel üblichen Methoden und Gepflogenheiten wurden bald auch auf die Produktion übertragen. Im Tuchhandel, der in Westeuropa damals ungefähr dieselbe wirtschaftliche Bedeutung besaß wie heute die Öl- oder Elektronikindustrie, begannen die Unternehmer, Arbeitsschritte wie das Weben und Färben an Subunternehmer zu vergeben. Allerdings entdeckten sie schnell, welche Vorteile es hatte, die Produktion im Unternehmen zu konzentrieren. So entstanden die großen Stoffindustrien Norditaliens, deren Techniken sich schnell nach Flandern und von dort nach Norddeutschland und England ausbreiteten. Hier sind schon Ansätze für die verschiedenen Richtungen festzustellen, in die sich die Unternehmensmodelle in den romanischen, germanischen und angelsächsischen Ländern entwickelten. In Italien, wo der Feudalismus nur schwach ausgeprägt war oder gar nicht existierte, wurden große, weitverzweigte Familienunternehmen aufgebaut, deren berühmtestes Beispiel wohl die Medicis in Florenz waren. In Deutschland herrschte ein ausgeprägter Feudalismus, und das autoritäre Regierungssystem spielte eine wichtige Rolle. In den Hanse-Staaten waren beispielsweise der Standort und die Gemeinschaft wichtiger als die Familie. In England, wo sich die Stellung der Mittelschichten um 1350 frühzeitig dem relativ schwachen Adel annäherte, traten dominante einzelne Persönlichkeiten in den Vordergrund.

Im Lauf der Zeit entwickelten sich die Unternehmen weiter, und sie wurden immer komplexer. Auf der ganzen Welt entstanden neue Märkte, während sich politische und ökonomische Veränderungen auf die wirtschaftliche Situation der Länder und Regionen auswirkten. Das Zentrum des Bankenwesens verlagerte sich im sechzehnten Jahrhundert von Florenz nach Genua, im siebzehnten Jahrhundert nach Antwerpen und im achtzehnten Jahrhundert nach London. Die Ökonomie etablierte sich als eigene Disziplin, als 1776 Adam Smiths *Der Wohlstand der Nationen* erschien.

Zu Beginn des zwanzigsten Jahrhunderts dominierten Wirtschafts- und Unternehmensstrukturen nach europäischem Vorbild den Globus. Sie hatten die ökonomische Entwicklung in den Vereinigten Staaten geprägt, deren dominierende Bevölkerungsgruppe damals europäische Einwanderer waren. Sie waren, direkt und über die Vereinigten Staaten, das Vorbild für die Wirtschaftsreformen unter Kaiser Meiji in Japan und für die neuen Handelsfirmen in China und Südostasien gewesen. Zwar betrieben andere Gesellschaften und Zivilisationen ebenfalls Handel, aber keine von ihnen in dem Ausmaß oder mit so fortschrittlichen Methoden wie Europa. Als im späten fünfzehnten Jahrhundert und danach immer neue Länder für den Handel erschlossen wurden, erstickte das europäische Wirtschaftsmodell schnell die lokalen Systeme. Man kann durchaus den Beweis dafür führen, daß das moderne *Unternehmen* – im Gegensatz zum *Management* – mehr durch den Einfluß Europas als durch den irgendwelcher anderer Länder geprägt worden ist.

Diese wenigen Beispiele – und es ließen sich noch viele andere anführen – zeigen deutlich, daß Europa auf eine starke Tradition des Unternehmertums und der Innovation zurückblickt. Die Geschichte der europäischen Innovation und der europäischen Wirtschaftsentwicklung hatte nicht nur positive Seiten, denn auch Ausbeutung, Kolonialismus, Sklaverei und der Mißbrauch der Technik durch Diktatoren gehörten dazu. Es ist aber auch eine Geschichte, in der sich der menschliche Geist immer wieder neue Herausforderungen suchte, immer neue Durchbrüche erzielte, und der europäische Lebensstandard auf ein Niveau gebracht wurde, von dem unsere Vorfahren nicht einmal träumen konnten.

# 2 Zwei Leitmotive: Innovation aus der Vielfalt und der europäische Imperativ

## Allgemeingültiges und Vielfalt

Die Vielfalt der Kulturen fordert dazu auf, sich vom Licht der Sicherheit in den Schatten des Unbekannten zu wagen. Der Schatten birgt viele Elemente: andere Firmen (auch Wettbewerber), Verbraucher, Lieferanten und all die traditionellen Anspruchsgruppen im Unternehmen. Ebenfalls wichtig sind die weniger unmittelbaren Einflüsse wie Kultur, Religion und Umgebung. Um ihre Vielgestaltigkeit zu verstehen, müssen Firmen und Führungskräfte sich mit Fragen befassen, die außerhalb ihres gewohnten Radius liegen.

Wie dieses Buch zeigt, gelten viele universelle Grundsätze gleichberechtigt nebeneinander. In der Tat hat die Studie, auf der das Buch basiert, viele dieser Grundsätze bestätigt, die ausführlich in Kapitel 7 beschrieben werden. Gleichzeitig jedoch können und sollen diese allgemeingültigen Prinzipien mit den zahlreichen Möglichkeiten und Chancen vereinbart werden, die sich durch die Verschiedenheit der Kulturen eröffnen. Wenn es Unternehmen gelingt, die universalen

Aspekte guten Managements mit den Faktoren zu vereinen, die sich aus ihrem individuellen Erbe und ihrem Umfeld ergeben, schaffen sie sich eine einzigartige Plattform für Innovationen. Aus dieser Einmaligkeit können sie Wettbewerbsvorteile ableiten. Dagegen wird die Effektivität der universellen Prinzipien geradezu sabotiert, wenn man das individuelle Erbe eines Unternehmens nicht berücksichtigt.

Eine Innovationsplattform, die auf dem Prinzip der Verschiedenheit basiert, besitzt wesentlich höhere Erfolgschancen als eine Plattform undifferenzierter Grundlagen. Wie in diesem Buch noch gezeigt wird, ermöglicht es gerade die Verschiedenheit des Wissens und der Visionen, daß die höchsten Ebenen der Innovation erreicht werden. So erweist sich die Verschiedenheit, auch wenn sie manchmal eher als Hemmschuh für Innovationen wahrgenommen wird, letztlich als Quelle zusätzlicher Chancen.

Das Universalrezept – die «eine beste Methode» – ist zum Teil deshalb so verlockend, weil es so einfach scheint. McLuhan (1964:5) beobachtete: «In jeder Kultur und jedem Zeitalter gibt es ein bevorzugtes Wahrnehmungs- und Wissensmodell, das sich gerne als allgemeingültig darstellen möchte.» Universalmodelle sind so attraktiv, weil sie einfach, überzeugend (manchmal nur dem Schein nach) und leicht verständlich sind. Im Geschäftsleben werden Fragen des Managements häufig auf einige wenige Grundprinzipien und Grundkonzepte reduziert, die dann in Modeworten oder eingängigen Slogans ihren Ausdruck finden. Diese Konzepte sind eingängig und bewähren sich auch oft genug – wenn sie richtig angewandt werden. Aber leider klammern sich viele auch dann noch an sie, wenn die Umstände schon längst eine Abkehr von den etablierten «Regeln» fordern. Mit dem Phänomen der Verschiedenheit umzugehen, ist dagegen viel schwieriger. Dazu benötigt man eine größere Flexibilität, eine gesunde Skepsis gegenüber den gewohnten Sichtweisen, ein besseres Verständnis der Interaktionen zwischen Firmen und ihrem Umfeld (und zwar nicht nur auf der Ebene des Markts) sowie eine hohe Offenheit und Toleranz gegenüber anderen Modellen und Verhaltensweisen.

Der zweite Grund für die Attraktivität eines Universalrezepts ist der, daß es sich auf das (zumindest theoretisch) Bekannte konzentriert – auf das Unternehmen selbst mit seinen Strukturen und Prozessen. In der Managementrevolution Mitte des zwanzigsten Jahrhunderts sah Chandler das Auftauchen einer «sichtbaren Hand», die die Unternehmen lenkte, während die «unsichtbare Hand» (in Anlehnung an Adam Smith) die Marktmechanismen steuerte (Chandler, 1977). Vor ihm hatte schon Drucker die Manager als entscheidende Figuren im Unternehmen bezeichnet. Ohne Manager, so Drucker, könne es keine Unternehmen geben. Mit dem Universalrezept soll nun die «eine beste Methode» definiert werden, wie Manager ihre Unternehmen organisieren können, um optimale Ergebnisse zu erreichen. Es gibt universale Faktoren in allen Unternehmen – Führerschaft, Investitionen, Strukturen, Training, Informationen, Belohnungssysteme –, die alle Manager (zumindest in der Theorie) in ihren eigenen Firmen feststellen können. Tatsächlich standen diese Faktoren so lange im Rampenlicht, daß viele Führungskräfte schon in Gefahr geraten, von ihnen geblendet zu werden. Sie reagieren auf Veränderungen der Märkte und der Umgebung fast instinktiv mit nach innen gerichteten Lösungsversuchen: Der Verlust eines sicher geglaubten Markts wird mit Downsizing und Hierarchieabbau zu kompensieren versucht, Kontrollprobleme mit immer neuen Investitionen in Informationstechnologien. Dabei wird kaum gefragt, ob diese Maßnahmen wirklich angemessen sind.

Der dritte Grund für die Attraktivität des Universalrezepts ist seine scheinbare Anwendbarkeit auf die Inlandsmärkte der Vereinigten Staaten und Japans, wo die jeweiligen Unternehmenskulturen relativ homogen sind. In einer Kultur, deren Unternehmen im großen und ganzen ähnliche Verhaltensweisen und Ziele haben, erscheint auch ein allgemeingültiges System logisch und möglich.

Trotz dieser Vorteile aber ist die «eine beste Methode» ein unzulänglicher Ansatz. In einer immer globaleren Wirtschaft ist vielmehr die Heterogenität, die Europa beispielhaft repräsentiert, eine angemessenere Metapher. Europäische Firmen verfügen mit ihrem Potential, mit unterschiedlichen kulturellen, rechtlichen, gesellschaftlichen und sprachlichen Umgebungen effektiv umzugehen, über einen Aktivposten, der wiederum erfolgreich im internationalen Geschäftsumfeld eingesetzt werden kann. Aus dieser Perspektive kann man Europa als Labor für die Förderung des globalen Managements betrachten. Vielleicht liegen hier auch einige Lektionen für multinationale, multikulturelle Unternehmen, die ihre Wurzeln mehr in der amerikanischen oder japanischen Tradition haben.

## Das europäische Modell

Die Notwendigkeit, das Prinzip der Vielfalt zu akzeptieren und darauf aufzubauen, stellt viele Aspekte der herkömmlichen Denkweisen in Frage. Aktuelle – und vergangene – Trends in der Managementtheorie konzentrieren sich meist auf universale Grundsätze. Ob mit dem wissenschaftlichen Management, das Regeln für die effiziente Ausführung von Prozessen festlegte, oder mit dem Reengineering, das zumindest den Vorteil hat, versuchsweise Effizienz mit Effektivität zu kombinieren – immer haben Managementtheoretiker und -praktiker nach der «einen besten Methode» gesucht, nach einem ultimativen Unternehmens- und Führungsmodell, das die Erfolgschancen sichern oder zumindest erhöhen würde. Lange Zeit galt das amerikanische Unternehmen im zwanzigsten Jahrhundert als das ultimative Modell, das das gewaltige Wirtschaftswachstum ermöglichte, das die USA zur reichsten Nation der Welt machte. Später, als der amerikanische Wohlstand gar nicht mehr so sicher wirkte, wandte sich die Aufmerksamkeit dem japanischen Modell zu. Japanische Unternehmen hatten nach dem Zweiten Weltkrieg innerhalb weniger Jahrzehnte ihr Land und ihre Wirtschaft aus den Ruinen wiederaufgebaut und zu einer globalen Wirtschaftsmacht gemacht. Diese Verwandlung kam den amerikanischen Unternehmen fast wundersam vor, zumal sie in eine scharfe Konkurrenz mit den Japanern gezwungen wurden. Vielen galt plötzlich das japanische Modell als die neue «beste Methode».

Europa wurde auf dieser Suche weitgehend ignoriert. Alle Versuche, eine europäische Unternehmenskultur zu beschreiben (z.B. Whitley, 1993; Calori und de Woot, 1994), stoßen irgendwann auf die Tatsache der Vielfalt: Europa wird eher durch Heterogenität als Homogenität charakterisiert. Es existieren viele Methoden, viele Unternehmensformen und viele Geschäftsmodelle nebeneinander; es gibt alles, nur keine klar erkennbare «einzig richtige Methode». Die europäische Vielfalt verurteilt alle Versuche der Theoretiker zum Scheitern, ein einziges Erfolgsmodell herauszufiltern. Das ist auch einer der Gründe, warum nur sehr wenige europäische Namen auf den Listen vorbildhafter Unternehmen erscheinen, die die Managementgurus in den vergangenen zwei Jahrzehnten regelmäßig erstellten: Ihre Individualität scheint sie in den Augen derer, die Vorbilder suchen, zu disqualifizieren.

Das europäische Paradox stellt die Grenzen der «einen besten Methode» bloß, vor allem wenn es um Innovationen geht. Die Innovationskraft wird sehr stark durch die Kultur beeinflußt: Nationale und regionale Einstellungen zu Kreativität, Arbeit und Disziplin bestimmen in entscheidender Weise sowohl über die Quellen wie auch die Form innovativen Verhaltens. Die Tatsache, daß in verschiedenen Teilen Europas sehr innovative Unternehmen entstanden sind – und dies in einer Vielzahl von Formen, angefangen von traditionellen hierarchischen Unternehmen bis hin zu Genossenschaften –, ist ein sicherer Beweis dafür, daß Innovationen aus vielen Quellen stammen und auf unterschiedlichste Weise nutzbar gemacht werden können. Es gibt nicht ein einziges Erfolgsmodell, sondern viele. Für Manager und Unternehmen, die Innovationen entwickeln und verwerten möchten, gibt es eine reiche und manchmal verwirrende Vielfalt von Strukturen und Methoden, unter denen sie auswählen können.

Die europäische Lektion lautet, daß es für jede Gewißheit auch eine Ungewißheit gibt. Wenn Manager in unterschiedlichen Kulturen in ganz Europa glauben, daß ihre Kultur «die beste» sei, dann stellt dies ein Konfliktpotential dar. Aber während die europäischen Manager und Unternehmer nun in immer engerer Nachbarschaft zueinander arbeiten, lernen sie auch voneinander, ohne gleichzeitig ihre Identität und Stärken aufzugeben. Analog dazu stellen europäische Unternehmen auch fest, daß sie mit amerikanischen und japanischen Firmen und Konkurrenten enger zusammenwachsen, während die Globalisierung der Wirtschaft voranschreitet. Auch von diesen Unternehmen, die in so vielerlei Hinsicht anders und auch wieder ähnlich sind, kann man sehr viel lernen, während gleichzeitig die europäische Wirtschaftskultur dem Rest der Welt noch viele Lektionen erteilen kann.

## Der europäische Imperativ

In den letzten Jahren versuchten die europäischen (und andere) Unternehmen, effizienter zu werden, indem sie Arbeitskosten sparten und Personal abbauten. Dabei wurde eine Standardkennziffer, die Zahl der Arbeitnehmer eines Landes pro Million Dollar BSP, deutlich reduziert. In Deutschland sank sie zwischen 1970 und 1995 von 29 auf 17, in Frankreich von 30 auf 18 und in Großbritannien von 40 auf 25. Der deutlichste Rückgang fand in Spanien statt, wo die Kennziffer von 48 auf 23 fiel. Obwohl es zutrifft, daß bei der geringeren Beschäftigtenzahl die verbliebenen Beschäftigten jetzt individuell produktiver sind, sind die Effizienzsteigerungen aus einem Personalabbau bereits sehr weit gegangen, vor allem in Deutschland und Frankreich. Noch weitere reine Personalkürzungen bergen die Gefahr, daß man die Unternehmen nicht mehr nur abspeckt, sondern ihren Lebensnerv durchtrennt.

Noch besorgniserregender ist die europäische Position in der Forschung und Entwicklung. Zwar liegen die gesamteuropäischen F&E-Ausgaben noch auf einem hohen Niveau, aber infolge eines Mangels an internationaler Kooperation und einer viel zu schwachen Zusammenarbeit zwischen öffentlichem und privatem Sektor werden enorme Mittel verschwendet. In Japan und in den Vereinigten Staaten ist diese Art der Verschwendung viel seltener. Zwar werden in Europa immer noch zahlreiche Patente angemeldet, aber darunter befindet sich ein wachsender Anteil an Anmeldungen von nichteuropäischen Unternehmen. Die Zahl der von europäischen Unternehmen im Ausland angemeldeten Patente geht jedoch zurück. Großbritannien zum Beispiel verzeichnet immer noch einen starken Überschuß aus dem Technologietransfer mit den neuen Industrienationen Ostasiens. Allerdings ist der im Handel mit Japan erzielte Überschuß vernachlässigbar, und im Hinblick auf Amerika besteht ein Defizit. Zwischen 1870 und 1920 wurde das Wachstum der amerikanischen Industrie durch den wissenschaftlichen Fortschritt in Europa vorangebracht. Und auch der Aufstieg der japanischen Industrie seit 1950 bis in die jüngste Vergangenheit wurde nur durch die europäischen und amerikanischen Entdeckungen möglich. Erst im vergangenen Jahrzehnt haben die F&E-Ausgaben der japanischen Unternehmen diejenigen der europäischen und amerikanischen Firmen überholt. Heute haben es die europäischen Unternehmen mit asiatischen und US-amerikanischen Konkurrenten zu tun, die mindestens ebenso moderne Technologien haben und meist noch besser in der Lage sind, Innovationen in marktfähige Produkte und Dienstleistungen zu verwandeln. Nicht nur die Überlebenschancen der europäischen Unternehmen, sondern der Wohlstand in Europa insgesamt hängen davon ab, ob Wirtschaft und Politik diese Entwicklung umkehren können.

Noch vor einem Jahrhundert waren die Fortschritte in der europäischen Wissenschaft und in der europäischen Technikentwicklung die Motoren des amerikanischen Wirtschaftsaufschwungs. Was ist geschehen? Warum sind wir von unserem Weg abgekommen? Es stimmt, daß die beiden Kriege in diesem Jahrhundert Europa sehr viel Energie gekostet haben, aber der letzte Weltkrieg ist seit fünfzig Jahren beendet, und selbst diejenigen Länder, in denen das größte

Ausmaß an Zerstörung herrschte, haben seitdem ein ununterbrochenes Wachstum erfahren. Es wurden verschiedene Erklärungen angeboten: Die Anhänger von Hayek und Friedman machen den Sozialismus und das Eingreifen des Staates in die Wirtschaft verantwortlich, während eine andere Schule mit dem Verweis auf die wirtschaftlichen Erfolge in Ostasien argumentiert, daß man eher mehr als weniger staatliche Interventionen brauche.

Der Kern des Problems scheint darin zu liegen, daß wir, aus welchem Grund auch immer, unser Erbe der Innovation, der Vision und der Kreativität verloren haben. Wir haben uns davon überzeugen lassen, daß unsere Methoden der Unternehmensführung – hierarchisch, elitär, in Traditionen verwurzelt und in die jeweilige Kultur eingebettet – falsch seien, während die demokratischen amerikanischen und/oder die an der Gemeinschaft ausgerichteten japanischen Firmen das eine wahre Führungsmodell darstellen. Da mag es nur wenig verwundern, wenn das Licht der Innovation nicht mehr hell genug scheint.

# 3 Das Licht und der Schatten – Eine Metapher

Der Stil dieses Buchs ist deskriptiv, nicht präskriptiv. Wir haben uns das Ziel gesetzt, die Kulturen Europas mit denen der Vereinigten Staaten und Japans zu vergleichen und innovative Unternehmenskulturen und Erfolgsfaktoren zu untersuchen. Wir haben gewiß nicht beabsichtigt, einen Königsweg zur Innovation vorzuzeichnen. Aber wir hoffen, daß wir viele Denkanstöße geben und den Führungskräften einige Analysemöglichkeiten aufzeigen, auf deren Grundlage sie individuelle, für ihr eigenes Umfeld einmalige Lösungen erarbeiten können. Man sollte die Ideen des Buchs offen und unvoreingenommen aufnehmen und sie nach der Lektüre nicht einfach kopieren, sondern auf den individuellen Fall anwenden. Diese Aufgabe stellt an sich schon eine Metapher für die Innovation dar: Sie ist die Anwendung von Wissen.

Das Buch selbst ist das Ergebnis einer Gemeinschaftsarbeit. Das Schlüsselthema ist die Metapher von Licht und Schatten, wobei das *und* das entscheidende Wort ist. Licht und Schatten sind keine

Gegensätze, sondern zwei Seiten einer Medaille. Vielleicht können Europäer und Amerikaner hier am meisten von den asiatischen Kulturen lernen, in denen die Vereinbarkeit zweier gegensätzlicher Konzepte eher akzeptiert wird. Auf jeden Fall wäre das Buch ohne dieses «Und»-Denken nie entstanden. In der Vorbereitungsphase haben acht Autoren aus sieben Ländern ihre eigenen, oft ganz unterschiedlichen Ideen und Argumente auf den Tisch gebracht. Das Buch, das Sie nun in den Händen halten, stellt nicht das Ergebnis eines Wettbewerbs dar, bei dem «gute» über «schlechte» Ideen gesiegt haben. Vielmehr ist es das Produkt einer Zusammenarbeit, eines Syntheseprozesses, in dem die Ideen aller acht Autoren in eine umfassende Vision eingebunden wurden. Der Prozeß selbst könnte fast als eine Metapher für die multikulturelle Innovation betrachtet werden – kollektiv und gleichzeitig unabhängig, partnerschaftlich und gleichzeitig wetteifernd, neu und trotzdem traditionsbewußt.

## Die Fallstudien

Um das Phänomen der Innovation zu erforschen, haben wir dreizehn Firmen untersucht, die wir als besonders erfolgreiche Innovatoren identifiziert hatten. Ihre Innovationskraft war ihr wichtigstes gemeinsames Merkmal. Davon abgesehen waren die Unternehmen der Studie sehr unterschiedlich, was ihre geographische Lage, Firmengeschichte, Rechtsform, Größe und Branche anging. Alle drei großen Wirtschaftsregionen der Welt – Japan, Nordamerika und Europa – sind vertreten. Innerhalb Europas umfaßt die Studie fünf Nationen: Frankreich, Deutschland, Großbritannien, Italien und Spanien. Die Firmen repräsentieren eine breite Palette von Branchen, darunter Reifen (Michelin), Skier (Salomon), Handheld-Computer und Analysegeräte (Psion), biotechnische Geräte (Esaote), Mode (Versace), Banken (Santander), eine diversifizierte Genossenschaft (Mondragón), Verlags- und Medienwesen (Bertelsmann), Werkzeugmaschinen (Trumpf), Verbraucherprodukte (Kao), Elektronik (Sharp),

Software (Microsoft) und Computer (IBM). Es sind so große Konzerne wie IBM und kleinere Unternehmen wie Psion dabei. Es sind Firmen in Familienbesitz und Aktiengesellschaften vertreten, Firmenneugründungen ebenso wie Unternehmen mit einer langen Geschichte.

Es handelt sich um eine rein qualitative Studie, die keinerlei statistische Analyse zum Ziel hat. In ihrem Zentrum stehen die Untersuchung und Beschreibung von Innovationsfaktoren. Da insbesondere der Aspekt der Vielfalt eine große Rolle spielen sollte, war es auch wichtig, daß zum einen die einzelnen Unternehmen eine Vielzahl unterschiedlicher Bedingungen reflektieren, und zum anderen die Autoren selbst die unterschiedlichsten Perspektiven einbringen konnten. Es handelt sich deshalb um eine sehr heterogene Gruppe aus sieben Ländern: Deutschland, Frankreich, Italien, Spanien, Großbritannien, Japan und den Vereinigten Staaten. Wie schon erwähnt, besaßen die dreizehn Unternehmen das eine gemeinsame Merkmal, daß sie auf die eine oder andere Weise auffallend innovativ waren und sich zum Zeitpunkt der Durchführung der Studie im Hinblick auf die Innovation in ähnlichen Situationen befanden.

Man sollte an diese Studie auch nicht den Anspruch erheben, daß sie umfassend wäre. Es gibt natürlich auch viele innovative Unternehmen in anderen Weltregionen – besonders in Ostasien, abgesehen von Japan –, und sogar innerhalb Europas wurden zwei Regionen kaum berücksichtigt. Bei der einen Region handelt es sich um Skandinavien, das eine sehr charakteristische Kultur besitzt. Wir werden aber in diesem Buch auch auf skandinavische Unternehmen und die skandinavische Kultur eingehen. Die zweite Region ist Mittel- und Osteuropa. Neuere Studien (EFER, 1995) haben gezeigt, daß dort viele interessante Innovationen stattfinden, vor allem in Ländern wie Tschechien, die nach dem Fall des Eisernen Vorhangs nun ihr eigenes unternehmerisches Erbe wiederentdecken. In den 20er und 30er Jahren entwickelten Unternehmer wie Tomas Bata ein eigenes osteuropäisches Managementmodell, und es ist durchaus denkbar, daß wieder ein solches Modell auftaucht. Natürlich ist es möglich – oder eigentlich ganz sicher – , daß es innerhalb der von uns ausgewählten Regionen oder Kulturen andere Unternehmen gibt, die noch bessere Beispiele für die Innovation darstellen. Aber darauf kommt es nicht an. Das Ziel dieses Buches lautet, das Thema der Verschiedenheit im europäischen Kontext zu beschreiben. Die dreizehn Fallstudien wurden nur als Beispiele ausgewählt und sollten nicht dem Versuch dienen, eine allumfassende Analyse zu erstellen.

Ein zentraler Aspekt der Studie ist allerdings der Vergleich mit amerikanischen und japanischen Unternehmen. Es wäre sinnlos, die europäische Wirtschaftskultur isoliert zu betrachten, während zahllose amerikanische und japanische Unternehmen (einschließlich der vier hier beschriebenen) in Europa aktiv sind und auch die europäischen Unternehmen dieser Studie auf den Weltmärkten präsent sind. Man kann auch keine deutschen oder italienischen Unternehmen untersuchen, ohne den Vergleich mit ihren europäischen Nachbarn zumindest im Hinterkopf zu haben. Ebenso unmöglich ist es, Wirtschaftsfaktoren in Europa zu beschreiben, ohne sich auf Gegebenheiten in anderen Ländern der Welt zu beziehen. So handelt dieses Buch zwar von der Innovation in Europa, doch es wird dabei stets vorausgesetzt, daß der Kontinent nicht isoliert ist, sondern nur in einem globalen Bezugsrahmen wirklich verstanden werden kann.

## Licht und Schatten

So stehen wir im Licht des Bekannten und blicken in den Schatten. Durch das Lernen erkennen wir, was im Schatten liegt, während wir gleichzeitig auch mehr über das Licht erfahren. Genau hier liegt der Kern des Vergleichs mit dem Licht und dem Schatten: Erkenne dich selbst, bevor du andere kennst; erkenne andere, bevor du dich selbst kennst. Dies trifft auf Unternehmen wie auf Menschen zu – besonders in einer Welt, in der das Wissen vielleicht die wichtigste Ressource überhaupt ist.

Teil 1

# Wissen und Innovation

# 4 Das Wahre, das Gute und das Schöne: Die Grundlagen des Wissens

## Platons Erkenntnislehre

Wissen kombiniert mit Vision führt zu Innovation. Bei unserer Reise durch die Sphären der Innovation müssen wir uns klar darüber sein, was diese Begriffe bedeuten und wie sie miteinander in Beziehung stehen. Glücklicherweise gibt es in der europäischen Tradition eine Lehre, die dieses Verständnis erleichtert. Es handelt sich um Platons Lehre des *Wahren*, des *Guten* und des *Schönen*.

Platon war der erste Europäer, der versuchte, die verschiedenen Aspekte des Wissens zu vereinen: das Gelernte und Vererbte, das Logische und das Intuitive. In seiner Begriffswelt ist «das Schöne» etwas Intuitives. Wir erkennen etwas Schönes, ohne den Verstand dazu zu benötigen. Die Basis dieses intuitiven Urteils ist unser Verständnis der Schönheit. Es existiert ein allgemeiner Maßstab für das Schöne, der jedoch von jedem Menschen unterschiedlich ausgelegt wird. So können zwei Menschen denselben Sonnenuntergang betrachten. Aber während der eine besonders durch die Farben des

Lichts am Himmel berührt wird, begeistert sich der andere für das Spiel des Schattens, während die Dunkelheit hereinbricht. Über Schönheit urteilt also eher der Geist des einzelnen und nicht das Auge.

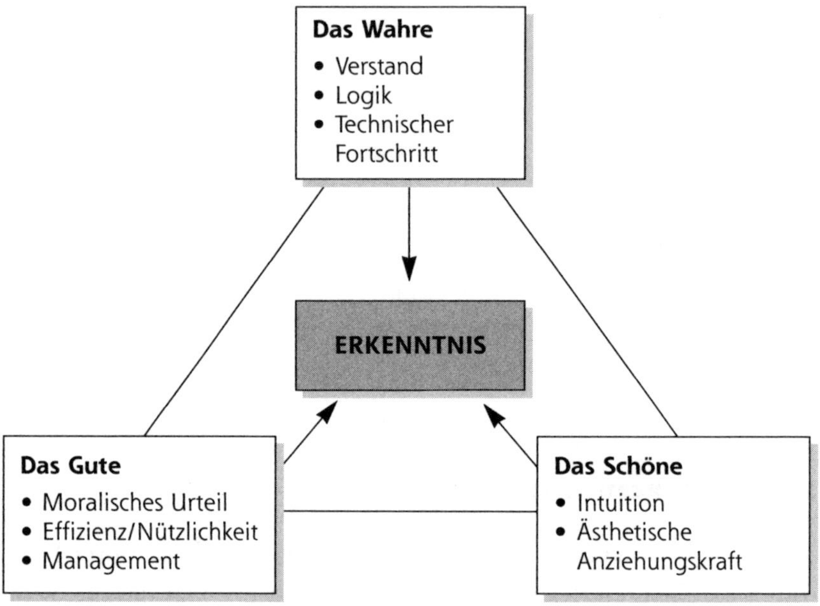


**Abbildung 4.1:** Die Grundlagen der Erkenntnis

Das Gute dagegen stellt eine andere Art der Erkenntnis dar. Hier kommt ein moralischer Aspekt ins Spiel, denn man untersucht, ob eine Sache «besser» als eine andere ist. Diese Urteile sind zwar subjektiv, aber solange man sich ihrer Subjektivität bewußt ist und sie auf dem Fundament der in der Gesellschaft anerkannten Werte trifft, spielt das keine Rolle. Urteile über das Gute können sich auf Fragen der Effizienz und Nützlichkeit ebenso wie des Werts und Profits beziehen.

Die dritte Art der Erkenntnis schließlich bezieht sich auf das Wahre. Hier wird der Verstand der Intuition gegenübergestellt, mit der etwa das Schöne erkannt wird. Zur Wahrheit, so Platon, gelangt man nur auf dem Weg des logischen Denkens. Aber er betrachtet das Wahre und das Schöne nicht als Gegensätze. Die menschliche Natur ist so beschaffen, daß das, was wir intuitiv als schön empfinden, logischerweise auch wahr sein muß. Umgekehrt muß das Wahre auch die ästhetischen Eigenschaften des Schönen besitzen. Wenn wir diese Dinge nicht oder nicht auf die richtige Weise erkennen, dann liegt es daran, daß uns das notwendige Wissen dazu fehlt.

Dies sind in groben Zügen die Grundsätze der Erkenntnis, die in der europäischen Philosophie, in der Kunst, in den Wissenschaften und der Bildung jahrhundertelang weitergegeben wurden. Mit den Idealen des Schönen, des Guten und des Wahren sind die meisten Europäer vertraut. Andere Kulturen haben andere Ideale: Man könnte zum Beispiel die Freiheit als ein amerikanisches und die Harmonie als ein asiatisches Ideal bezeichnen, wenngleich man auch darauf hinweisen müßte, daß es viele Berührungspunkte zwischen diesen beiden Idealen und den europäischen Idealen gibt – Harmonie ist untrennbar mit dem Wahren und Schönen verknüpft, Freiheit mit dem Wahren und Guten. Für die Europäer sind diese Ideale jedenfalls ein integraler Bestandteil ihres psychologischen und gesellschaftlichen Erbes. Ihre Religionen, ihre Kulturen und ihre Bildung wurden aus diesen drei Formen gegossen.

## Quellen der Erkenntnis

Es gibt das Wissen, das neu geschaffen wird – im Rahmen dieses Buches ist dies der Akt der Erfindung –, und es gibt das schon vorhandene Wissen, das lediglich verfügbar gemacht wird. Dieser einfache Unterschied hat weitreichende Auswirkungen darauf, wie unterschiedliche Kulturen mit dem Wissen umgehen, und wie Unternehmen ihr Wissensmanagement betreiben.

Dort, wo Wissen völlig neu geschaffen wird, erhalten meist einzelne Mitarbeiter große Freiräume und starke Motivationsanreize, um fern von den Unternehmensstrukturen kreativ zu arbeiten. Um vorhandenes Wissen zu nutzen, benötigt man dagegen Gruppen, die zusammenarbeiten und über vernetzte Informationssysteme verfügen. Noch wichtiger als diese organisatorischen Aspekte sind die kulturellen Einstellungen zum Wissen. So ist die amerikanische Gesellschaft sehr stark vom Nutzen und vom Wert alles Neuen überzeugt – auch neuen Wissens – und besitzt damit einen guten Nährboden für Erfindungen. In der japanischen Tradition dagegen gilt es in der Kunst wie in der Wirtschaft als höchst erstrebenswert, Vorhandenes zu verbessern und zu optimieren. In der europäischen Gesellschaft gab es in der Renaissance zwar ähnliche Einstellungen, aber diese wurden allmählich ersetzt, so daß heute eher die amerikanische Sichtweise vorherrscht und man neuen, einmaligen Ideen Respekt zollt.

Besonders wenn man das vorhandene Wissen als Quelle für Innovationen betrachtet, ergibt sich daraus, daß Erkenntnis und Innovation auf mehreren Ebenen angesiedelt und eng mit den Begriffen der Synergie, der Interdependenz und des interaktiven Lernens verknüpft sind. Die Innovationskraft eines Unternehmens setzt sich nicht einfach aus der Summe der Fähigkeiten der einzelnen Mitarbeiter zusammen; sie ist vielmehr das Ergebnis eines vielfältigen Zusammenspiels auf mehreren Ebenen, nämlich der individuellen, organisatorischen und gesellschaftlichen (Van de Ven, 1986; Kanter, 1988; Frost und Egri, 1991). Yoshio Maruta, der frühere Präsident von Kao, drückte es so aus:

> Die Weisheit eines Unternehmens ... ist die Gesamtheit der Erkenntnisse aller Unternehmensangehörigen. Natürlich müssen die Führungskräfte einschließlich des Chefs alles in ihrer Kraft stehende tun, um Wissen und Erkenntnis im Unternehmen zu beeinflussen und zu fördern. Aber sie müssen sich dabei bewußt sein, daß sie nur ein Teil des Ganzen sind. Ein Großunternehmen besteht aus vielen Bereichen. Wenn es kein System besitzt, um das Wissen der einzelnen Bereiche zu integrieren, wird in diesem Unternehmen

niemals ein überdurchschnittliches Wissen entstehen. Das Wissen der einzelnen Geschäftsbereiche darf nicht nur aus dem Wissen ihrer Leiter bestehen, sondern aus der Gesamtheit des Wissens aller Mitarbeiter.

## Angewandtes Wissen

Eine einzelne Wissenseinheit besitzt in der Regel wenig Wert, genauso wie viele Wissenseinheiten, die nur isoliert voneinander betrachtet werden. Wissen wird erst dann wertvoll, wenn Ideen miteinander in Beziehung gesetzt werden und in verschiedenen Bereichen in Schwingungen versetzt werden, bis es zu einer Explosion neuer Ideen kommt.

Dieser Vorgang weist Parallelen zu den Grundlagen der mathematischen Logik auf, die ebenfalls aus der griechischen Antike stammt. In der mathematischen Logik wird eine Reihe von Axiomen mit einem Komplex generativer Regeln in Beziehung gesetzt. Darauf wiederum werden die Säulen der Mathematik errichtet. Analog dazu kann man in der Wirtschaft beobachten, daß innovative Unternehmen häufig einen Komplex von miteinander in Beziehung gesetzten Technologien besitzen, aus denen immer wieder neue Innovationen hervorgehen.

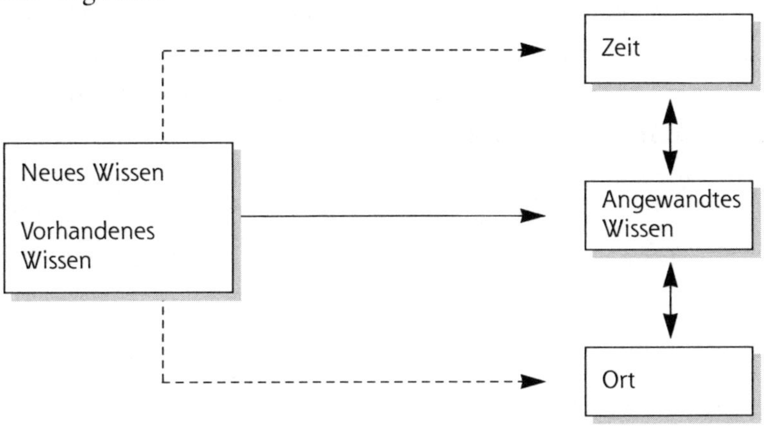


**Abbildung 4.2:** Wissen, Zeit und Ort

## Wichtige Einflüsse: Zeit und Ort

Das Wissen ist zwar die zentrale Komponente der Innovation, doch es wird von zwei weiteren wichtigen Faktoren beeinflußt, nämlich Zeit und Ort. Diese drei Einflußfaktoren bilden die drei Achsen, auf deren Grundlage wir das Phänomen der Vielfalt untersuchen werden.

Der geographische Standort eines Unternehmens ist vor allem aus kulturellen Gründen wichtig. Meist sind Unternehmen in die Kulturen eingebettet, in denen sie ihren Sitz haben. Wenn sie multinational operieren, wirken sich vermutlich unterschiedliche kulturelle Einflüsse aus. Weiterhin kann man unterstellen, daß verschiedene Kulturen auch verschiedene Wissens- und Lernkonzepte haben. Wenn Wissen die Grundlage für Innovationen darstellt, bewirken unterschiedliche Wissenskonzepte in den Kulturen auch unterschiedliche Innovationskulturen.

Der Zeitfaktor ist aus unternehmensspezifischen Gründen wichtig: Er verweist auf den sogenannten Lebenszyklus von Unternehmen und damit auf die Tatsache, daß sie in ihren unterschiedlichen Entwicklungsstadien unterschiedliche Bedürfnisse haben. Auch strategische und operative Unterschiede wirken sich auf die Innovation aus: Unternehmen bringen Innovationen nicht um ihrer selbst willen hervor, sondern setzen sie als strategische Werkzeuge ein, um ihre Ziele zu erreichen. So haben wir auf der einen Seite *externe* Kräfte in Form der Kulturen, und auf der anderen Seite *interne* Kräfte in Form der unternehmensspezifischen Bedürfnisse. Beide wirken sich auf die Wissens- und Innovationsprozesse aus.

# 5 Die Vision im Innovationsprozeß

## Formen der Innovation

Da es keine klar umrissene Definition des Begriffs Innovation gibt, besteht häufig wenig Übereinstimmung darüber, was genau nun als Innovation zu bezeichnen sei. Häufig stellt man sich unter dem Begriff lediglich Methoden und Technologien vor, mit denen neue Produkte oder neue Prozesse geschaffen werden. Aber diese Definition ist viel zu eng gefaßt, weil sie die unterschiedlichen Felder nicht berücksichtigt, in denen sich das Phänomen der Innovation manifestierten kann.

Deshalb wird im vorliegenden Buch ein umfassenderer Ansatz vertreten: Wir definieren Innovation als eine Aktivität, die auf die Schaffung und Anwendung neuen Wissens abzielt. Der Vorteil dieser Definition liegt darin, daß sie sich nicht auf eine funktionale Typologie der Innovation konzentriert, in der man sich früher oder später verzetteln würde. Statt dessen wird Innovation – welcher Art auch immer – als ein Vorgang betrachtet, der im umfassenden Rahmen des menschlichen Strebens nach Wissen und Wissensanwendung stattfindet. Platon war ein Innovator, weil er nach Möglichkeiten suchte, die Welt des Denkens und Wissens zu ordnen, Abaelard wollte die Grenzen der Vernunft erweitern, Einstein das Wissen über unsere physische Umgebung und Jung das Wissen über den Geist als Medium des Denkens. Jeder von ihnen versuchte, neue Erkenntnisse zu gewinnen, und dies mit unterschiedlichen Zielsetzungen, und sei es deshalb, um das menschliche Wissen über die Welt und das Universum zu erweitern.

Auch im Wirtschaftsleben kommt es in unterschiedlichen Umgebungen und mit unterschiedlichen Zielsetzungen zu Innovationen. Eine Innovation kann sehr nahe am Markt erfolgen und sogar vom Markt gesteuert sein; sie kann aber auch in großer Distanz zum Markt und sogar zum Unternehmen entwickelt werden. Sie kann mit der Absicht hervorgebracht werden, technologische Spitzenleistungen, exzellente Systeme oder künstlerische Perfektion zu erreichen. In all diesen Fällen kann die Innovation auch noch von der aktuellen Phase der Unternehmensentwicklung abhängen. Und während Rentabilität, Wachstum und Wertschöpfung letztlich immer Triebkräfte für Innovationen sind, spielt auch die Leidenschaft für die Wissenschaft, wie sie im vorangegangenen Kapitel beschrieben wurde, eine Rolle. Manchmal spielt bei Innovationen im Wirtschaftsleben auch die Liebe eine Rolle.

Am häufigsten werden neue Technologien mit dem Begriff der Innovation assoziiert, und dieser Aspekt wird auch am häufigsten in Lehrbüchern und in der Managementliteratur beschrieben. Für viele ist Innovation gleichbedeutend mit technologischem Fortschritt, der wiederum zwei Dimensionen haben kann, nämlich die technologische Verbesserung von *Produkten* oder von *Prozessen*.

Aber damit ist der Begriff der Innovation noch längst nicht abgedeckt. Porter (1993) weist darauf hin, daß es zahlreiche Formen der Innovation gibt und zählt zum Beispiel auch die Erschließung neuer *Märkte* dazu. Innovationen können auch künstlerischer und ästhetischer Natur sein, wenn etwa die ästhetischen Merkmale eines bestehendes Produktes verbessert werden, oder wenn ein Produkt mit der Absicht entworfen wird, einen neuen ästhetischen Standard zu setzen. Die Innovationen in der Mode von Versace haben vorwiegend ästhetischen Charakter, enthalten aber auch einen technologischen Aspekt. Die Computer von Psion wiederum werden mit einem ästhetischen Anspruch entwickelt. Microsoft ist mit Software bekannt geworden, die nicht nur technologisch ausgereift ist, sondern auch eine ansprechende und leicht bedienbare Oberfläche besitzt.

## Kommerzialisierung und der Prozeß der Innovation

Eine der klassischen Definitionen der Innovation in der Wirtschaftslehre stammt von Mansfield (1968:99): «Eine Erfindung, die zum ersten Mal angewandt wird, nennt man Innovation.» Eine Erfindung, so Mansfield, hat wenig oder gar keinen Wert, solange sie nicht angewandt wird. Die Innovation ist also «das wichtigste Stadium im Prozeß, der zur Verwertung einer Erfindung führt.» Mansfield führt das Beispiel von Du Pont und dem Nylon an, um zu zeigen, daß Erfinder und Innovator auch ein- und dieselbe Person sein können. Dann sind die Prozesse zwar miteinander verknüpft, aber sie verschmelzen nicht. Eine solche Definition schafft die Voraussetzungen dafür, die Innovation als ein umfassendes Konzept zu betrachten, das nicht nur auf der Kreativität basiert, sondern die allgemeinere Nutzung von Produkten, Prozessen, Märkten und Ideen beinhaltet. Innovation bedeutet dann, Wissen nutzbar zu machen. Ein weiterer Aspekt stammt von Rothwell (1977), der zwischen marktnahen «Pull»-Innovationen unterscheidet, die als Folge einer direkten Reaktion auf eine festgestellte Marktnachfrage entstehen, und marktfernen «Push»-Innovationen, wo der Innovator unbeeinflußt von den Marktentwicklungen arbeitet. «Push»-Innovationen ergeben sich zum Beispiel häufig in der wissenschaftlichen Forschung.

Bei der Innovation handelt es sich also um einen sehr komplexen Prozeß. Kaum eine Führungsaufgabe ist schwieriger als das erfolgreiche Innovationsmanagement. Innovationen haben viele Facetten und viele Ebenen. Das bedeutet, daß die Vielfalt der Fähigkeiten und des Wissens eine sehr wichtige Rolle dabei spielt, dauerhaften Ideenreichtum zu sichern. Viele Ideen sind zunächst einmal interdisziplinär oder funktionsübergreifend. Kreative Menschen profitieren von der gegenseitigen Befruchtung über Disziplinen und Fachbereiche hinweg und von einer ganzheitlichen, kosmopolitischen Perspektive (Cohen und Levinthal, 1990). Viele innovative Unternehmen strukturieren ihre Innovationsprozesse so, daß sie von vornherein Mitarbeiter mit unterschiedlichen Ausbildungen, Erfahrungen und Fähigkeiten zusammenbringen. Eine Spielart davon sind die sogenannten «Wissens-Crews», wie man sie aus japanischen Unternehmen kennt. Man muß auch hier wieder zwischen Erfindungen unterscheiden, die häufig das Ergebnis einer individuellen Anstrengung sind, und Innovationen, die oft eine kollektive Leistung darstellen. Manchmal wird eine Innovation in einer bestimmten Unternehmenseinheit initiiert, doch bei ihrer Umsetzung und kommerziellen Verwertung spielen dann andere Einheiten eine wichtigere Rolle. So durchlief im norwegischen Unternehmen Norsk Hydro eine Produktinnovation sieben Jahre lang mehrere Abteilungen, die nach einer geeigneten Anwendung suchten. An der Umsetzung einer Idee in die Wirklichkeit sind also häufig verschiedene Funktionen und Disziplinen beteiligt.

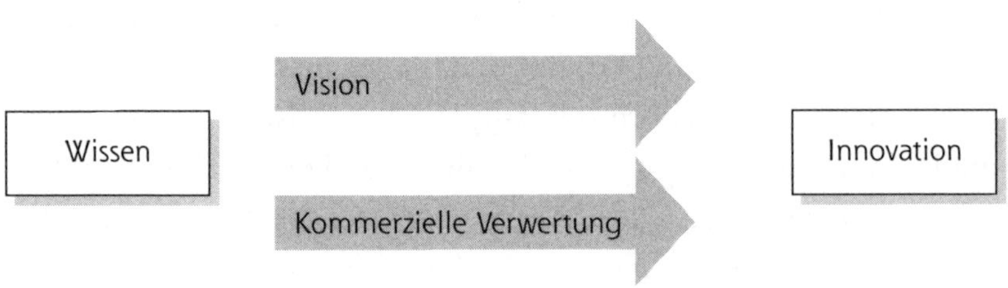


**Abbildung 5.1:** Vom Wissen zur Innovation

## Platons Ideale und die Innovation

Zwischen den drei Idealen Platons und der Innovation läßt sich leicht eine Beziehung herstellen. Alle Innovationen können grob in folgende drei Typen eingeteilt werden: Sie zielen auf Spitzenleistungen im Hinblick auf ihre ästhetische Anziehungskraft, auf Innovationen im Management oder auf wissenschaftlichen oder technologischen Fortschritt ab.

Ästhetische Innovationen sprechen die Sinne an: Ein Auto besticht durch seine elegante Form, eine CD gibt eine Symphonie vollendet wieder, ein Seidenstoff liegt angenehm auf der Haut. Vielleicht könnte man sogar eine Mahlzeit dazuzählen, die besser riecht und schmeckt als normalerweise. Häufig handelt es sich um eine Kombination mehrerer Merkmale. In der Vergangenheit war Europa im Bereich ästhetischer Innovationen führend, und noch heute, nachdem die Innovationskraft deutlich nachgelassen hat, gelten europäische Unternehmen wie Jaguar, Vuitton, Rolex und Christian Dior als Synonyme für ästhetische Eleganz.

Mit Innovationen im Management sind in der Regel neue Prozesse oder neue Märkte gemeint. Diese Innovationen zielen auf Vorzüge wie Effizienz, Effektivität, Wertschöpfung und Rentabilität ab. So wäre die Rationalisierung eines Produktionsbetriebs durch CAD-CAM und automatisierte Produktionsbänder eine Innovation, die Platons Ideal des Guten verfolgt. Japanische Firmen, in denen großer Wert auf die gemeinsame Nutzung des Wissens gelegt wird, verfolgen derartige Innovationen in der Regel nachdrücklicher als europäische Unternehmen, die häufig für ihre Nachlässigkeit in diesem Bereich kritisiert werden. Allerdings gibt es hier auch viele Ausnahmen, wie etwa Michelin, dessen Produktionsanlagen und -prozesse führend sind.

Der technologische Fortschritt ist die Innovationsform, über die am häufigsten gesprochen wird. Damit ist die Umsetzung neuer wissenschaftlicher oder technischer Erkenntnisse in Produkte gemeint.

Beispiele dafür sind technisch ausgereifte Autos, der «grüne», den Kraftstoffverbrauch senkende Gürtelreifen von Michelin, oder pharmazeutische Produkte wie Insulin und Penizillin, die einen echten Durchbruch bewirken. Der technologische Fortschritt kann Bereiche wie Computer, Software und Elektronik, Low-Tech-Produkte wie Seife oder auch Dienstleistungen im Bankgewerbe erfassen. Im großen und ganzen haben europäische Unternehmen in der Vergangenheit eine beeindruckende Zahl neuer Technologien hervorgebracht. Allerdings war ihr Vermögen, diese erfolgreich auf den Markt zu bringen, nicht mit ganz so viel Erfolg beschieden.

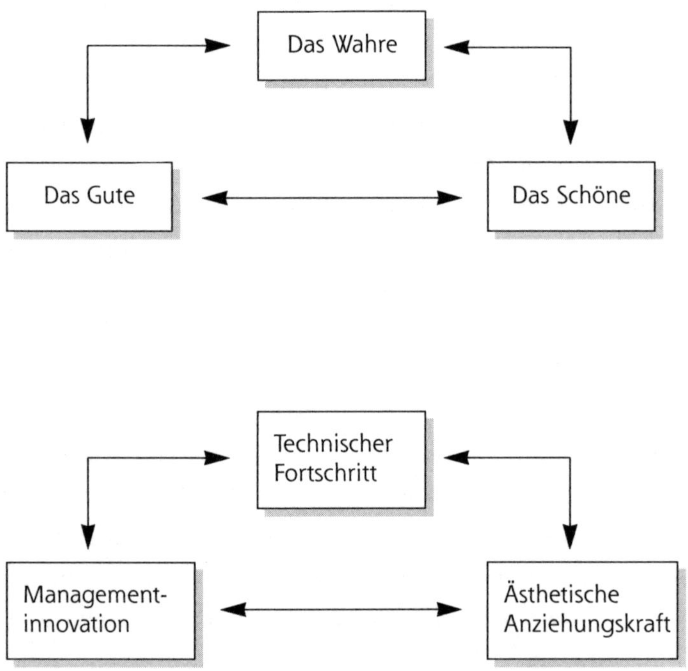


**Abbildung 5.2:** Die Innovationsbereiche analog zu Platon

Natürlich lassen sich nicht alle Innovationen in diese drei Bereiche einordnen. In vielen Fällen gehen Technologie, Ästhetik und Management Hand in Hand, und es sind Elemente aller drei Bereiche notwendig, um eine Innovation auf den Markt zu bringen. Die italienische Modefirma Versace zum Beispiel ist mit ihren Produkten zwar fest im ästhetischen Bereich verwurzelt, nutzt aber auch technologische Möglichkeiten, gekoppelt mit einer starken Führung, um den Markterfolg zu sichern. Michelin hat es, wie schon erwähnt, durch technologischen Erfindungsreichtum und Managementinnovationen zum führenden Reifenanbieter gebracht.

## Innovation und Zeit

Innovationen sind in erheblichem Maß auch zeitabhängig, um nochmals auf Mansfield zurückzukommen. Die Verbreitung von Innovationen ist ein wichtiger Faktor für den wirtschaftlichen Erfolg. Doch wie lange dauert es, bis sich eine Innovation durchsetzt? Ebenso wichtig ist die Frage, wie lange es dauert, bis die Konkurrenten die Innovation kopieren und als Waffe im Wettbewerb einsetzen...

Die Führungskräfte innovativer Unternehmen operieren daher in zwei Zeitdimensionen: Zum einen führen sie das Tagesgeschäft, zum anderen denken und planen sie auch langfristig (in manchen Unternehmen bedeutet das einen Zeithorizont von fünf, zehn oder noch mehr Jahren). Natürlich ist die Zukunftsplanung die schwierigere Aufgabe, zumal die Entwicklungen immer unvorhersehbarer werden und auch das Vertrauen in die Zukunft schwindet (Füredi, 1992). Heute sind sich Führungskräfte nur allzu deutlich bewußt, daß die Zukunft völlig ungewiß ist, und trotzdem müssen sie sich ihr stellen und versuchen, die Grundlagen für Innovationen zu legen.

Wie weit Unternehmen in die Zukunft planen, hängt in gewissem Ausmaß davon ab, in welchem Stadium des Unternehmenslebenszyklus sie sich gerade befinden. In der aktuellen Literatur über dieses Thema werden drei wichtige Phasen beschrieben.

In der ersten Phase, die häufig mit der Gründung zusammenfällt, befassen sich die Unternehmen mit der unmittelbaren Verwertung ihrer Ideen. Oft war eine gute Produktidee sogar der Auslöser für die Firmengründung. In unserer Studie trifft das auf Psion und Microsoft zu. Die beiden Firmen entstanden, damit David Potter und Bill Gates ihre Entwicklungen vermarkten konnten. Die Gründung von Bertelsmann geht auf Carl Bertelsmann zurück, der ein Bedürfnis nach Lern- und Bildungsmaterial festgestellt hatte. Die ersten beiden Beispiele kann man der Kategorie der marktfernen «Push»-Innovationen zurechnen, die letztere den marktnahen «Pull»-Innovationen.

Die zweite Phase der Weiterentwicklung ist komplexer. Nach den ersten Erfolgen mit ihrem neuen Produkt muß die Firma nun ihre Märkte entwickeln, einen Schutzwall gegen die Konkurrenz errichten und ihre Position sichern, gleichzeitig aber schon wieder neue Innovationen einleiten und deren Markteinführung vorbereiten. Man kann in dieser Phase davon ausgehen, daß die Konkurrenten das erste neue Produkt schon längst kopiert und wahrscheinlich verbessert haben. Deshalb ist es so wichtig, daß das Unternehmen in der Lage ist, neue Innovationen vorzubereiten. Nur so kann es das Erreichte verteidigen und die Wertschöpfung steigern. Die Phase der Weiterentwicklung kann sehr schwierig sein, denn es lauern viele Fallen auf den unbedachten Innovator. In unserer Studie sind Psion und Trumpf Beispiele für Unternehmen, die in der Phase der Weiterentwicklung auf Probleme stießen und schnell auf neue Gefahren reagieren mußten.

In der dritten Phase der Orientierung ist der Blick des Unternehmens mehr in die Zukunft gerichtet. Es hat sich nun etabliert und beschäftigt sich intensiv damit, wie es sich für die Zukunft rüsten und mit Hilfe seiner innovativen Fähigkeiten Herausforderungen begegnen und Chancen schaffen kann. In dieser Phase kommt der Vision eine große Bedeutung zu. Sie erfordert auch – wie in Teil 4 noch näher erläutert wird – eine spezielle Art der Führung. Zwar spielen betriebswirtschaftliche und unternehmerische Aspekte eine wichtige

Rolle, aber ebenso wichtig können nun auch die Faktoren Leidenschaft, Vision und Moral sein. Erfolgreiche japanische Unternehmen wie Kao und Sharp besitzen in der Regel Führer mit großem visionärem Talent. In Europa sind Mondragón, Salomon, Michelin und Bertelsmann Beispiele für Unternehmen, die sich derzeit im Stadium der Vision und Orientierung befinden.

## Der Facettenreichtum der Innovation

Die Innovation ist ein vielschichtiges und vielfältiges Phänomen. Innovationen können sich auf Produkte, Prozesse, Märkte oder Geschäftsaktivitäten richten. Sie können auf technologischen Neuerungen basieren, genausogut aber können sie ästhetische oder gesellschaftliche Ideale betreffen. Sie haben unzählige Facetten, weil viele verschiedene Fähigkeiten und verschiedene Visionen in den Innovationsprozeß eingehen. Sie sind nicht auf eine Unternehmensebene beschränkt, weil unterschiedliche Ebenen daran arbeiten können. Schließlich hängt die Art der Innovation auch davon ab, in welcher Phase des Unternehmenslebenszyklus sich ein Unternehmen befindet, denn die Phasen der Gründung, der Weiterentwicklung und der Orientierung erfordern unterschiedliche Sichtweisen der Innovation. Es gibt keinen Königsweg zur Innovation. Der Innovationsprozeß wird vielmehr von einer Vielzahl von Umständen beeinflußt.

Dieser Facettenreichtum der Innovation stellt eine große Chance dar, denn so wird der Bereich erheblich erweitert, in dem man Wissen kreativ verwerten kann. Außerdem heißt dies, daß die Innovation nicht auf die Manager in den F&E-Abteilungen beschränkt ist, sondern Sache all derer ist, die im weitesten Sinn die Möglichkeit haben, etwas zu verändern.

# 6 Vergangenheit und Zukunft: Der Imperativ der Innovation

**Wir werden nie gefragt, ob wir eine geschichtliche Entwicklung wollen oder nicht.**

Max Weber

**Ob es uns gefällt oder nicht, aber die Vergangenheit ist in der Gegenwart lebendig, in den Entscheidungen, die wir treffen, sogar in den Alternativen, die wir vor uns liegen sehe. Auch wenn wir den Einfluß der Vergangenheit nicht beachten, übt sie ihre Macht aus. Wir bleiben in gewisser Weise ihre Gefangene, ohne uns dessen je richtig bewußt zu sein. Aber wenn wir die Macht der Vergangenheit akzeptieren, wenn wir erkennen, wo sie am Werk ist, wenn wir sie auf vertrautem Fuß begrüßen, dann können wir sie auch für unsere Zwecke nutzen.**

Alan M. Kantrow, The Constraints of Corporate Tradition

Jahrhundertelang war Europa dem Rest der Welt in der technischen und wirtschaftlichen Entwicklung voraus. Die Wurzeln dieser Überlegenheit lagen in den wissenschaftlichen Disziplinen begründet, die von den Griechen entwickelt und über die Römer und Araber an das moderne Europa weitergegeben wurden. Die Römer waren zwar großartige Administratoren, feilten aber im großen und ganzen die wissenschaftliche Tradition der Griechen nur ein bißchen weiter aus. Innovation war nicht gerade ihre Stärke. Angeblich empfing Kaiser Hadrian einmal einen Ingenieur, der ein mechanisches Schleppnetz zur Reinigung von Häfen entwickelt hatte. Diese Arbeit mußten damals noch Tausende bezahlter Arbeiter von Hand durchführen.

Hadrian dankte dem Erfinder höflich und entließ ihn mit einer Belohnung, weigerte sich aber, seine Vorrichtung bauen zu lassen. Hätte er dies getan, hätten Tausende Menschen keine Arbeit mehr gehabt, meinte er. Auf den Gedanken, sich eine nützlichere Aufgabe für sie auszudenken, schien er nicht gekommen zu sein.

Zuletzt stellte Rom nur noch eine riesige Bürokratie dar, in der es keinen Fortschritt mehr gab und die Wirtschaft nicht mehr florierte, bis das Reich schließlich unterging. Die Araber, denen man gemeinhin zuschreibt, das Wissen und die Erkenntnisse der Griechen in den ersten sechs Jahrhunderten nach der Hedschra geerbt und weiterentwickelt zu haben, übernahmen in weiten Regionen der Welt die Führerschaft. Auf militärische Eroberungen folgte eine Blüte der Wirtschaft und der Wissenschaften, und eine Zeitlang zählten die Araber zu den fortschrittlichsten Kulturen auf der ganzen Welt. Schließlich aber verloren sie ihre Vorrangstellung, weil es ihnen aus einer Vielzahl kultureller und politischer Gründe nicht gelang, so schnell wie ihre europäischen Nachbarn und Rivalen zu lernen. Wie schon im Vorwort erwähnt, entwickelte Europa von der Renaissance des zwölften Jahrhunderts an eine Kultur, die sich auf wissenschaftliche, technische und philosophische Fortschritte konzentrierte. Es war nur eine Frage der Zeit, bis diese Entwicklungen auch die europäische Vorherrschaft in der Wirtschaft – und Politik – besiegelten. Die bevorstehende Öffnung der Seehandelswege nach Asien und Amerika – zu den alten Kulturen im Osten und zur neuen Welt im Westen – leitete diesen Wandel ein. Sowohl Amerika, Sprößling Europas, und Japan, das mit einiger Verspätung gegen Ende des neunzehnten Jahrhunderts versuchte, Europa einzuholen, wurden durch das europäische Vorbild in Innovation und Wissen stark beeinflußt.

Heute, im ausgehenden zwanzigsten Jahrhundert, ist der Imperativ der Innovation stärker als je zuvor. Während die Informationsrevolution den Globus schrumpfen läßt und unzähligen neuen Konkurrenten neue Märkte eröffnet, zählt der Wissensschatz eines Unternehmens zu den wenigen noch kontrollierbaren Wettbewerbsvorteilen. In Europa kommt diesem Imperativ besonders große Bedeutung zu. Wenn die europäischen Unternehmen und Wirtschaftssysteme im weltweiten Konkurrenzkampf überleben und prosperieren wollen, müssen sie ihre historischen Stärken in der Innovation wiederbeleben.

Innovation ist die *Conditio sine qua non* für Wettbewerbsvorteile. Porter (1993) schreibt, daß «Unternehmen Wettbewerbsvorteile erlangen, wenn sie neue und bessere Methoden finden, um in einer Branche zu konkurrieren, und diese auf dem Markt anwenden. Dies ist letztlich ein Akt der Innovation». Er fügt hinzu, daß Unternehmen sich zwar manchmal auch durch Imitation (etwa durch Niedrigpreisstrategien) einen Vorsprung verschaffen können, daß derartige Vorteile aber selten von Dauer sind. In unserer Studie wurde das Gewicht der Innovation an den Philosophien so unterschiedlicher Führungspersönlichkeiten wie Tokuji Hayakawa, Bill Gates, Georges Salomon und Gianni Versace deutlich, deren Kern unisono lautete: «Innovation, nicht Imitation».

De Geus (1998) meinte, der einzige wirksame Wettbewerbsvorteil eines Unternehmens bestehe in seiner Fähigkeit, schneller als die Konkurrenz zu lernen. Lernen bedeutet in diesem Fall, Innovationen zu begründen. Das aus dem Lernen gewonnene Wissen muß also auch umgesetzt werden.

# 7 Die Besonderheiten erfolgreicher innovativer Unternehmen

**Nach dreitausend Jahren der Explosion, einer fragmentarischen und mechanischen Technikentwicklung, implodiert die westliche Welt... Nach mehr als einem Jahrhundert Elektrizität haben wir unser zentrales Nervensystem auf eine globale Ebene gebracht und, zumindest auf unserem Planeten, Raum und Zeit abgeschafft.**

Marshall McLuhan, Understanding Media

## Einleitung

In diesem Kapitel werden innovative Unternehmen auf der ganzen Welt betrachtet, wobei besonders die dreizehn Unternehmen unserer Studie berücksichtigt und die Grundlagen der globalen Erfolgsfaktoren, die für die folgenden Kapitel wichtig sind, herausgearbeitet werden. Es ist unbestritten, daß es derartige globale Erfolgsfaktoren gibt, auch wenn in diesem Buch immer wieder auf das Phänomen der Vielfalt und Verschiedenheit hingewiesen wird. Zu den spannendsten Ergebnissen der dreizehn Fallstudien gehörte die Erkenntnis, daß sich viele der scheinbaren Unterschiede in Organisation und Praxis bei näherer Untersuchung als Ähnlichkeiten herausstellten. Unternehmen mit ganz unterschiedlicher Entstehungsgeschichte oder Größe besaßen nicht nur sehr ähnliche Einstellungen zur Innovation, sondern sie bedienten sich auch sehr ähnlicher Organisationsstrukturen und Strategien, um ihre Ziele der Innovation und Kreativität zu erreichen.

Das Vorhandensein dieser Gemeinsamkeiten ist sehr wichtig. Indem sie sich erfolgreiche innovative Organisationen zum Vorbild nehmen, können Firmen ihre eigene Innovationskraft steigern – so wie ein Maler die Gemälde anderer Künstler studiert, um Techniken zu erlernen, auf denen er dann seinen eigenen Stil aufbaut. Fast alle Meister der europäischen Malerei haben ihr Handwerk gelernt, indem sie sich mit den Arbeiten ihrer Vorgänger und Zeitgenossen beschäftigten; viele waren sogar Schüler anderer Meister. Eine der wichtigsten Aussagen dieses Buchs lautet denn auch, daß Unternehmen von anderen innovativen Unternehmen lernen sollten. Sie sollten sie beobachten und ihre Erkenntnisse dann auf die eigene Situation anwenden. Daher ist es sinnvoll, zunächst einmal nach gemeinsamen Erfolgsfaktoren zu fahnden, insbesondere nach solchen, die sich auf globaler Ebene manifestieren.

## David und Goliath: Microsoft und IBM in den USA

Microsoft, weltweit führender Softwarehersteller, ist schon jetzt zur Legende geworden. Von grundsätzlicher Bedeutung für den Erfolg von Microsoft war unter anderem die Fähigkeit, talentierte Mitarbeiter anzuziehen und deren Potential zu entwickeln. Bill Gates, Gründer und Chef des Konzerns, drückte es so aus: «Unser Geschäft ist der Handel mit geistigem Eigentum». Da Microsoft immer unter dem Druck stand, ständig neue und bessere Produkte auf den Markt zu bringen, galt es von Anfang an als oberste Priorität, nur die besten Leute einzustellen und dafür zu sorgen, daß ihre individuelle Leistung möglichst schnell genutzt wurde. Gates meinte dazu:

> Wir haben uns wie kein anderes Softwareunternehmen darum bemüht, die Leute mit dem besten IQ zu finden und sie an Bord zu holen. Auch den Mitarbeitern aus dem Ausland haben wir das Äußerste abverlangt. Außerdem haben wir den Entwicklungsprozeß so gestaltet, daß wir die Talente aller optimal nutzen können.

### Wettbewerbsatmosphäre

Die Einstellung und Entwicklung begabter Mitarbeiter spielte zwar eine bedeutende Rolle für den Erfolg von Microsoft, aber es gab noch andere wichtige Faktoren. Microsoft erkannte die Notwendigkeit, kreative Mitarbeiter nicht nur zu fördern, sondern ihnen auch ein Umfeld zu bieten, in dem sie Spitzenleistungen bringen konnten. Deshalb versuchte Microsoft bewußt, trotz des rasanten Wachstums die Vorteile eines kleinen Unternehmens mit einer informellen, aber sehr wettbewerbsorientierten Atmosphäre zu behalten. «Der Microsoftstil ist ziemlich hitzig», meinte ein Manager. «Die Leute schnauzen sich ständig an, aber sie meinen das nicht persönlich. Es ist ein direkter, schonungsloser Stil.» So erzählt man sich auch zahlreiche Geschichten von Meetings, in denen die Fetzen flogen, und «Brüllwettbewerben» zwischen Entwicklungsteams, die neue Features für neue Produkte verteidigen. Wichtige E-Mails, deren Ton oft sarkastisch oder bissig ist, sind im Unternehmen als «Flame Mail» bekannt. Der Ton ist also insgesamt nicht nur informell, sondern auch sehr pragmatisch und leistungsorientiert.

### Persönliche Verantwortung

Um diese Leistungsorientierung zu verstärken, hat Microsoft eine Vergütungspolitik entwickelt, in der großer Wert auf die Beteiligung der Mitarbeiter an den Gewinnen des Unternehmens gelegt wird. Neben den Gehältern, die etwas unter dem Branchendurchschnitt liegen, erhalten neue Mitarbeiter ein ansehnliches Paket von Aktienoptionen. Die Philosophie der persönlichen Verantwortung wird auch durch ein Rechnungswesen betont, das Transparenz und Ergebnisverantwortung fördert. Alle Einnahmen und Ausgaben werden nach Produkt und nach Vertriebskanal aufgeschlüsselt und in einem Hauptbuch zusammengefaßt. Aus diesem Datenbestand werden dann Gewinn- und Verlustrechnungen abgeleitet, die sich auf eine bestimmte Unternehmenseinheit, einen Marketingkanal oder eine geographische Region konzentrieren. Die tatsächlichen Ausgaben und Einnahmen können jederzeit online eingesehen werden, so daß der

Einzelne zu einem hohen Maß an Verantwortung verpflichtet ist. Die Überwachung der Rentabilität ist nicht Sache «irgendeines Managers in der Zentrale», sondern jedes Einzelnen. Ein Softwareentwickler sagte einmal:

> Unsere Produkte sind unter anderem deshalb so erfolgreich, weil jeder die Verantwortung für sie übernimmt. Wir betrachten ein Projekt als unser Ding, wir machen etwas Großartiges daraus, wir sind dafür verantwortlich... Unser Input wird ernst genommen. Es spielt keine Rolle, auf welcher Ebene wir sind, wir konkurrieren einfach nur wie verrückt um das Geschäft.

### Sicherung der Wettbewerbsfähigkeit

Die persönliche Verantwortung wird also durch eine wettbewerbsorientierte Haltung verstärkt. Bill Gates meinte:

> Jede Unternehmenseinheit konzentriert sich ganz auf den Wettbewerb. Wir haben zum Beispiel die Geschäftseinheit Tabellenkalkulation – deren Mitarbeiter wachen jeden Morgen mit dem Gedanken an Lotus auf. Wir haben die Geschäftseinheit Textverarbeitung – die Leute wachen mit dem Gedanken an WordPerfect auf. Wir haben eine Netzwerkeinheit, und die wachen natürlich mit dem Gedanken an Novell auf. Wir haben sehr hartnäckige Konkurrenten, und wir müssen sehr überlegene Produkte entwickeln, um sie zu entthronen. Wir werden nie lockerlassen.

Letztlich, so meinte Gates, basiert der Erfolg eines Unternehmens darauf, daß es mehr Spitzentalente gewinnt als die Konkurrenz. «Sobald man mittelmäßige Leute ins Unternehmen läßt, vor allem auf den Topebenen, pflanzt sich die Mittelmäßigkeit fort, und man ist die längste Zeit ein Weltklasseunternehmen gewesen.» Diese Lektion hat Microsoft vielleicht von IBM gelernt. Jedenfalls ist es eine Lektion, die die individualistischen Amerikaner von ihren gruppenorientierten japanischen Konkurrenten unterscheidet.

## Microsoft: Informell, kreativ und spannungsgeladen

Microsoft wurde von Bill Gates und dessen ehemaligem Schulkameraden Paul Allen gegründet. Ihre erste wichtige Leistung bestand darin, daß sie 1974 eine BASIC-Version für den Altair-Mikrocomputer schrieben. Auch danach sollte Microsoft den Schwerpunkt auf PC-Software und PC-Betriebssystemen beibehalten. Die Produkte MS-DOS und Windows wurden praktisch zum Weltstandard für PCs. 1994 setzte das Unternehmen 4,6 Milliarden Dollar um.

Von grundlegender Bedeutung für den Erfolg von Microsoft war die Fähigkeit, die besten Mitarbeiter anzuziehen, zu binden und weiterzubilden. Microsoft hat erkannt, daß persönliche Fähigkeiten in der Softwarebranche von entscheidender Bedeutung sind, und hat deshalb große Anstrengungen unternommen, eine geeignete Unternehmenskultur zu entwickeln. Mit den Worten von Gates: «Wir pflegen eine Atmosphäre, in der kreatives Denken blüht und die Mitarbeiter ihr volles Potential entfalten können.» Der Stil ist informell – die Mitarbeiter können beispielsweise mit Gates direkt per E-Mail kommunizieren und tun dies auch –, aber gleichzeitig herrscht auch eine sehr spannungsgeladene Atmosphäre. In den Meetings der Entwicklungsteams fliegen oft die Fetzen. Aber die Konflikte haben weniger mit persönlicher Rivalität zu tun als mit dem alles überlagernden Wunsch, es «richtig zu machen». Letztlich ist nur eines wichtig: Das Produkt muß funktionieren.

Bill Gates spielt in der Produktentwicklung weiterhin eine Schlüsselrolle, ist aber nicht mehr unmittelbar am eigentlichen Entwicklungsprozeß beteiligt. Stattdessen suchen Gates und seine Topmanager neue Produktbedürfnisse und koordinieren und kontrollieren dann den Produktentstehungsprozeß. Dies erfordert ein hohes Maß an zentraler Kontrolle sowie herausragende Führungskompetenzen – Merkmale, an denen es dem Unternehmer Gates erwiesenermaßen nicht mangelt.

## David und Goliath

IBM besaß in den 70er und 80er Jahren in den Vereinigten Staaten dasselbe Charisma und denselben Status wie Microsoft heute. Die Schwierigkeiten Ende der 80er Jahre sollten nicht dazu verleiten, den Gesamteinfluß und die innovativen Leistungen dieses amerikanischen Kolosses zu unterschätzen. Um ein innovationsfreundliches Klima zu fördern, schufen der Unternehmensgründer Thomas J. Watson und seine Nachfolger (insbesondere sein Sohn Thomas Watson, Jr.) eine Arbeitsumgebung, in der der einzelne Mitarbeiter respektiert wurde und gemeinsame Unternehmenswerte geteilt wurden. Der interne Wettbewerb wurde kräftig gefördert, und nonkonformistische «Querdenker» wurden – zumindest in der Anfangszeit – sehr unterstützt. Paradoxerweise hat gerade die Einführung eines Konformitätskults seit Mitte der 80er Jahre – und die damit verknüpfte Aufgabe der von Individualität und Vertrautheit geprägten Kultur – dem Riesen sehr geschadet. IBM hat eine Reihe von Chancen im Hardware- und Softwarebereich versäumt und letztlich so den Aufstieg von Microsoft überhaupt erst ermöglicht.

IBM hat also in den 90er Jahren – vielleicht nur vorübergehend – den amerikanischen Traum aus den Augen verloren. Der Respekt vor dem Einzelnen in der IBM-Familie wurde unter dem Gewicht der Bürokratie erdrückt und von einem übersteigertem Konformitätsstreben erstickt. Es gab keine Instanz, die zwischen dem einzelnen Mitarbeiter und dem Unternehmen vermittelte. So gerieten Risikofreude und Unternehmertum unter die Räder einer starren Bürokratie. IBM, der amerikanische Goliath der Ostküste, war gefallen, und Microsoft, der amerikanische David der Westküste, stieg auf.

### IBM: Technologische Führung alleine sichert keine Märkte

1914 trat Thomas J. Watson in die Computing, Tabulating and Recording Company ein. Zehn Jahre später änderte er als Präsident den Firmennamen in International Business Machines. Unter seiner Leitung und der seines Sohnes, Thomas J. Watson, Jr., stieg IBM zum größten Computerkonzern der Welt auf. 1989 setzte der Gigant 62 Milliarden Dollar um.

IBM war stets ein außergewöhnlich innovatives Unternehmen gewesen. Es war keine Seltenheit, daß 10 Prozent des Jahresumsatzes in F&E investiert wurden. 1990 waren es 6,6 Milliarden Dollar. IBM betreibt Forschungslabors in vielen Teilen der Welt, und 1986 gewannen zwei IBM-Forscher aus dem Zürcher Labor den Nobelpreis für ihre Erfindung des «Raster-Tunnelmikroskops». Der Konzern sieht in ständigen Innovationen eine Schlüsselstrategie dazu, den Vorsprung vor der Konkurrenz zu wahren, und glaubt, daß ihm seine Größe und die immensen Ressourcen, die er in die Forschung investieren kann, einen Wettbewerbsvorteil verschaffen. 1982 wurde IBM von Tom Peters und Robert Waterman als eines der bestgeführten Unternehmen Amerikas bezeichnet, hauptsächlich wegen der hohen Innovationskraft und der Fähigkeit, Neuentwicklungen auf den Markt zu bringen.

1990 jedoch befand sich IBM in der Krise, und 1992 wurden hohe Verluste eingefahren. Das Problem war, daß der Konzern trotz seines ungebrochenen Glaubens an die Innovation eine Unternehmenskultur ausgebildet hatte, die verhinderte, daß Innovationen auf den Markt kamen. Technologische Spitzenleistungen wurden nicht in klingende Münze verwandelt. Das Ausbügeln dieser strukturellen Probleme wird die wichtigste Aufgabe sein, die IBM im nächsten Jahrzehnt zu erfüllen hat.

## Nützlich muß es sein: Psion in Großbritannien

Psion ist der führende europäische Hersteller von Handheld-Geräten. Das Unternehmen kombiniert Innovationsfreude mit einer starken Betonung des Nutzens der Produkte. Von Anfang an – oder beinahe von Anfang an – pflegte Psion eine Vorliebe für absolut ausgereifte Produkte, wobei Wissenschaft und Technik geschickt verbunden wurden. Dieser Ansatz unterscheidet sich in interessanter Weise von dem, der beispielsweise für Sharp charakteristisch ist:

> Auf den ersten Blick erwecken die Produkte von Sharp den Anschein, mehr zu bieten als unsere, aber eigentlich sind sie ziemlich mittelmäßig. Wir aber wollen nicht mit dem ersten Anschein begeistern; unsere Produkte sollen dem kritischen Blick auch noch standhalten, wenn man sich tiefer mit ihnen beschäftigt. Als ich ins Unternehmen eintrat, kaufte ich den Organizer und war erstaunt über die Vielfalt der möglichen Anwendungen. Das hat mit unserer Einstellung zu tun, wir glauben an echte Nützlichkeit, Einfachheit, Funktionalität, Tiefe. Wir können das gut umsetzen. Wir bauen Produkte für uns selbst, und für unsere Fans, und wir sind Generalisten. Gleichzeitig gehen wir für gewöhnlich sehr gezielt vor, ganz im Gegensatz zu den Japanern, die eher das Schrotflintenprinzip anwenden: Sie geben ein paar Schüsse ab und schauen dann nach, wo die Schrotkugeln getroffen haben.

Dieser analytische Schwerpunkt prägt auch die Geschäftsbeziehungen des Unternehmens, und er steht im Gegensatz zum vernetzten Ansatz anderer Firmen. Anders als den japanischen Konkurrenten gelang es Psion auch nicht, harmonische und produktive Beziehungen zu seinen britischen Zulieferern aufrechtzuerhalten. In der jüngsten Übergangsperiode Anfang 1990 gliederte Psion die Produktion in das Unternehmen ein. Dies erwies sich als notwendig, weil Psion unter anderem nicht in der Lage war, die Qualitätsstandards zu erhalten, die es – als technologischer Innovator – extern forderte.

## Innovationsförderung

Psions Gründer David Potter sagte:

> Das Besondere an einem Computer ist doch, daß er im Gegensatz zu einem Bleistift oder einem Auto keinen Zweck an sich hat. Die Hardware selbst bewirkt nichts, wenn keine Software dazukommt. Ein gutes Computerprodukt ist also ein Produkt, das für Tausende möglicher Anwendungen brauchbar ist, die den einzelnen Kunden bei der Lösung ihrer Probleme helfen.

In der Vergangenheit legte man deshalb bei Psion großen Wert auf technologische Innovationen. Was dagegen die Ausrichtung auf den Markt anging, beschränkte sich das Engagement auf Lippenbekenntnisse. Erst in der jüngsten Vergangenheit beginnt sich dies zu ändern, und Psion intensiviert beispielsweise die Kontakte zu den Einzelhändlern. Der Grund dafür liegt darin, daß die Einzelhändler von Psion eine Spitzentechnologie erwarten. «Wir leben in einer Welt des ständigen Umbruchs», betont Potter. «Es herrscht ein kontrolliertes Chaos. Wenn man überleben will, muß man die Veränderungen mitmachen.» Psion stieg von der 8-Bit- auf die 16-Bit- und dann auf die 32-Bit-Technologie um, was jedes Mal ein komplettes Umschreiben der bestehenden Software bedeutete, und dies in einem Zeitraum von etwa zehn Jahren. «Es war, als hätte man aus dem Kolbenmotor direkt das Düsentriebwerk entwickelt, um es in der Flugzeugterminologie auszudrücken.»

## Eigenständiges Denken

Das Unternehmen Psion reflektiert ebenso wie sein eigenwilliger Gründer das «marktwirtschaftliche» Umfeld, in dem die meisten britischen (und amerikanischen) Firmen operieren. Psion ist nicht nur von David Potters eigener Familie weitgehend unabhängig, sondern befindet sich auch in einiger Distanz zum gesellschaftspolitischen Kontext Großbritanniens. Zwar werden die Aktien von Psion an der Börse gehandelt, und das Unternehmen unterhält gute Kontakte zu bekannten britischen Universitäten – insbesondere zur Cambridge University und zum Imperial College –, um dort Nachwuchskräfte zu rekrutieren, doch die meisten Verbindungen mit den britischen Zulieferern wurden gekappt. Und trotz des Firmensitzes im Norden Londons besitzt Psion nur wenige Kontakte zum lokalen Umfeld.

Weiterhin legt Psion – oder zumindest David Potter – relativ wenig Wert auf das Netzwerk von Zulieferern und Distributoren und ist darin folglich nur sehr locker eingebettet. Bestenfalls werden diese Netzwerke zwischen Unternehmen für selbstverständlich gehalten, und ihre Pflege gilt als Aufgabe der niedrigeren Führungsebenen. David Potters Rolle bei der «Externalisierung der Interessen von Psion», wie Nonaka es nennen könnte, besteht im wesentlichen darin, eine «westliche» Galionsfigur und kein Katalysator und Moderator nach «östlichem Stil» zu sein.

### Intensive Auseinandersetzung im Team

Innerhalb von Psion herrscht eine kreative Spannung zwischen den Einzelnen und der Gruppe. Potter selbst behält eine Sonderstellung, doch auch er kann nur effektiv sein, wenn er den Konsens der Gruppe mitträgt. Diese Perspektive wiederholt sich innerhalb des Unternehmens, wie F&E-Leiter Charles Davies beschreibt:

> Als Gruppe sind wir nicht besonders erpicht auf Störenfriede. Hier gibt es eine starke natürliche Autorität. Die Leute wissen, wer respektiert wird, und man wird wegen seines Wissens und seiner Fähigkeiten respektiert und nicht wegen seiner Position. Wir haben eine intellektuell geprägte Umgebung. Es ist eine kampfbetonte Kultur. Gleichzeitig haben unsere Teams immer gut funktioniert – ungefähr wie bei Eingeborenen auf Löwenjagd. Wir sind aggressiv, aber eindeutig ein Team. Amerikaner haben das Rockstar-Syndrom. Der technische Guru in Sandalen, der mittendrin

> steht. Wir haben ein Kernteam. Jeder kann seine Meinung äußern, aber man richtet sich erst nach ihm, wenn er sich seine Sporen verdient hat. Wir pflegen eine Konsenskultur und sind intolerant gegenüber denen, die sie nicht unterstützen.

Hier werden viele Parallelen zwischen Psion und Microsoft sichtbar, was vielleicht auf eine größere Ähnlichkeit zwischen Amerika und Großbritannien als zwischen Amerika und anderen europäischen Kulturen schließen läßt.

### Balance zwischen Freiheit und Ordnung

Potter verfolgte eindeutig die Absicht, Psion eine Identität zu verleihen, die einen der größten Widersprüche in der britischen Nationalpsyche überwindet. So setzte er der Freiheit (durch Spaß und Kreativität) ein gewisses Maß an Ordnung (durch Planung und Organisation) entgegen, was ebenfalls an Microsoft erinnert. Dabei versucht Potter auch, die Freiheitsliebe und den Hang zum Exzentrischen im britischen Nationalcharakter mit dessen konservativen Merkmalen zu kombinieren. Das Ergebnis ist aus Potters Sicht ein Unternehmen, das sich der kreativen Innovation verschrieben hat:

> Wir glauben fest an die Wichtigkeit von Kreativität und Spaß. Aber die Welt da draußen ist hart. Wenn man das vergißt, geht man schnell unter. Deshalb müssen unsere Entwicklungsingenieure etwas schaffen, aber nicht im Vakuum. Sie sind ohnehin viel zufriedener, wenn sie innerhalb eines Rahmens arbeiten. Planung und Kreativität müssen keine Gegensätze sein. Gute Entwicklungsarbeit führt zu Qualität und Wert, und sie erfordert Kreativität und eine sorgfältige Umsetzung. Wir stellen Dinge her, die nützlich und kosteneffektiv sind, die nicht kaputt gehen und die für Qualität stehen. Das klingt für angelsächsische Zwecke doch pragmatisch genug!

## Amerika, Japan und Europa

Trotzdem ist die Kultur, mit der sich das Management von Psion identifiziert, eher europäisch als englisch. Dieser durchgängig «europäische Touch» wird durch den Anteil an angelsächsischen und keltischstämmigen Leuten in den Toppositionen von Psion sowie durch die starke Marktposition in Europa unterstützt:

> Ich würde sagen, wir sind ein europäisches Unternehmen. In Europa ist Psion führend auf dem Markt für Palmtops, gefolgt von Sharp und HP. Im Gegensatz zu den japanischen und amerikanischen Produkten sind unsere lokalisiert. Wir stellen sie in der lokalen europäischen Sprache her. Die Amerikaner wollen Produkte, die «ihren Zweck erfüllen». Die Japaner möchten etwas Ausgetüfteltes und Ästhetisches. Wir Europäer liegen irgendwo dazwischen.

Trotz ihrer unterschiedlichen Herkunftsländer (darunter Südafrika und Hongkong) fühlen sich Potter und seine Mitarbeiter eindeutig europäisch (zumindest in gewisser Hinsicht). Als Unternehmen ist Psion in seiner kulturellen Orientierung etwas ambivalent geblieben. Einerseits empfindet sich Psion selbst im großen und ganzen als europäisch, wobei die kulturelle Nähe zum Kontinent und die starke Marktpräsenz in Frankreich, Deutschland, Italien und den Beneluxländern sicher eine große Rolle spielen. Andererseits hegt Potter größte Bewunderung für die technologischen Leistungen der Japaner, und in psychologischer Sicht orientieren sich seine F&E-Mitarbeiter an Amerika:

> Psion kauft viele Teile aus Japan, Korea und Taiwan. Aber was die Entwicklung angeht, ist Psion ziemlich amerikanisch. Bei uns kommen die Entwickler in Jeans und T-Shirts zur Arbeit, und sie lesen Dr. Dobbs´ *Calisthenetics*, das in einem kalifornischen Verlag erschienen ist. Gleichzeitig aber ist Psion auch sehr

**Psion: Der unabhängige Visionär**

Am bekanntesten ist Psion für seine Handheld-Computer, doch das Unternehmen ist auch ein wichtiger Hersteller von Systemsoftware. Das Unternehmen wurde 1980 von David Potter, einem in Simbabwe geborenen Ingenieur, gegründet. Potter lieferte zuerst Software an Hardwarehersteller wie Sinclair und Acorn, doch als diese in die Krise gerieten, entwickelte Psion selbst neue Produkte. Das bekannteste ist der «Organizer», die Datenbank im Handheld-Format.

Psion wird von einem kleinen Team außerordentlich engagierter Manager geführt, die Potter unterstellt sind. Potter verkörpert ungefähr zu gleichen Teilen knallharten Geschäftssinn, technisches Können, ein starkes Unabhängigkeitsstreben und eine fast romantische Vision der Möglichkeiten der Naturwissenschaften. Obwohl das Unternehmen großen Wert auf den Aufbau von Netzwerken mit Zulieferern und Kunden legt, sind diese Netze sehr locker geknüpft und nie ganz stabil. So verabschiedet sich Psion derzeit von einigen Outsourcing-Partnern und stellt mehr Komponenten selbst her.

Organisation und Kreativität sind zu gleichen Teilen im Unternehmen vorhanden. Planung und Kreativität gelten nicht als Gegensätze. Psion ist ein hervorragendes Beispiel für ein wagemutiges Unternehmen mit Top-down-Führung: Es ist einerseits außergewöhnlich und exzentrisch und andererseits innovativ und bis auf die Knochen professionell.

europäisch. Die Kultur ist nicht so kampfbetont und auf Verträge fixiert wie bei den Amerikanern, sondern die Leute setzen sich an einen Tisch und einigen sich kooperativ auf eine Lösung.

An diesem Punkt unterscheidet sich Psion nun grundsätzlich von seinen Partnern und Konkurrenten über dem Teich.

## Dienst am Kunden, Wahrheit und Gleichheit: Kao und Sharp in Japan

In Japan sind die großen Produktionsbetriebe, die in unserer Studie durch das eher traditionelle Kao und das modernere Sharp vertreten sind, lebendig geblieben, und sie florieren. Kao hat eine eigenständige Managementphilosophie entwickelt, die derjenigen von IBM sehr ähnelt, aber auch deutliche Unterschiede aufweist. Das Traditionsunternehmen wurde 1890 von Tomio Nagase unter dem Namen Kao Soap gegründet. Die Seifenindustrie schien damals sehr vielversprechend, da der Lebensstil der Japaner rapide modernisiert wurde. Die im Inland hergestellte Seife war preiswert, aber von minderwertiger Qualität. Überzeugt davon, daß «eine saubere Nation auch prosperiert», wollte Nagase qualitativ hochwertige Seife herstellen. Noch über ein Jahrhundert später orientiert sich Kao an der Überzeugung Tomio Nagases, daß «Sauberkeit der beste Weg ist, um eine Nation und deren Menschen voranzubringen». Mittlerweile hat eine Diversifikation der Geschäftsfelder in Kosmetika und Disketten stattgefunden und der Slogan lautet nun: «Sauberkeit, Gesundheit und Schönheit.» Ende des zwanzigsten Jahrhunderts schuf Kaos Präsident Yoshio Maruta eine neue Managementphilosophie, die in drei Grundsätzen zusammengefaßt werden kann: Dienst am Kunden, Suche nach der Wahrheit und absolute Gleichheit.

Das erste Prinzip, *Dienst am Kunden*, bedeutet, daß es Kao in erster Linie nicht um maximale Gewinne oder Marktanteile geht, sondern darum, den Kunden mit Produkten Freude zu machen, die zur Befriedigung ihrer individuellen Bedürfnisse hergestellt wurden. Maruta, der ehemalige Präsident von Kao, erläuterte:

> Kaos oberstes Ziel lautet, unser Wissen in unsere Produkte einzubringen. Wir möchten den Kunden nach dem Vorbild der Barmherzigkeit der Königin Srimala, einer frommen Buddhistin im alten Indien, dienen... Insgesamt wollen wir den Kunden

> unsere Produkte nicht aufzwingen, sondern uns immer in ihre Lage hineinversetzen.

Fumikazu Tokiwa, der 1994 Marutas Nachfolger als Präsident wurde, bringt diesen Gedanken auf eine knappe Formel: Der Kunde kauft keinen Preis, er kauft Werte.

Das zweite Prinzip, die *Suche nach der Wahrheit*, verweist auf die Bedeutung der Teamarbeit bei Kao, die einen höheren Stellenwert als der Respekt vor dem Individuum besitzt. Die Suche nach der Wahrheit wird durch die von Tokiwa mit unbarmherziger Häufigkeit gestellte Frage «Warum?» versinnbildlicht. Maruta sagte dazu:

> Die Weisheit eines Unternehmens stammt nicht vom Topmanagement, sondern von der Gesamtheit aller Unternehmensmitglieder... Langfristig hängt das Wohlergehen eines Unternehmens davon ab, ob es in der Lage ist, Wissen zu sammeln und zu integrieren.

Das dritte und letzte Prinzip der *absoluten Gleichheit* impliziert, daß alle Unternehmensmitglieder als Gleiche behandelt werden, damit man sämtliche vorhandenen Meinungen bestmöglich verwerten kann. Weil man bei Kao auch der Überzeugung ist, daß der ungleiche Zugang zu Informationen eine wichtige Ursache für autoritäre Auswüchse ist, wurde ein absolut offenes Informationssystem entwickelt, das die Unternehmensphilosophie spiegelt.

Drei wichtige Faktoren haben Maruta in der Entwicklung seiner Managementphilosophie beeinflußt. Der erste Faktor ist sein großes Interesse an der buddhistischen Philosophie, in der er sich bestens auskennt. Der zweite Faktor ist der Einfluß des verstorbenen Eizo Ito, des vierten Präsidenten von Kao, der Marutas Mentor war. Obwohl Ito die Nichte des Gründers geheiratet hatte, war er der Meinung, daß die Familieninteressen der Modernisierung des Unternehmens untergeordnet und Mitarbeiter aufgrund ihres Verdienstes und nicht ihres Verwandtschaftsverhältnisses befördert werden sollten. Für wichtiger als die Tatsache, daß Kao ein Familienunternehmen war, hielt er die Aufgabe, aus dem ganzen Unternehmen eine große Familie zu machen. Maruta teilte Itos Interesse an der östlichen Philosophie, aber auch an westlichen Geschäftsmethoden. Der dritte wichtige Einflußfaktor war der große amerikanische Konkurrent Procter & Gamble. Als Maruta in den 50er Jahren die Vereinigten Staaten besuchte, war er besonders von den automatisierten Produktionsanlagen, den Methoden der Qualitätskontrolle, dem analytisch basierten Marketingmanagement und den Public-Relations-Aktivitäten von Procter & Gamble beeindruckt.

## Die Wissensbasis

Um das Ideal der «Sauberkeit, Gesundheit und Schönheit» zu erreichen, hat Kao die Forschung und Entwicklung ins Zentrum der Unternehmensstrategie gerückt. Zu diesem Zweck wurde die Wissensbasis im Unternehmen in fünf Bereiche eingeteilt: Fett- und Öl-Forschung, Oberflächenforschung, Polymerforschung, Biologie und angewandte Physik. Das Unternehmen möchte in jedem dieser Bereiche eine Führungsposition erlangen, indem es sowohl Grundlagenwissen aufbaut als auch Technologien anwendet. Dabei werden «Schlüsselphänomene», «Schlüsselchemikalien» und «Schlüsseltechnologien» erforscht. Gleichzeitig hat sich Kao fünf Grundsätze der Produktentwicklung auf die Fahnen geschrieben, nach denen ein neues Produkt folgende Kriterien erfüllen muß: Es bringt der Gesellschaft einen echten Nutzen, es beinhaltet kreative Technologien, es übertrifft die Konkurrenzprodukte im Preis und in der Leistung, es besteht die Verbrauchertests vor der Markteinführung, und es ist in irgendeiner Weise einmalig. Bei Kao hat das Marketing in der Tat einen ebenso hohen Stellenwert wie die Forschung und Entwicklung.

### Kao: Eine Philosophie der Weisheit

«Sauberkeit, Gesundheit und Schönheit» – so lautet ein Motto des Unternehmens Kao, das 1890 als Seifenfabrik gegründet wurde. Seifen und Waschmittel gehören weiterhin zu den wichtigsten Produkten, aber heute sind noch so unterschiedliche Produktlinien wie Papierprodukte, Kosmetika und Disketten dazugekommen.

Yoshio Maruta, der 1990 nach dem hundertjährigen Bestehen des Unternehmens sein Amt als Chairman niederlegte, um sich zur Ruhe zu setzen, spielte in den vergangenen vier Jahrzehnten eine wichtige Rolle beim Aufstieg des Unternehmens. Maruta war Visionär und Philosoph und hat eine Unternehmensphilosophie verankert, die auf drei Grundsätzen beruht: Dienst am Kunden, absolute Gleichheit aller Mitarbeiter und die Suche nach der Wahrheit. Bei Kao ist das kombinierte Wissen aller Mitarbeiter wichtiger als das Genie des einzelnen. Fumikazu Tokiwa, der Maruta als Präsident nachfolgte, betont, wie wichtig es ist und welche Freude es macht, Wissen und Informationen gemeinsam zu nutzen und alle Mitarbeiter an der Entwicklung von Innovationen teilhaben zu lassen. Dabei kann jeder Mitarbeiter etwas zur Wissensbasis beitragen, aber kein einzelner genießt eine Vorrangstellung.

Kao verläßt sich sehr auf eine vertikal integrierte, «ursprungsorientierte» Forschung und Entwicklung, um Produkte auf den Markt zu bringen. Die vertikale Integration erlaubt eine striktere Kontrolle, sowohl im Hinblick auf die Kostenreduzierung als auch auf die Beeinflussung der Produktentwicklung. «Ursprungsorientiert» bedeutet, daß die Forschung sich sehr auf die Grundlagen konzentriert, auf den «Ursprung der Dinge». Tokiwa ist von einer tiefen Neugierde beseelt, die sich auf die Wissenschaften und auf die Menschen gleichermaßen richtet. Er wurde einer der jüngsten Chefs in der Geschichte des internen Forschungszentrums von Kao. Zuerst werden neue Chemikalien oder Verbindungen entdeckt, und dann werden daraus neue Materialien und Produkte entwickelt. Das Ergebnis ist ein Unternehmen mit einem technologischen Führungsanspruch, in dem wissenschaftliche Forschung den Impuls für die ständige Entwicklung und Verbesserung von Produkten liefert.

## Biofunktionalität

Die Integration von F&E und Marketing findet im Rahmen einer «biofunktionalen Organisation» statt, wie Maruta es nannte. In einer biofunktionalen Organisation «betrachten wir die Organisation als einen einzigen lebendigen Organismus, der aus vielen Menschen besteht. Alle Mitglieder der Organisation wissen, was die anderen tun oder denken, und sie können einander sofort zur Hand gehen und zusammenarbeiten.» Mit anderen Worten: Das biofunktionale Unternehmen ist mit dem menschlichen Körper vergleichbar, der sich von einer Krankheit auf natürliche Weise selbst heilen kann, indem alle Organe gleichzeitig reagieren. Analog dazu reagieren die Abteilungen des biofunktionalen Unternehmens schnell auf Probleme, ohne erst Anweisungen von oben abwarten zu müssen.

Die Treffen des Topmanagements von Kao stehen allen Mitarbeitern offen, die sich entweder allgemein für die anstehenden Themen interessieren oder spezielle Vorschläge dazu machen können. Auch die monatlich abgehaltene F&E-Konferenz in jedem der vier Forschungslabors ist für alle Mitarbeiter offen. Außerdem fördert Kao über ein Netzwerk von 3800 Rechnern eine intensive Kommunikation zwischen den 18 Divisionen. Schließlich werden zweimal jährlich Meetings über die Entwicklung neuer Produkte in fünf japanischen Großstädten abgehalten, an denen Mitglieder aller Abteilungen teilnehmen. «Die Spannung erreicht ihren Höhepunkt bei diesen zwei Gelegenheiten ... die Energie sprudelt nur so... Es gibt einen Rhythmus, einen Fluß an gebündelter Energie.» Außerdem werden die F&E-Abteilungen als Personalreservoir betrachtetet. Dies ist ein Aspekt, der bei Sharp Electronics noch viel stärker ausgeprägt ist.

## Das Wissen schaffende Unternehmen

In Übereinstimmung mit der Philosophie der Kreativität, die Tokuji Hayakawa einst vorgab, entwickelte Sharp eine einzigartige Unternehmensstruktur, in deren Zentrum die «Wissensgesellschaft» steht.

Wissen in Form neuer Produkte und Technologien wird durch den effektiven Einsatz dreier Instanzen geschaffen: Man braucht eine nach Funktionen gegliederte Hierarchie, flexibel organisierte Projektteams in der Produktentwicklung sowie eine Wissensbasis, die das ungeschriebene und das explizite Wissen beinhaltet. Wichtige Produktentwicklungsprojekte werden von Projektteams im «Urgent Project System» durchgeführt, die organisatorisch von den F&E-Labors von Sharp abgekoppelt sind. Jedes Mitglied eines solchen Teams weist sich mit einem Goldanstecker aus. (Dieses System beinhaltet auch, daß man die besten Leute einer Abteilung bis zu einem Jahr abziehen kann.) 1985 wurde ein neues Lifestyle Centre als Reaktion auf gesellschaftliche Veränderungen gegründet. Die bisher isolierten Produkte wurden zu Produktgruppen zusammengefaßt, die einzelne «Lifestyles» repräsentierten. Takaji Ohgawara, ehemaliger Leiter des Zentrums, nannte es einmal eine «Guerillatruppe gegen konventionelle Konzepte».

Wenn man die Unternehmenskultur von Microsoft und IBM mit derjenigen von Kao und Sharp vergleicht, wird der grundlegende Unterschied zwischen dem amerikanischen Schwerpunkt (persönlich/individuell) und dem japanischen (kollektiv/gruppenorientiert) deutlich. Gleichzeitig sollte man aber auch nicht übersehen, daß die jeweils dominante Unternehmenskultur sich durchaus auch mit ihrem «Schatten» auseinandersetzt. Sehr deutlich wird das am Beispiel von Kao, das besonders im Marketing viele Anregungen von Procter& Gamble bezog.

### Sharp: Eine Wissensgesellschaft

1912 errichtete Tokuji Hayakawa, der Vater des Ever-Sharp-Stiftes, des «stets gespitzten Bleistiftes», seine erste Metallwarenfabrik in Tokio. Als der Erfinder und Innovator nach dem großen Erdbeben von 1923 nach Osaka umgezogen war, begann er, Radios und Elektrogeräte herzustellen und benannte seine Firma in Hayakawa Electric Industries um. Heute gehört das Unternehmen, das mittlerweile den Namen von Hayakawas berühmtester Erfindung Sharp trägt, zu den größten und bekanntesten Elektronikkonzernen der Welt.

Die Geschichte von Sharp basiert auf Innovationen. Hayakawa forderte seine Mitarbeiter auf: «Imitieren Sie nichts. Entwickeln Sie lieber Produkte, die andere imitieren möchten.» Nach dem Zweiten Weltkrieg spielte Sharp eine Pionierrolle in Bereichen wie Fernsehgeräten, Taschenrechnern, Flüssigkristallanzeigen und opto-elektronischen Geräten. Als die Konkurrenz, etwa bei den Taschenrechnern, nachzog, verließ sich Sharp auf innovative Produkte und Produktmerkmale, um sich einen klaren Vorsprung auf den Märkten zu sichern.

Man könnte das Unternehmen als eine Art «Wissensgesellschaft» bezeichnen, weil die Beschäftigung mit Wissen und Innovation auf allen Ebenen augenfällig ist. Es gibt F&E-Labors auf Konzern-, Geschäftsbereichs- und Divisionsebene, die mit einem unterschiedlichen Maß an Verantwortung ausgestattet sind. Außerdem hat Sharp ein sehr flexibles System von Projektgruppen, die bei Bedarf spezifische Innovationen außerhalb der Unternehmenshierarchie entwickeln. Bei Sharp wurden der Umgang mit dem Wissen und die Fähigkeit, Wissen in Innovationen umzusetzen, fest in die Unternehmenskultur verankert.

## Vernunft, Präzision und Genauigkeit: Trumpf und Bertelsmann in Deutschland

Während Kleinunternehmen besonders in den angelsächsischen Kulturen sehr verbreitet sind, ist Deutschland für seine überwiegend in Familienbesitz gehaltenen Mittelstandsunternehmen bekannt. Zu ihnen gehört die Trumpf GmbH & Co. In Deutschland ist Trumpf für Werkzeugmaschinen das, was Psion für die Mobilcomputer in Großbritannien ist.

Trumpf entwickelt heute, über siebzig Jahre nach der Gründung durch Christian Trumpf, Werkzeugmaschinen für die Blechbearbeitung, Elektrogeräte und Lasermaschinen. In der Lasertechnologie ist Trumpf Branchenführer. Die großen Produktionsstätten liegen in Deutschland, wo das Unternehmen 2600 seiner rund 4000 Mitarbeiter beschäftigt. Die Philosophie von Trumpf wird durch das Firmenlogo versinnbildlicht, ein einfaches blaues Quadrat, das Vernunft, Präzision und Genauigkeit zum Ausdruck bringen soll. Der Geschäftsführer Prof. Berthold Leibinger steht ganz in der Tradition der rationalen, technologischen Ausrichtung des Unternehmens: «Meine Aufgabe besteht zu einem großen Teil darin, die allgemeine Richtung der Aktivitäten in Forschung und Entwicklung festzulegen. Es gibt keinen Bereich, über den unser F&E-Leiter mit mir nicht spricht.» Technik, so scheint es, ist alles!

### Fleiß, Kompetenz und Höflichkeit

Trumpf wurde, so wie Daimler-Benz und Porsche, die ihren Sitz ebenfalls im Südwesten Deutschlands haben, vom schwäbischen Pietismus und dessen Werten der Vernunft, Sauberkeit und Präzision sehr beeinflußt. In Süddeutschland gibt es eine große Zahl florierender Mittelstandsunternehmen. Respekt vor Autorität und technischer Kompetenz, unermüdlicher Fleiß und vollkommene Höflichkeit sind denn auch zentrale Merkmale der Unternehmenskultur von Trumpf, ebenso wie von Daimler-Benz und Porsche.

Aber auch japanische Einflüsse kommen bei Trumpf zum Tragen. Sowohl Prof. Leibinger selbst, dessen Mutter mit Kunstgegenständen des fernen Ostens handelte, als auch sein Schwiegersohn, der Produktionsleiter ist, haben viele Jahre in Japan verbracht. Prof. Leibinger meint: «Ich habe die Japaner immer für ihre Pflichtergebenheit, ihren Eifer und ihre Höflichkeit bewundert.»

Diese Mischung aus deutschen und japanischen Elementen könnte unter anderem die etwas paradoxe Beziehung zwischen Führung und Delegation bei Trumpf erklären. Leibinger ist eigentlich ein Patriarch oder sogar ein Autokrat, wenn auch ein wohlwollender. «Ich glaube an die Notwendigkeit der Autorität im Leben. Mein Ideal ist es, ein aufgeklärter Patriarch zu sein. Ich kenne meine Pflichten und weiß, daß ich für andere sorgen muß, aber auch von anderen abhängig bin.» Hier wird eine Mischung aus dem Prinzip der Abhängigkeit nördlicher Prägung und dem Prinzip der gegenseitigen Abhängigkeit östlicher Prägung erkennbar.

## Kompetenz, Technik und väterliche Fürsorge

Überwachung und Kontrolle im Unternehmen werden durch persönliche und auch technokratische Koordinationsmaßnahmen in jedem Funktionsbereich gewährleistet. Gleichzeitig wurde in jüngerer Zeit ein System des «Managements durch Projekte» eingeführt. Dazu gehören klare Zielformulierungen innerhalb der Projektteams, eine enge Zusammenarbeit zwischen den Teammitgliedern, eine klare Definition der Zuständigkeiten, eine Aufgabenverteilung nach dem Kriterium der Kompetenz, und schließlich die Koordination zwischen Funktionsbereichen.

Zwei Kriterien spielen bei der Auswahl und Entwicklung des Personals bei Trumpf eine wichtige Rolle. Erstens müssen die Mitarbeiter eine exzellente Ausbildung im wissenschaftlichen oder technischen Bereich haben. Zweitens wird von ihnen erwartet, daß sie die Werte verinnerlichen, auf denen die Unternehmenskultur von Trumpf basiert, nämlich Bescheidenheit, Pflichtgefühl,

Leistungsorientiertheit sowie Selbstvertrauen gepaart mit Uneigennützigkeit.

Bis vor kurzem konnte man bei Trumpf noch mit einer lebenslangen Beschäftigung rechnen. Als in den 90er Jahren Entlassungen unausweichlich waren, wurde der «Schockeffekt» durch Lohnkürzungen abgemildert, damit die Entlassungen auf ein Minimum begrenzt

### Trumpf: Technik an erster Stelle

Die Trumpf GmbH & Co. ist ein führender deutscher Werkzeugmaschinenhersteller, der sich auf modernste Technologien, wie etwa Lasermaschinen für die Materialbearbeitung, konzentriert. Das Unternehmen wurde 1923 in Ditzingen von Christian Trumpf gegründet. 1997 konnte es einen Umsatz von 1450 Millionen DM verzeichnen – nach rund 725 Millionen DM 1990/91 und einem Rückgang in den Krisenjahren bis auf 624 Millionen DM 1994. Der derzeitige Geschäftsführer ist Prof. Berthold Leibinger. Der Ingenieur konstruierte eine Werkzeugmaschine, die die Grundlage für das Wachstum des Unternehmens in den 60er und 70er Jahren darstellte. Prof. Leibinger hält 83 Prozent der Unternehmensanteile.

Zwar ist Trumpf ein internationales Unternehmen, doch die F&E ist überwiegend in Deutschland konzentriert. Dr. Hans Klingel, Prof. Leibingers Stellvertreter, ist direkt für Innovationen verantwortlich. Typisch für Trumpf sind ein im Vergleich zur Branche doppelt so hoher F&E-Aufwand (1997 sechs Prozent des Umsatzes), ständige Produktneuentwicklungen zur Wahrung des Wettbewerbsvorsprungs, kooperative Kontakte zu technischen Zentren und Forschungseinrichtungen, und eine Personalpolitik, bei der die betriebliche Weiterbildung und interne Beförderungen eine wichtige Rolle spielen.

Trumpf ist tief in der schwäbischen Kultur verwurzelt. Pietistische Werte wie Uneigennützigkeit, Pflichtbewußtsein, Fleiß und Freude an der Arbeit sind zentrale Elemente der Unternehmenskultur bei Trumpf. Ein Ingenieur erklärte: «Ich kann nach acht Stunden nicht einfach den Bleistift fallen lassen, dann hätte ich ein schlechtes Gewissen.»

werden konnten. Die Gehälter der leitenden Mitarbeiter wurden dabei drastischer gekürzt als die Löhne der Arbeiter. Das gute Verhältnis der Geschäftsleitung mit dem Betriebsrat trug sehr dazu bei, diesen schwierigen Übergang zu erleichtern. Die pietistischen Werte der selbstlosen Ergebenheit und des unermüdlichen Einsatzes für das Unternehmen stehen einer leistungsorientierten Vergütungspolitik entgegen. Ganz anders ist das bei Bertelsmann, das seinen Sitz in Norddeutschland hat.

## Unternehmen, Verantwortung und Partnerschaft

Bertelsmann wurde bereits 1824 gegründet, doch der eigentliche Aufschwung des Unternehmens und seine Entwicklung zum internationalen Medienkonzern fanden erst nach dem Krieg statt. Während Trumpf technisch orientiert ist, steht bei Bertelsmann das Unternehmertum im Vordergrund, wobei beide Firmen fest in der Gesellschaft verwurzelt sind. Bei Bertelsmann ist dies dem Wirken Reinhard Mohns zu verdanken, der das Unternehmen nach dem Krieg wieder aufbaute. Dabei ließ er sich in hohem Maß von den Prinzipien der persönlichen Verantwortung und Dezentralisierung leiten, die er in den Vereinigten Staaten kennengelernt hatte, wo er Kriegsgefangener gewesen war. Bertelsmann stellt in vielerlei Hinsicht eine Brücke zwischen Kontinentaleuropa und der angelsächsischen Welt dar.

Unter der Regie Reinhard Mohns wurde Bertelsmann in viele mittelgroße Firmen aufgegliedert, die die unternehmerische Verantwortung für ihre Aktivitäten tragen. Das von Bertelsmann hochgehaltene Konzept der sozialen Verantwortung findet seine Entsprechung im Grundsatz der partnerschaftlichen Beziehungen zwischen den Mitarbeitern. Dieses Prinzip hat sogar entfernt japanische Anklänge: Danach sollten Mitarbeiter als Partner behandelt werden und in der Lage sein, sich als solche in ihrer Arbeit zu verwirklichen. Am sichtbarsten wird das Prinzip der Partnerschaft wohl in der freiwilligen Mitbestimmung im Aufsichtsrat. Letztlich werden alle Aktivitäten bei Bertelsmann durch Unternehmergeist, Verantwortung

**Bertelsmann: Lebendige Bürokratie und mutiges Management**

Bis zur Fusion von Time und Warner im Jahr 1989 war die Bertelsmann AG der größte Medienkonzern der Welt. Er war 1824 von Carl Bertelsmann gegründet worden und erlebte seinen eigentlichen Aufschwung nach dem Zweiten Weltkrieg unter der Führung des Unternehmers Reinhard Mohn. Dieser Aufschwung konnte bis heute unter der Führung seines Nachfolgers im Vorstand, Dr. Mark Wössner, fortgesetzt werden. In den letzten vier Jahrzehnten verzeichnete der Konzern eine durchschnittliche jährliche Wachstumsrate von 10 Prozent. Er hat Niederlassungen in vierzig Ländern in Bereichen wie Druck, Verlagswesen sowie Rundfunk und Fernsehen und kam 1997/98 auf einen Umsatz von rund 25 Milliarden DM.

Innovationen bei Bertelsmann betreffen weniger den technologischen Bereich als innovative Geschäftskonzepte und Führungsmethoden, die wiederum ausschlaggebende Faktoren für das phänomenale Wachstum des Konzerns sind. Reinhard Mohn hinterließ eine Kultur der individuellen Verantwortung und des Unternehmertums, gepaart mit einem ausgeprägten sozialen Verantwortungsgefühl und partnerschaftlichem Denken.

Bei Bertelsmann spricht man nicht von «Managern» oder «Management». Der Konzern wird nicht von Bürokraten geführt, sondern von risikobereiten, unternehmerisch denkenden Leuten. Dieses System wird als «Führung aus dem Zentrum» bezeichnet. Solange sich die Führungskräfte im vorgegebenen strategischen und finanziellen Rahmen bewegen, verfügen sie über beträchtliche Freiräume. Allerdings ist mit diesen Spielraum keine «Schrotflinten»-Methode verbunden, sondern die Mitarbeiter orientieren sich an den klaren Zielen des «Unternehmenskonzepts», das Grenzen absteckt und Freiräume definiert. Diese «lebendige Bürokratie» stellt ein einzigartiges Führungs- und Innovationsmodell dar.

und Partnerschaft charakterisiert, wobei Anleihen im Westen, Norden und Osten gleichermaßen gemacht werden. Nicht viel anders sieht es bei Michelin in Frankreich aus.

## Weltmarktführer: Michelin und Salomon in Frankreich

Die Franzosen haben eine Tradition großer Unternehmen, die einzigartig in Europa ist (mit Ausnahme vielleicht von Schweden). In diesem Sinn haben sie etwas mit den Japanern gemeinsam. Michelin ist ein gutes Beispiel dafür. 1996 besaßen weltweit sechs Reifenproduzenten insgesamt einen Marktanteil von fast 80 Prozent. Michelin führte das Feld mit einem Marktanteil von 20 Prozent an, an zweiter Stelle rangierte das japanische Unternehmen Bridgestone mit 18 Prozent und an dritter Stelle Goodyear in Amerika mit 15 Prozent.

Michelin ist ein forschungs- und technologieorientiertes Unternehmen, auch wenn der Vertrieb eine ebenso wichtige Rolle spielt. Der F&E-Aufwand, gemessen am Umsatz, übersteigt den der Wettbewerber deutlich. Schließlich befindet sich Michelin immer noch in Familienbesitz, was für ein so großes Unternehmen wahrhaft ungewöhnlich ist.

### Ein Unternehmen in Familienbesitz

Michelin wird seit 1955 von François Michelin geleitet, dem Enkel eines der Firmengründer. Einer seiner Söhne, Edouard, 36 Jahre alt und Absolvent einer führenden technischen Universität in Frankreich, scheint dafür bestimmt, das Unternehmen in der vierten Generation zu leiten. Michelin ist – so wie einige andere französische Unternehmen wie Yves St. Laurent – eine Publikumsgesellschaft mit dem Status einer «SCA», einer Kommanditgesellschaft auf Aktien. Als solche verbleibt die Kontrolle bei den aktiven Partnern in der Familie – den «Komplementären» –, die ihre Nachfolger selbst bestimmen dürfen und von den Anteilseignern nicht zum Rücktritt gezwungen werden können. In diesem Familienunternehmen ist ein deutlicher Einfluß der südlichen Sphäre zu verspüren – das «Gefühl im Zentrum zu sein», wie Jung es nannte. Zumindest gilt dies für den in Frankreich angesiedelten Teil des Konzerns.

## Personalentwicklung und Innovation

Die Produktinnovation spielte während der gesamten Firmengeschichte von Michelin eine wichtige Rolle. Michelin erfand im Jahr 1946 den Gürtelreifen und führte 1991 einen «grünen» Reifen ein, der im Unternehmen als die wichtigste Brancheninnovation seit dem Gürtelreifen bezeichnet wurde. Gleichzeitig versuchte Michelin, eine systematische Verlagerung von Produktionsanlagen nach Asien oder Osteuropa auf ein Mindestmaß zu begrenzen, um in Clermont-Ferrand ein wichtiger Arbeitgeber zu bleiben.

### Michelin: Produkt- und Prozeßinnovation

Michelin mit Sitz in der zentralfranzösischen Industriestadt Clermont-Ferrand gehört zu den weltweit führenden Reifenherstellern. 1946 revolutionierte Michelin den Reifenmarkt mit der Erfindung des Gürtelreifens. Im Lauf der Jahre kamen zahlreiche weitere neue Produkte dazu. 1991 wurde eine weitere radikale Innovation, der «grüne» Gürtelreifen eingeführt, der seitdem stetige Marktzuwächse verzeichnen konnte.

Michelin hat nicht nur großen Wert auf die Produktinnovation gelegt, sondern auch auf die Prozeßinnovation. Unter dem Druck von Konkurrenten wie Pirelli und Bridgestone, denen ebenfalls große Innovationen gelungen waren, setzte sich Michelin das Ziel, einen Durchbruch in der Herstellung zu erreichen. Das Ergebnis war im Jahr 1993 das Automationssystem C3M, das in einer neuen Fabrik in der Nähe von Clermont-Ferrand installiert wurde und Flexibilität und Qualität bei gleichzeitig niedrigeren Kosten verbessert hat.

Michelin gehört der Familie Michelin in der dritten Generation und wird von François Michelin geführt. Dieser engagiert sich sehr stark im Bereich der Innovationen und sorgt dafür, daß Innovationsteams genügend Zeit und Ressourcen zur Verfügung gestellt bekommen. Es kann bei Michelin durchaus einige Zeit dauern, bis eine Innovation entwickelt wird – bei C3M waren es elf Jahre, beim «grünen» Reifen sieben –, aber Michelin glaubt, daß dieser Preis sich lohnt, wenn man dafür dann wirklich radikale Innovation erreicht.

Die starke Unternehmenskultur wirkt also nicht nur nach außen auf die Region, sondern auch nach innen auf die Beschäftigten. Michelin sucht Mitarbeiter, die eine lebenslange Karriere im Unternehmen anstreben und ist deshalb immer bestrebt, die Anforderungen des Arbeitsplatzes auf die Beschäftigten abzustimmen, nicht umgekehrt. Rotation und betriebliche Weiterbildung über Funktionen und Nationen hinweg gehören zu einem ständigen Prozeß der Verfestigung der Unternehmenskultur, während gleichzeitig auf die Entwicklung des individuellen Potentials Wert gelegt wird. François Michelins Credo lautet, daß Ideen sehr empfindlich sind und geschützt und gehegt werden müssen. Deshalb sucht er gezielt kreative Mitarbeiter und bietet ihnen ständig erweiterte Verantwortungsbereiche innerhalb der Projekte. «Forscher müssen die Ressourcen und die Freiheit zum Experimentieren haben. Einer von ihnen hatte eben den genialen Einfall, Silika auszuprobieren, obwohl das Experiment vor 50 Jahren gar nicht funktionierte. Aber das konnte diesen Mann nicht bremsen.» François Michelin selbst verbringt viel Zeit mit Gesprächen über die laufenden Forschungsaktivitäten, er informiert sich über neue Theorien und Entwicklungen in der Forschung und motiviert seine Mitarbeiter.

## Mobilisierung von oben

Man kann bei Michelin neun Aspekte der Unternehmenskultur herausfiltern, die zur Förderung von Innovationen beitragen:

- Das F&E-Budget ist das höchste in der Branche.
- Forschung und Technologie wird ein hoher Stellenwert eingeräumt, aber auch den Marketingaktivitäten.
- Man sucht einzelne Mitarbeiter mit hohem kreativem Potential, um ihnen immer umfangreichere Aufgabenbereiche zu übertragen.
- Man weiß, daß Innovationen nicht ohne Freiräume, Zeit und Ressourcen entstehen können.

- Die Integration verschiedener internationaler und wissenschaftlicher Kulturen fördert die Vielfalt im Konzern.
- Sonderprojekte werden von den anderen Forschungsaktivitäten isoliert, damit die Chancen für große Durchbrüche steigen.
- Das Topmanagement ist lebhaft am Forschungsprozeß interessiert.
- Das intensive Engagement der Geschäftsleitung für das strategische Ergebnis der Innovationen mobilisiert Energien im ganzen Konzern.
- Da sich das Unternehmen schon lange in Familienbesitz befindet, ist eine langfristige Perspektive in der Führung garantiert.

Insbesondere der letzte Punkt trifft auch auf das französische Unternehmen Salomon zu.

### «Culte de Produit»

Im Lauf von vierzig Jahren hat Salomon die Weltmarktführung für Skiausrüstungen für den Abfahrtslauf und nordische Disziplinen erobert. In letzter Zeit hat Salomon auch begonnen, Golfschläger zu entwickeln und herzustellen. Das Unternehmen wird von der Familie Salomon kontrolliert, die ihre regionale savoyardische Herkunft mit dem ethnischen Erbe des Judentums verbindet. So verfügt sie sogar über zwei kulturelle Fundamente. Das Familienunternehmen ist eng in sein Umfeld eingebunden. Gleichzeitig herrscht in allen Bereichen des Unternehmens ein Wettbewerbsgeist, der durch die spezifischen Eigenheiten der Sportbranche noch weiter verstärkt wird.

Salomon hat den sogenannten «culte de produit» erfunden: Die Innovation richtet sich auf ein ganzes Produktkonzept und nicht auf eine einzelne Technologie oder einen Prozeß. Entsprechend dazu hat Salomon eine Differenzierungsstrategie entwickelt, die auf möglichst einmaligen Produktkonzepten und Marken basiert, mit denen die oberen Marktsegmente erschlossen werden sollen. Da im Hinblick auf Qualität und Design sowie Leistung und Vergnügen höchste Ansprüche erfüllt werden sollen, vollzieht sich der Innovationsprozeß insgesamt relativ langsam. Die Produktentwicklung ist im wesentlichen eine funktions- und geschäftsbereichsübergreifende Aktivität. Deshalb ist eine anpassungsfähige, entwicklungsfähige Organisationsstruktur notwendig, die die horizontale Verbindung zwischen den potentiellen Kunden, den Entwicklungsingenieuren, den Produktionsabteilungen und den Kunden ermöglicht. Die Betonung der Interaktivität in der Unternehmenskultur fördert die Entstehung von Berührungspunkten zwischen den potentiellen Verbraucherbedürfnissen, neuen Produktkonzepten und den Chancen durch neue Technologien und Prozesse.

Das im Unternehmen verteilte Wissen über Produktentwicklung und Marketing wird strukturiert, geschützt, systematisch aktualisiert und an die Manager weitergegeben. Das Unternehmensimage hat sich dahingehend verändert, als in seinem Mittelpunkt nun weniger die Führung als Produktdesign, Innovation, Qualität und Leistung stehen.

Salomon und Michelin haben eine Reihe von Merkmalen gemeinsam: Ihre Betonung der individuellen Kreativität und ihre Warenzeichenpolitik kann man insofern als «westlich» bezeichnen, als sie amerikanischen Praktiken sehr ähnlich sind. Andererseits sind ihre bürokratischen Strukturen eindeutig europäisch und eher für Deutschland als für Amerika oder auch Großbritannien typisch. Die Bereiche Qualität und Entwicklung werden unter ganzheitlichen Gesichtspunkten betrachtet, was Ähnlichkeiten zu japanischen Methoden aufweist. Gleichzeitig lassen sich auch Analogien zu Firmen in Italien und Spanien ziehen, weil die Familie eine große Rolle spielt.

## Salomon: Der Produktkult

Salomon SA wurde 1947 von François und Jeanne Salomon und ihrem Sohn Georges im Savoyen mit dem Zweck gegründet, Holzskier herzustellen. Heute setzt das Unternehmen über 4 Milliarden Francs um. Salomon behauptet seine Position als weltweit führender Hersteller von Skiausrüstungen, und Spitzensportler wie die französische Abfahrtslaufsiegerin Carole Merle laufen auf Salomon-Skiern. Mittlerweile wurde die Produktpalette auch auf Golfschläger und Fahrräder ausgeweitet.

Georges Salomon hat in der gesamten Firmengeschichte eine führende Rolle als Innovator und Motor für Innovationen gespielt (1952 entwickelte er eine sich automatisch öffnende Bindung, die zu einem der wichtigsten Produkte des Unternehmens wurde). Nachdem es Ende der 80er Jahre zu finanziellen Problemen kann, wurde der Managementexperte Jean-François Gaultier als Geschäftsführer ins Haus geholt. Trotzdem spielte Georges Salomon weiterhin eine aktive Rolle im Unternehmen, und auch seine Kinder hielten Schlüsselposten inne. Die Familie hielt auch die Mehrheit der Firmenanteile bis 1997, als Adidas das Unternehmen in einem Deal mit einem Bar-Wert von rund 1,4 Milliarden Dollar übernahm.

Adidas zahlte damit einen Preis, der eine Prämie von 19 Prozent über dem damaligen Börsenkurs und das 31fache des für 1998 erwarteten Ergebnisses bedeutete. Für die bisherigen Anteilseigner und die Familie war dies ein exzellentes Geschäft. Adidas demgegenüber konnte auf einen Gesamtumsatz von rund 5 Milliarden Dollar kommen und somit Reebok (3,5 Milliarden Dollar) überholen, um hinter Nike (9,2 Milliarden Dollar) der zweitgrößte Sportartikelhersteller der Welt zu werden.

Salomon ist tief in der Kultur des Savoyen verwurzelt, für die ein ausgeprägtes Arbeitsethos und eine Vorliebe für gute handwerkliche Arbeit charakteristisch sind. Die Devise bei Salomon lautet, Perfektion anzustreben, wie lange das auch immer dauern mag. Lieber würde sich Salomon mit einem zweiten Platz auf dem Markt zufriedengeben als das Risiko eingehen, das falsche Produkt anzubieten. Der Produktkult durchdringt das gesamte Unternehmen, angefangen von Georges Salomon bis nach ganz unten.

## Wirtschaftliche und soziale Erneuerung: Mondragón und Banco Santander in Spanien

Die ersten spanischen Genossenschaften wurden Mitte des neunzehnten Jahrhunderts in der Landwirtschaft gegründet. Während des Krieges gelangten einige zu beachtlicher Größe, wurden aber unter Franco aufgegeben, als viele ihrer Leiter nach der Beschlagnahmung ihrer Betriebe ins Exil flohen. Im Baskenland jedoch entwickelte ein junger Priester namens José Maria Arizmendiarrieta unmittelbar nach dem Krieg seine eigene Vision einer klassenlosen Gesellschaft, in der Bildung und Erziehung durch Arbeit gefördert werden sollten. Er wurde vom christlichen Glauben an die Menschenwürde geleitet und glaubte fest an das Potential eines jeden Menschen.

### Ständige Bildung und Weiterbildung

Die Tatsache, daß der Gründer die Bildung stets so sehr betonte, führte schließlich dazu, daß die Mondragón-Gruppe viele Einrichtungen gründete, die diesem Ziel dienten. Die bekanntesten Beispiele sind das Polytechnische Institut (Eskola Politeknikoa), eine Managementfakultät (Eteo) und ein Forschungszentrum (Ikerlan). Daneben gibt es noch weitere Einrichtungen zur beruflichen Weiterbildung, ein Institut, das sich speziell mit der Führung von Genossenschaften beschäftigt, und ein weiteres, das als «Brutkasten» für neue Unternehmen dient.

Das letztgenannte Institut, Saiolan, gründete auch eine Lehrlingsschule, die von der Regionalregierung finanziert wird. Einer der Gründer von Mondragón sagte: «Saiolan spielt die Rolle, die die Caja Laboral in der Vergangenheit für die Unternehmensdivision inne hatte. Interne Initiativen werden gebündelt und kanalisiert, anstatt vereinzelte neue Unternehmen zu schaffen.»

### Genossenschaftsbanken

Einen wesentlichen Anteil am Erfolg der Mondragón-Gruppe hatte die Gründung eines finanziellen Pfeilers, der Caja Laboral Popular

Bank, die direkt auf Vater José Maria zurückging. Im gleichen Zug wurde auch Lagun-Aro, der Pensionsfonds der Gruppe, ins Leben gerufen. Zu den Aufgaben der Caja Laboral Popular gehörte es, bei der Gründung neuer Genossenschaften zu helfen, sofern sie einen realistischen Geschäftsplan und eine geeignete Führung vorweisen konnten. Mit der Nachfrageexplosion im Spanien der 60er Jahre expandierte die Genossenschaftsgruppe rapide. Allerdings wurde nach der Energiekrise in den 70er Jahren und der Rezession Anfang der 80er Jahre beschlossen, die Gruppe in drei Divisionen umzustrukturieren: Anlagegüter, Verbrauchsgüter und Komponenten. Innerhalb dieser Divisionen waren die Genossenschaften in losen Gruppen organisiert. Aber seitdem wurden auch Versuche unternommen, sie unter dem gemeinsamen Markennamen Fagor zu vereinen.

In den 90er Jahren folgte eine tiefgreifende organisatorische Erneuerung. Mit der Schaffung eines neuen Aufsichtsgremiums sollte versucht werden, die Gruppe der Genossenschaften nicht nur von innen, sondern auch von außen zu kontrollieren. Im Zuge dieser Bemühungen wurden die Bank und der Pensionsfonds von Mondragón in die Finanzdivision des umstrukturierten Unternehmens eingegliedert.

## Unabhängigkeit und gegenseitige Abhängigkeit

Mondragón ist ein einzigartiges Phänomen in der Geschäftswelt. Es handelt sich um eine Gruppe von Genossenschaften, der es gelungen ist, sich als gesellschaftlich-politische sowie technisch-wirtschaftliche Macht zu behaupten. Zehn Merkmale der Unternehmenskultur sind in diesem Zusammenhang bemerkenswert. Erstens bleibt die endgültige Kontrolle über die Gesamtheit der Unternehmen demokratisch in den Händen der Generalversammlung der Beschäftigten, auch wenn in jüngster Zeit externe Anspruchsgruppen angefangen haben, eine aktivere Rolle zu spielen.

Zweitens muß jedes Genossenschaftsmitglied Unternehmensanteile kaufen, die in Abhängigkeit vom Finanzergebnis steigen oder

## Mondragón: Eine Genossenschaftskultur

Die Geschichte der Genossenschaft Mondragón beginnt mit der Ankunft des katholischen Priesters José Maria Arizmendiarrieta in der baskischen Stadt Mondragón im Jahr 1941. Im Bemühen, das wirtschaftliche Schicksal der örtlichen Arbeiterfamilien zu verbessern, bot Vater José Maria zunächst ein kunsthandwerklich orientiertes Ausbildungsprogramm für Jungen an. 1956 gründete er eine Arbeitergenossenschaft namens Ulgor. Aus diesen einfachen Anfängen ist ein Netz von Genossenschaften entstanden, die 1989 unter dem Dach der Mondragón-Gruppe zusammenfaßt wurden. Die Gruppe dehnt ihre Aktivitäten nun auf ganz Europa, Nord- und Südamerika und Asien aus und setzt ihre globale Expansion fort.

Die einmalige Struktur Mondragóns ist das Ergebnis der Unternehmensgeschichte, aber auch des hohen Stellenwerts der Selbstbestimmung und Unabhängigkeit in der baskischen Kultur. Stolz, Loyalität und Fleiß spielen gleichermaßen eine Rolle. Der väterliche Geist von Vater José Maria wirkt bis heute fort. Viele Topmanager kennen ihn persönlich und haben seine Mission zum Bestandteil ihrer eigenen Ziele gemacht. Gleichzeitig impliziert die genossenschaftliche Struktur, daß die einzelnen Genossenschaften die Verantwortung für ihre Beschäftigten tragen.

Die F&E-Funktion wird innerhalb der einzelnen Genossenschaften sowie in speziellen Genossenschaften wie etwa Ikerlan wahrgenommen. Ikerlan wurde 1975 gegründet und hat die Aufgabe, neue Technologien mit einem Zeithorizont von etwa zehn Jahren zu entwickeln. Mit der Gründung von Ikerlan, das eine eigenständige Einheit in der Gruppe ist, gewährleistet Mondragón, daß die charakteristischen Werte der Selbstbestimmung und langfristigen Perspektive auch die Innovationsstrategien der Genossenschaftsgruppe durchdringen.

fallen. Drittens befindet sich ein beträchtlicher Anteil des Kapitals der Gruppe im Kollektivbesitz und ist unteilbar. Damit wird die Tatsache unterstrichen, daß Mondragón in der lokalen Gemeinschaft tief verwurzelt ist und daraus eine langfristige Perspektive ableitet. Viertens liegt die Initiative für die Errichtung einer neuen Kooperative in der Regel bei mehreren Initiatoren, auch wenn einer von ihnen eine Führungsrolle spielen mag. Eine solche Gruppe von Initiatoren benötigt eine ausreichende Unterstützung für ihr Unterfangen. Fünftens werden in den Lohn- und Gehaltsstrukturen die Bedürfnisse der Gruppensolidarität sowie der Marktbedingungen ausreichend berücksichtigt. Das höchste Gehalt beträgt derzeit das Sechsfache des niedrigsten.

Sechstens sind die Führungsfunktionen des Managements klar definiert, und die Amtszeit der einzelnen Geschäftsleitungen, die von den Mitgliedern eingesetzt werden und diesen rechenschaftspflichtig sind, beläuft sich in der Regel auf vier Jahre. Siebtens haben die einzelnen Genossenschaften ständig Zugang zu Wissen und Informationen und Zugriff auf ein Reservoir neu ausgebildeter Mitarbeiter. Achtens steht den Genossenschaften Kapital zur Verfügung, um zu expandieren oder schwierige Zeiten zu überstehen. Neuntens genießen die Genossenschaften die Unterstützung der Gemeinde, was teilweise auch auf ihre Förderung lokaler Bildungs- und Sozialprojekte zurückzuführen ist. Und schließlich ist die gegenseitige Abhängigkeit der Genossenschaften innerhalb der Gruppe offensichtlich, während gleichzeitig die Unabhängigkeit der einzelnen Genossenschaften geschützt wird.

### Alt und Neu verbinden

Mondragón mußte sich im Lauf der vergangenen fünfzig Jahre ständig an neue Umstände anpassen. Auch die erfolgreichste spanische Bank, Banco Santander, mußte ähnliche Anstrengungen unternehmen, wenn auch in konventionelleren geschäftlichen Bahnen, um Tradition und Modernität zu vereinen. Während das Management

## Banco Santander: Durchsetzungskraft und Schnelligkeit

Banco Santander wurde 1857 gegründet und blieb bis 1942 eine lokale Bank. Dann setzte ein durch Akquisitionen erzieltes Wachstum ein. In den 50er Jahren beschleunigte sich das Tempo des Wachstums in Spanien, und die Bank wurde auch in Lateinamerika aktiv. 1995 war Banco Santander in vierzig Ländern auf der ganzen Welt präsent. Architekt insbesondere des internationalen Wachstums war Emilio Botin nach der Aufbauarbeit durch seinen Vater. Beide fungierten sukzessive als Direktoren der Bank in der Periode ihres größten Wachstums. Die Familie Botin hält auch die Mehrheit der Anteile.

In Spanien hat Banco Santander den Ruf eines aggressiven und opportunistischen Bankinstituts. Die Unternehmenskultur mit ihren Tugenden der Loyalität, Sparsamkeit und Bescheidenheit ist typisch spanisch, wird gleichzeitig aber auch von den individuellen Werten der Durchsetzungskraft und Kreativität geprägt, wie sie insbesondere die Führungskräfte verkörpern. Die Bankangestellten sind sowohl der Bank als auch ihrem Direktor gegenüber sehr loyal und stolz darauf, für eines der landesweit erfolgreichsten Unternehmen zu arbeiten.

Banco Santander hat sich einen Ruf für Innovation und Schnelligkeit erworben. Die Bank war mit vielen neuen Finanzprodukten als erste auf dem Markt. Als die spanischen Kapitalmärkte in den 80er Jahren liberalisiert wurden, reagierte Banco Santander als erste auf die Veränderung und nutzte neue Chancen. Die Innovation – und in einem weiteren Sinne die Veränderung der «rules of the game» – wurde zentraler Bestandteil der Kultur, die den beachtlichen wirtschaftlichen Erfolg der Bank letztlich ermöglicht hat.

fest in Familienhänden bleibt, hat die junge Generation die Weiterentwicklung der Bank professionellen Managern übertragen, die nicht aus der Bankbranche stammen. Die traditionellen Werte der väterlichen Fürsorge, der Loyalität und des Respekts vor der Familie wurden um den zeitgemäßeren Wunsch nach Selbstbestimmung als Recht des Individuums erweitert. Diese Mischung alter und neuer Werte stand in den vergangenen Jahren im Zentrum der Innovationen der Bank. Vielleicht ist dies sogar der spanische Beitrag zur europäischen Wirtschaft. Ebenso wie Italien hat Spanien die «nördliche» Modernität (durch die Technik) mit der «südlichen» Tradition (durch die Verwurzelung in der Gemeinde) verschmolzen.

## Kulturelle Vielfalt: Versace und Esaote in Italien

Esaotes Gründer Carlo Castellano führt den Erfolg seines Unternehmens auf fünf Hauptelemente zurück. Die ersten beiden Elemente sind seiner Ansicht nach besonders typisch für Italien. Damit meint er den Staatssektor, dem sein Unternehmen zwölf Jahre lang angehörte, sowie das öffentlich finanzierte Forschungssystem, das Esaote geholfen hat, das notwendige Wissen zu entwickeln, um konkurrenzfähig zu werden. Die anderen drei Faktoren sind spezifisch für Esaote, aber nicht typisch für Italien. Erstens wollte Castellano den italienischen Industriellen zeigen, daß er in der Lage war, ein echtes Wirtschaftsunternehmen und nicht nur ein reines Forschungslabor zu gründen. Zweitens legte er großen Wert auf kulturelle Vielfalt innerhalb des Unternehmens, insbesondere im Hinblick darauf, daß es Niederlassungen in Genua und Florenz hatte. Und schließlich hatte Esaote ein Team zusammengestellt, das einen großen Zusammenhalt aufwies und in dem gleichzeitig die unterschiedlichsten Menschen arbeiteten.

Die Produktpalette von Esaote erstreckt sich von der Magnetresonanztomographie über Ultraschall bis zur künstlichen Bauchspeicheldrüse. Die wichtigste Rolle spielen Ultraschallgeräte für Anwendungen in der Medizin. Das ursprüngliche Staatsunternehmen wurde durch eine Übernahme durch die Mehrheit der Mitarbeiter von Esaote privatisiert.

### Gründung, Weiterentwicklung und Orientierung

Esaote hat im Lauf seiner siebzehnjährigen Geschichte viele Stadien durchlaufen. Die Gründung fand innerhalb der staatlichen Finmeccanica-Gruppe statt. Es handelte sich zunächst um eine Division von Ansaldo (Genua), die sich mit der Vermarktung von Hitachi-Produkten und dem Aufbau einer internen Wissensbasis beschäftigte. In diesem Stadium war das Unternehmen sehr durch die Besonderheit des Staatssektors sowie die regionalen Einflüsse Genuas geprägt. Der Schwerpunkt war nach innen gerichtet und wissensspezifisch, und das Unternehmen befand sich noch in der Anfangsphase.

In der nächsten Phase versuchte Esaote, einen eigenen Platz zu finden und die Bande zur staatlichen Muttergesellschaft zu durchtrennen. Die wichtigste Entscheidung in dieser Phase war der Kauf der Florenzer Firma Ote Biomedica, die über wichtige Stärken in der Branche verfügte und schon ein flexibles Zulieferernetz in der Toskana entwickelt hatte. Die Verschmelzung der Kulturen von Genua und der Toskana half Esaote, sich mehr als bisher als italienisches Unternehmen zu präsentieren und war der weiteren Entwicklung sehr zuträglich.

Im Unternehmenslebenszyklus folgten daraufhin zwei Phasen der Weiterentwicklung. Die erste war die Internationalisierung, in deren Verlauf Esaote Firmen in Deutschland und Frankreich gründete und eine amerikanische Distributionsfirma kaufte. Die zweite bestand in der Privatisierung im Zuge einer Übernahme durch das Management und die Mitarbeiter. Von seiner lokalen und nationalen Basis aus ist Esaote nun dabei, europäische und globale Märkte erobern. Dieser Schritt wird, davon ist Castellano überzeugt, beträchtliche Auswirkungen auf die Unternehmenskultur haben.

## Esaote: Aufbau auf einer Wissensbasis

Esaote Biomedica wurde 1981 unter dem Namen Esacontrol als Teil des italienischen Staatsunternehmens Ansaldo-Finmeccanica gegründet (der Name wurde geändert, als Esacontrol 1986 die Florenzer Firma Ote Biomedica kaufte). Die Hauptprodukte des Unternehmens sind Ultraschallgeräte und Magnetresonanztomographen. 1964 wurden 233 Milliarden Lira umgesetzt, etwa 145 Millionen Dollar. Im Juli 1994 kaufte das Management die Firma und überführte sie so durch ein Management-Buyout in den privaten Sektor.

Der Gründer Carlo Castellano war Leiter der strategischen Planung bei Ansaldo. Seine Kollegen in der Geschäftsleitung der neuen Firma umfaßten hauptsächlich Ingenieure und Techniker. Die Entstehung der Firma war auf Castellanos persönliches Interesse an der Medizintechnik und seine Überzeugung zurückzuführen, daß in diesem Bereich eine Marktchance lag, die man nutzen mußte. Obwohl das neue Unternehmen wenig Unterstützung von der Muttergesellschaft und praktisch kein Betriebskapital erhielt, besaß es, wie Castellano durchaus bewußt war, eine sehr starke Wissensbasis. In der Anfangszeit des Unternehmens lag der Schwerpunkt fast ausschließlich auf F&E, wobei man bei der Vermarktung mit ausländischen Partnern wie Hitachi zusammenarbeitete. Die Stärke des Unternehmens bestand damals wie heute in der Kombination der unterschiedlichsten Ideen und der Zusammenarbeit von Mitarbeitern mit unterschiedlichstem Hintergrund, insbesondere im Topmanagement.

Als das Unternehmen wuchs, insbesondere nach dem Kauf von Ote, begann Esaote, eigene Produktlinien zu produzieren. Die Eigentümer und Manager glauben heute, daß Esaote eher ein europäisches denn ein italienisches Unternehmen ist, und sie bereiten sich auf den Weltmarkt vor. Sie sind sich des nationalen und regionalen Erbes des Unternehmens deutlich bewußt. Die Akquisition von Ote ergänzte die genuesische Unternehmenskultur um einen toskanischen Aspekt, und die Harmonisierung dieser beiden Kulturen wird als Quelle der Stärke betrachtet. Heute befürchten die Firmenmanager eher, daß sie ihr einmaliges italienisches Erbe unter dem Druck des Weltmarkts verlieren könnten.

### Versace: Arbeitsteilung in der Familie

Das Modeunternehmen Gianni Versace SpA wurde 1978 in Mailand gegründet und hat sich einen Platz unter den größten und angesehensten Modekonzernen der Welt erobert. Die Modelle von Versace gewannen zahlreiche Preise und wurden in Filmen und auf der Bühne sowie auf den wichtigsten Laufstegen der Welt gezeigt. 1997 erzielte das Unternehmen weltweit einen Umsatz von 650 Millionen Dollar.

Das Unternehmen war letztlich ein Vehikel für das kreative Genie von Gianni Versace. Sein Bruder Santo, der Geschäftsführer des Konzerns, und andere Familienmitglieder waren dafür verantwortlich, Giannis kreative Ideen umzusetzen und zu vermarkten. Die Talente des Chef-Innovators wurden von ihm nahestehenden Menschen effizient verwertet, während Gianni selbst in gewisser Weise vom alltäglichen Druck des Markts isoliert war und sich ungehindert seiner kreativen Arbeit hingeben konnte.

In der Versace-Gruppe spielt die starke gegenseitige Abhängigkeit zwischen Familienmitgliedern mit unterschiedlichen Interessen eine Schlüsselrolle für Innovationen. In einem Unternehmen, das den gesamten Bereich zwischen Technologie und Kunst beinhaltet, hat diese Mischung aus Vielfalt und Abhängigkeit eine entscheidende Rolle für den unternehmerischen und persönlichen Erfolg gespielt. Auch nach dem plötzlichen Tod von Gianni 1997 hat die Familie die Weiterführung des Unternehmens gesichert: Giannis Schwester Donatella hat jetzt die Rolle des Chef-Innovators übernommen.

### Sicherheit in der Familie

Während Esaote von einem eng zusammengeschweißten Führungsteam mit Mitgliedern unterschiedlichster Herkunft geführt wird, ist Versace ein typisches Beispiel für die Familienunternehmen, die Italien seit Jahrhunderten kennt. Der Erfolg der Firma beruht auf zwei Säulen: auf dem kreativen Genie von Gianni Versace selbst, und auf der Unterstützung durch seinen Bruder Santo und seine

Schwester Donatella, die gemeinsam mit Gianni das Triumvirat an der Unternehmensspitze bildeten.

Auch bei Versace fand eine Entwicklung in drei Phasen statt, wobei jedoch stets die Familie im Vordergrund blieb. Die Phase der Firmengründung wurde von Gianni Versace selbst durchgeführt, der von Kalabrien nach Mailand zog, um sich einen Namen als Designer zu machen. In der Phase der Weiterentwicklung wurde das Unternehmen von einem reinen Design- in ein Produktionsunternehmen verwandelt, das nicht nur Kleidung herstellt, sondern auch Accessoires, Stoffe, Uhren, Schmuck, Parfüm und Möbel. In dieser Phase kam Santo zur Firma und ergänzte das außergewöhnliche Design um ein starkes Management. In der dritten Phase der Orientierung findet eine stetige Internationalisierung und Expansion statt, die zunächst zur Knüpfung starker Beziehungen zu externen Kunden und dann zur Eröffnung von Geschäften und Boutiquen auf der ganzen Welt führte, die als 100prozentige Tochtergesellschaften organisiert sind.

Die starken Beziehungen innerhalb der Familie wurden auf das Unternehmen Versace übertragen. Es ist unmöglich, die Unternehmensentwicklung von Versace zu erklären, ohne die Rolle der Familie zu verstehen. Das Management des Bruders und der Schwester gaben Gianni Versace absolute Freiheit, seiner kreativen Arbeit nachzugehen und seine eigene Vision zu verfolgen. Kulturelle Spitzenleistungen und wirtschaftlicher Erfolg sind auf diese Weise Hand in Hand gegangen.

# 8 Die universalen Prinzipien der Innovation

Ungeachtet der Unterschiedlichkeit der dreizehn Unternehmen unserer Studie lassen sich Ähnlichkeiten dahingehend feststellen, wie sie Innovationen fördern. Diese Ähnlichkeiten haben wir unter den zehn universalen Prinzipien der Innovation zusammengefaßt.

Die Konzepte des Wissens, der Vision und der kommerziellen Verwertung leisten nützliche Dienste, um diese zehn Grundsätze zu strukturieren. Wenn ein Innovationsprinzip mehr als einem der drei Konzepte zugeordnet werden kann, wird es unter dem Konzept aufgeführt, mit dem die größte Übereinstimmung besteht.

- Information: Explizite Nutzung von Informationsaustausch-Mechanismen (siehe S. 105)
- Verzahnte Grundkompetenzen (siehe S. 108)

Mechanismen zur gemeinsamen Nutzung von Informationen und verzahnte Grundkompetenzen sind die Schlüsselelemente im Prozeß der Schaffung des *Wissens*.

- «Leadership»: das Wirken eines Gründers oder Geschäftsführers, der einen klaren Standpunkt zur Innovation einnimmt (siehe S. 111)
- Gemeinsames Engagement aller Mitarbeiter für die Ziele der Innovation (siehe S. 115)
- Strategie: langfristiges Denken der Geschäftsleitung und eine Basis der Stabilität (siehe S. 117)
- Erneuerung: Bereitschaft, es immer wieder mit neuen Produkten zu versuchen (siehe S. 122)

| Wissen | Vision | Kommerzielle Nutzung |
|---|---|---|
| ■ Information | ■ Führerschaft | ■ Marktkenntnis |
| ■ Verzahnte Kompetenzen | ■ Engagement | ■ Organisation |
| | ■ Strategie | ■ Ressourcen |
| | ■ Erneuerung | ■ Anreize |

**Abbildung 8.1:** Schlüsselfaktoren für den Erfolg

Eine starke Führung und ein nachhaltiges Engagement für Innovationen, langfristiges Denken bei gleichzeitiger Bereitschaft, gewohnte Standpunkte zugunsten neuer Lösungen aufzugeben, sind Bestandteile des *visionären* Charakters eines Unternehmens.

- Marktkenntnis: Die Nähe der Innovationen zum Markt (siehe S. 125)
- Organisation: Flache Organisationsstrukturen und Teamarbeit (siehe S. 127)

- Ressourcen: Die Bereitstellung von Ressourcen für Innovationen (siehe S. 132)
- Anreize: Eine Entlohnungsstruktur, die Innovationen fördert (siehe. S. 133).

Die letztgenannten vier Grundsätze sind entscheidend für die *kommerzielle Verwertung* von Innovationen. Die zehn universalen Prinzipien der Innovation werden im folgenden näher beschrieben.

## Information: Explizite Nutzung von Informationsaustausch-Mechanismen

Zwar bietet es unbestritten viele Vorteile, ein Unternehmen in kleine, eigenverantwortliche Einheiten zu strukturieren, doch ist damit auch die Gefahr der Fragmentierung verbunden. Wenn ein Unternehmen dieser Gefahr nicht gezielt durch koordinierende Maßnahmen entgegensteuert, riskiert es, auf die in den einzelnen Bereichen verstreuten Informationen nicht mehr zugreifen zu können, oder es verspielt sogar seine Größen- und Verbundvorteile. Es ist daher nur logisch, daß die meisten Unternehmen in der Studie großen Wert auf ihre Mechanismen zur gemeinsamen Nutzung von Informationen legen. Dies geschieht teilweise auch aus Gründen der Kontrolle, aber noch stärker ist der Wunsch, die Kommunikation zu fördern und Wissen zwischen den Abteilungen auszutauschen.

Es überrascht wenig, daß japanische Firmen wie Kao und Sharp ausgefeilte Mechanismen zur Schaffung von Wissen eingerichtet haben, da sie ohnehin Musterbeispiele für die Schaffung und Organisation des Wissens sind. Kao sieht zum Beispiel seine flexiblen Projektteams, die häufige Personalrotation und die Systeme zur Koordinierung von Informationen als unabdingbare Voraussetzungen für den Unternehmenserfolg. Aufregender war da schon unsere Entdeckung, daß viele europäische Unternehmen ähnliche Anstrengungen unternehmen. So durchlaufen die Führungskräfte bei Mondragón ein System der Rotation, und Psion setzt im gesamten Unternehmen interdisziplinäre Teams für die unterschiedlichsten Aufgaben ein, von der Beschaffung bis zum Vertrieb. Beide Firmen bemühen sich bewußt darum, Informationen innerhalb des Unternehmens gemeinsam zu nutzen.

Bei Trumpf steuert man den Kehrseiten der Dezentralisierung entgegen, indem zahlreiche Kommunikationskanäle (regelmäßig, inoffiziell und offiziell, abteilungsbezogen und abteilungsübergreifend, intern und extern), «horizontale Schleifen» und das Trumpf Optimierungsprogramm (TOP) zur ständigen Verbesserung in F&E eingerichtet wurden. Außerdem wurden manche Produktionseinheiten so gestaltet, daß sie über die Grenzen der Unternehmenseinheiten hinausgehen. Der Aufbau und die Pflege effektiver Kommunikationsnetze werden für sehr wichtig erachtet, denn sie dienen nicht nur dazu, sich über die aktuellen Entwicklungen innerhalb und außerhalb des Unternehmens auf dem laufenden zu halten, sondern sie ermöglichen auch die Weitergabe des hart erarbeiteten Fachwissens.

Um zu gewährleisten, daß alle Mitarbeiter stets möglichst gut informiert sind, wendet Trumpf eine breite Maßnahmenpalette an:

- monatliche persönliche Gespräche auf allen hierarchischen Ebenen
- Konferenzen der Geschäftsleitung (viermal jährlich)
- Meetings in den Werkhallen
- Management-Informationsbriefe
- eine Unternehmenszeitschrift für alle Mitarbeiter (*Trumpf Aktuell*)
- monatliche Information aller Mitarbeiter in den Produktionsanlagen
- mindestens ein vierteljährlicher Besuch der Führungskräfte in den Niederlassungen

- einmal im Jahr ein dreitägiges Meeting der internationalen Manager
- wöchentliche Meetings der Leiter der zentralen Abteilungen
- Strategiewochenenden
- Konferenzen von Betriebsleitern, Qualitätsmanagern und Servicemanagern
- interdisziplinäre Teams
- Grundsatz der offenen Tür
- enger Kontakt mit dem Topmanagement (etwa informelle «Kamingespräche» mit dem Chef, Prof. Leibinger)

Darüber hinaus wird bei Trumpf auch der Aufbau persönlicher, informeller Netze zwischen Mitarbeitern in unterschiedlichen Abteilungen gefördert. Insgesamt tragen all diese Maßnahmen nicht nur dazu bei, daß die Mitarbeiter bestmöglich informiert sind. Sie spielen auch eine wichtige Rolle bei der Festigung der Unternehmenskultur.

Bei Mondragón wird die horizontale Kommunikation zwischen Unternehmen, Funktionen und Ebenen schon durch die schlanken Strukturen des Zusammenschlusses, die geographische Überschaubarkeit des engen Mondragón-Tals, in dem Geschäftsleitung und Mitarbeiter beheimatet sind, und die gesellschaftlichen Traditionen des Baskenlandes erleichtert. Das sparsame Vergütungssystem ermöglicht es, Arbeitsplätze jederzeit schnell und unbürokratisch an die Bedürfnisse der Mitarbeiter anzupassen, ohne die sonst so hochkomplizierten Fragen der Beförderung, Vergütung und Karriere immer wieder neu regeln zu müssen. Die interne Bürokratie von Mondragón setzt einen starken Konsens, aber auch eine funktionierende Kommunikation voraus. Mondragón ist ein transparentes Unternehmen, in dem Informationen auf allen Ebenen zugänglich sind. Technische Informationen werden durch spezielle Systeme wie das «Technologieinventar» und die «Design-Richtlinie» innerhalb der Gruppe der Genossenschaften weitergegeben. Auch Salomon und Bertelsmann haben Vorkehrungen für eine funktionierende interne Kommunikation getroffen. Bertelsmann hat an der Konzernspitze eine neuartige Vorstandsstruktur mit ineinandergreifenden Bereichen der Direktorate geschaffen. Durch Konferenzen des internationalen Managements soll die Zusammenarbeit der Profit Centers verbessert werden, Informationen über die allgemeine strategische Marschrichtung und die Konzernaktivitäten sollen vermittelt und die Unternehmenskultur sowie die Corporate Identity fester verankert werden. Der Informationsaustausch wird durch eine intensive persönliche und informelle Kommunikation gefördert.

Auch bei Microsoft mißt man der Kommunikation große Bedeutung bei. Fast alle Beschäftigten des Unternehmens (1994 waren es 12000) arbeiten auf dem «Campus» von Microsoft in einem großen Waldgebiet in Redmond in Washington, zehn Meilen östlich von Seattle. Im Lauf der Jahre hat Microsoft trotz des rapiden Wachstums und der schnell gewachsenen Mitarbeiterzahl versucht, die Vorteile eines kleinen Unternehmens beizubehalten. Viele Mitarbeiter betrachten die ausgiebige Verwendung der E-Mail als wichtiges Element der direkten und offenen Kommunikation. Sie können Bill Gates und anderen Topmanagern E-Mails zu den unterschiedlichsten Themen schicken und erhalten in der Regel meist eine schnelle und persönliche Antwort.

## Verzahnte Grundkompetenzen

Die Frage, ob ein Unternehmen Grundkompetenzen benötigt, die so kombiniert werden können, daß sie zur Entstehung vielfältiger Innovationen beitragen, wird heute im Prinzip übereinstimmend bejaht – auch wenn es mit der praktischen Umsetzung manchmal hapert, vor allem in manchen größeren europäischen Unternehmen. Umstrittener ist schon die Antwort auf die Frage, wie man diese Kompetenzen erwirbt. Dabei bieten sich insbesondere Unternehmenskäufe oder Allianzen an. Das liegt daran, daß Akquisitionen oder Allianzen –

außer im Fall des einfachen Kaufs der Rechte an einer Technologie – eine neue Kultur in ein Unternehmen bringen.

Nicht alle Innovationen können intern entwickelt werden, und praktisch alle europäischen Firmen aus der Studie sind Allianzen eingegangen, um ihre Innovationskraft zu stärken. Interne F&E-Entwicklungen waren meist auf sorgfältig ausgewählte Bereiche konzentriert, die man zu den Kernkompetenzen zählte. Es wurden mittel- bis langfristige Beziehungen zu anderen Unternehmen aufgebaut, die geeignete Voraussetzungen mitbrachten, um diese Kernbereiche zu fördern. In manchen Fällen wurde aus einer Allianz auch eine Akquisition, etwa weil sich die Kernbereiche überschnitten, oder weil der Käufer ein neues Geschäftsfeld erschließen wollte und das gekaufte Unternehmen eine gute Basis für das geplante Wachstum bot.

So kaufte Trumpf das Unternehmen Haas Laser, um den eigenen Laserbereich weiter auszubauen. Zur Sicherung seiner führenden Position in der Forschung hat Trumpf Kooperationsvereinbarungen mit Universitäten (vor allem mit den Technischen Universitäten in Stuttgart, Aachen und München) und Forschungseinrichtungen wie dem Fraunhofer Institut abgeschlossen. In der Vergangenheit hat Trumpf auch mit verschiedenen anderen Firmen in der Produktentwicklung zusammengearbeitet. Diese Kooperationen verliefen allerdings nicht sehr erfolgreich. Die Geschäftsleitung von Trumpf hatte den Eindruck, daß ihr Know-how ohnehin überlegen war und sie die anstehenden Aufgaben alleine schneller und effizienter hätte erledigen können.

Mondragón ist viele Allianzen mit europäischen und japanischen Unternehmen eingegangen, u.a. mit Hitachi zur Entwicklung von Gefriergeräten. Zudem hat Mondragón auch ehrgeizige Akquisitionen in Angriff genommen. Bertelsmann konzentriert Firmenkäufe auf Bereiche, in denen verwandte Kernkompetenzen vorhanden sind. In dieser Hinsicht müssen wohl einige Lernprozesse im Konzern stattgefunden haben, denn in den 70er Jahren hatte Bertelsmann noch eine Softwarefirma und eine große Hühnerfarm gekauft. Wegen des ausbleibenden Erfolgs wurden beide Firmen wieder abgestoßen. Die Akquisitionsstrategie von Bertelsmann läßt ein Wellenmuster erkennen: Auf Perioden mit wichtigen Käufen folgen in der Regel ruhige Abschnitte, in denen die Integration der gekauften Firmen im Vordergrund steht.

Beim Management von Akquisitionen achtet Bertelsmann darauf, daß die Kreativität und Innovationsfähigkeit der erworbenen Unternehmen bewahrt und nicht zerstört werden. Deshalb wird den neuen Tochterunternehmen keine bestimmte Medienvision aufgezwungen, sondern sie erhalten Freiräume und Autonomie, um ihre bisherigen Erfahrungen zu nutzen und neue Ideen zu entwickeln. Die Dezentralisierung à la Bertelsmann unterstellt, daß Akquisitionen nur dann erfolgreich verlaufen, wenn man den neuen Firmen unternehmerische Freiheit zugesteht und ihnen gleichzeitig Unterstützung anbietet.

Auch die italienische Firma Esaote ist sehr rege, was Allianzen und Akquisitionen angeht. 1982 unterzeichneten die Verantwortlichen einen Vertrag mit Hitachi über die Entwicklung eines Ultraschallgerätes, und 1986 kauften sie Ote Biomedica. Silika (die Basis für den «grünen» Michelin-Reifen) wurde vom französischen Chemieriesen Rhône-Poulenc entwickelt, der Michelin heute weltweit beliefert. Salomon vergibt Tätigkeiten, die nicht unmittelbar zu den Kernkompetenzen des Unternehmens zählen, an Fremdfirmen. So wird zwar das Topprodukt, der «Monocoque»-Ski in der Nähe der Unternehmenszentrale in Annecy produziert, aber die eher zu den Standardprodukten zählenden Skier werden zum Beispiel von der österreichischen Firma Blizzard hergestellt. In der Produktentwicklung arbeitet Salomon mit Dolomite, einer Firma mit Sitz in Montebelluna, Italien, zusammen, und die Produktion von Skistiefeln wird an Hersteller in Italien und Rumänien vergeben. Salomon hat auch neue Kernkompetenzen erworben, indem es Unternehmen erwarb, die Golfschläger und Fahrräder herstellen.

## «Leadership»: Das Wirken eines innovativen Gründers oder Geschäftsführers

Ein Gemälde beginnt immer als Vision im Kopf eines Künstlers. Eine Innovation beginnt als Vision im Kopf eines Managers oder Unternehmers. Erfolgreich sind diejenigen Innovationen, die im Kopf eines Menschen beginnen, der die Macht hat, sie umzusetzen. In den meisten Fällen, die wir untersucht haben, handelt es sich dabei um den Gründer oder den Chef des Unternehmens oder zumindest um Personen in dessen engstem Umfeld. Wie schon in Kapitel 5 angedeutet, ist die Gegenwart eines Chefs, der eine klare Vision vertritt und seine Mitarbeiter begeistern und motivieren kann, von lebenswichtiger Bedeutung. Einfach ausgedrückt: Er verkörpert den Geist der Innovation in einem Unternehmen.

In vielen Unternehmen unserer Studie ist der Gründer die Triebfeder für Innovationen geblieben: Carlo Castellano bei Esaote, David Potter bei Psion, George Salomon bei Salomon, Bill Gates bei Microsoft oder – bis zu seinem Tod – Gianni Versace bei Versace. In anderen, insbesondere bei Sharp und Mondragón, gehört der Gründer zwar nicht mehr zur Firma, wirkt aber durch seine Philosophie der Innovation darin weiter. Häufig besitzt der Chef eine hohe fachliche Kompetenz und kann ein persönliches Vorbild im Management der innovativen Prozesse sein, wie im Fall von Prof. Berthold Leibinger bei Trumpf. Viele Firmenchefs in unserer Studie – Gianni Versace, George Salomon, Bill Gates, David Potter – zeichneten für die ersten erfolgreichen Innovationen ihrer jeweiligen Unternehmen persönlich verantwortlich.

Auch wenn die Topmanager nicht mehr direkt für Innovationen zuständig sind, geben sie ihre Richtung und ihr Tempo vor. In allen untersuchten Unternehmen schrieben sie der Innovation nicht nur einen hohen Stellenwert zu, sondern sie machten den Beschäftigten immer wieder unmißverständlich klar, daß Innovationen sich auf alle Aspekte des Unternehmenslebens erstreckten. Viele von ihnen widmeten der Innovationsthematik einen großen Teil ihrer Zeit. Bill Gates nimmt sich für F&E-Angelegenheiten ebensoviel Zeit wie für Marketingfragen, und bei Trumpf ist die Nummer zwei im Unternehmen direkt für Innovationen verantwortlich. Häufig ist in diesen Fällen das Image des Unternehmens eng mit dem Image seines Chefs verknüpft, der oft auch Hauptanteilseigner ist.

Meist wollen diese Führungspersönlichkeiten weniger das Image des «erfolgreichen Geschäftsmanns» vermitteln, sondern es ist ihnen viel wichtiger, als «erfolgreicher Innovator» zu gelten. Bei David Potter wird eine fast romantische Einstellung zur Innovation, zur Entdeckung neuen Wissens und zum Lernen sichtbar, die über die unmittelbaren Erfordernisse der Geschäftsführung oft weit hinausgeht.

In den meisten innovativen Unternehmen der Welt räumt das Topmanagement der Innovation eine hohe Priorität ein. Wahrscheinlich trifft das sogar auf Unternehmen zu, die sich noch keine Lorbeeren in dieser Hinsicht verdient haben. In den dreizehn untersuchten Unternehmen jedenfalls rangierte die Innovation ganz weit oben auf der Prioritätenliste, und dies wird den Mitarbeitern auch immer wieder deutlich gemacht.

In Europa ist das auffälligste Merkmal der enge persönliche Bezug der Firmenchefs zur Innovation. Sie setzen die Innovation nicht nur offiziell an die oberste Stelle ihrer Agenda, sondern werden von einem ganz persönlichen Interesse getrieben, wie vor allem François Michelin, David Potter von Psion und Javier Mongelos von Mondragón zeigen. Man braucht sich nur den Jahresbericht dieser Unternehmen ansehen, eine Firmenzeitschrift lesen oder eine Rede an die Mitarbeiter anzuhören, um dies bestätigt zu finden. Bei Trumpf sind der Geschäftsführer Prof. Berthold Leibinger und sein Stellvertreter Dr. Hans Klingel direkt für Innovationen verantwortlich. Ihr intensives Engagement, gekoppelt mit einem hohen Maß an technischem Sachverstand, hat zur Formulierung einer Technologievision geführt, die für die weitere Entwicklung der technologischen Kernkompetenzen maßgeblich ist.

Diese und andere Topmanager in den untersuchten Unternehmen haben einen Großteil ihrer Zeit für die Innovation aufgewandt. Meist wird in diesen Firmen ein überdurchschnittlich hoher Anteil des Umsatzes in die F&E investiert, wobei der Anstoß auch hier wieder von oben kommt.

Natürlich ist dies keine Einstellung, die die Europäer für sich gepachtet hätten. In den USA vertritt besonders Microsoft diese Werte gleichermaßen. Aber die neun europäischen Unternehmen der Studie repräsentieren trotzdem einige typisch europäische Werte. So ist in Europa die ständige Einbeziehung sehr hochrangiger Führungskräfte – oder sogar des Firmenchefs – ins Tagesgeschäft des Innovationsprozesses sehr viel üblicher als in Japan und in den Vereinigten Staaten, wo man die Verantwortung für die Innovation viel weiter unten in den Geschäftseinheiten und Teams ansiedelt. Im folgenden soll zunächst ein amerikanisches Beispiel untersucht werden.

Bei Microsoft übernimmt Bill Gates eine zentrale Rolle bei der Koordinierung der Entwicklungsteams:

> Wenn ich sehe, daß eine Gruppe unerwartete Schwierigkeiten hat oder zu langsam vorankommt, könnte ich einen Mitarbeiter der Stufe 14 [einen hochrangigen Softwarearchitekten; auf Stufe 15 gibt es sechs oberste Softwarearchitekten, die direkt Gates verantwortlich sind] beauftragen, dieser Gruppe weiterzuhelfen.

Gelegentlich greift Gates auch in Diskussionen verschiedener Entwicklungsteams ein, die an voneinander abhängigen Projekten arbeiten. Gates schärft jedem Team ein: «Kümmert euch nicht um die anderen; ich garantiere, daß alle ihr Produkt mit den richtigen Spezifikationen zur richtigen Zeit fertighaben. Macht einfach nur eure Arbeit und kümmert euch nicht um den Rest.» Auf diese Weise arbeiten die verschiedenen Teams gleichzeitig nebeneinander und nicht nacheinander, was den Entwicklungsprozeß beschleunigt. Außerdem werden so die unausweichlichen Spannungen unterbunden, die entstehen würden, wenn die Teams sich untereinander einigen müßten.

Der Unterschied erscheint zunächst unbedeutend, spielt aber in der Praxis eine wichtige Rolle. Gates und seine Topmanager sind zwar für einen Großteil der Konzeptentwicklung bei Microsoft verantwortlich, doch die eigentliche kreative Arbeit findet in den Projektteams statt. Gates greift dann höchstens noch ein, um Auseinandersetzungen zu schlichten, aber er erteilt keine Anweisungen. Die Verantwortung für die Innovation liegt bei den Teams, nicht bei Gates.

Es geht hier nicht um die Frage der Hierarchie im Unternehmen, sondern um die Hierarchie der Innovation. Bei Psion, wo flache Strukturen vorherrschen und die Teams einen hohen Stellenwert haben, geht die Innovation von der Unternehmensspitze aus und wird auf den unteren Ebenen umgesetzt. Für die technologisch ausgerichtete Vision zeichnet hauptsächlich der Gründer und CEO David Potter verantwortlich. Potter hat in der Regel die kreativen Ideen, zumal er sich gut in die Kunden hineinversetzen kann, und die Entwickler setzen sie um. Potter hat die Fähigkeit, die Entwicklungsteams mit seinen Visionen zu begeistern und ständig neu zu motivieren.

Bei Trumpf sind die Verantwortung für das Tagesgeschäft und oft auch dessen Kontrolle auf den oberen Führungsebenen oder sogar beim Geschäftsführer angesiedelt. Auf diese Weise wird gewährleistet, daß Erfindungen nicht «untergehen». Durch die intensive Beteiligung der Topmanager an der Innovation können neue Entwicklungen viel schneller genutzt werden. Salomon, Mondragón und Versace sind weitere Beispiele für Firmen, in denen der Chef den Geist der Innovation verkörpert. Selbst im sehr dezentral organisierten Bertelsmann-Konzern sind die Leiter der Geschäftsbereiche aktiv an Innovationen beteiligt (was in diesem Fall eher die Entwicklung neuer Geschäfte als neuer Produkte bedeutet), und Innovation gilt im Topmanagement als eine der obersten Prioritäten.

Diese typisch europäischen Einstellungen zur Innovation schlagen sich in der Unternehmensorganisation und in der Unternehmenskultur nieder (wie später noch näher erläutert wird). Erstens werden die Kontinuität und Langfristigkeit der Innovationsfunktion betont, indem sie schon rein physisch in der Nähe der Unternehmenszentrale und in der Region des Firmensitzes angesiedelt wird (deutlich vor allem bei Michelin, Mondragón und Trumpf). Zweitens kann man die bewußte Absicht feststellen, eine besondere, fast autoritär zu nennende Methode der Innovation anzuwenden (besonders bei Trumpf, Michelin, Salomon und Versace). Drittens ist für diejenigen, die direkt am Innovationsprozeß beteiligt sind, ein besonderes Prestige oder ein elitäres Denken typisch – sie sonnen sich im Gefühl, nicht zur Masse zu gehören (zu beobachten bei Michelin, Salomon und Esaote). Schließlich legen die europäischen Unternehmensführer größeren Wert darauf, für ihre technischen Leistungen und erfolgreichen Innovationen anerkannt zu werden als für ihre finanziellen Erfolge als Geschäftsleute gefeiert zu werden.

## Verpflichtung zur Innovation

Ein gemeinsames Merkmal vieler innovativer Unternehmen ist das ausgeprägte Engagement für Innovationen, das sämtliche Unternehmensmitglieder erkennen lassen. Sie betrachten Innovation nicht als eine Funktion, die in den Zuständigkeitsbereich einiger weniger fällt, etwa der F&E-Mitarbeiter, sondern sie fühlen sich persönlich verantwortlich, ihren Beitrag zur Innovation zu leisten. Eines der besten Beispiele für diese Haltung stammt von Raychem, einem Unternehmen, das wir nicht in die Studie einbezogen haben, dessen Gründer Paul Cook wir aber dennoch zitieren wollen:

> Jeder Mitarbeiter ist klug und einfallsreich genug, um Ideen zu haben, wie er seine Arbeit noch effektiver erledigen kann. Wir er-

> warten Innovation von unseren Sekretärinnen und den Arbeitern an der Verladerampe ebenso wie von unseren Forschern.

Viele amerikanische Firmen sagen ihren Mitarbeitern ständig, wie wichtig es sei, neue Produkte zu entwickeln, um die Gewinne dauerhaft zu sichern. Dieser Ansatz, die Innovation als etwas Systemisches zu betrachten, ist auch in japanischen und europäischen Firmen zu beobachten. Die japanischen Firmen haben das *Kaizen*-Prinzip und die ständige Verbesserung zum integralen Bestandteil ihres Managements gemacht. In Europa besitzt Mondragón insofern eine vergleichbare Kultur, als die Weiterbildung und ständige Verbesserung eine zentrale Rolle spielen. Bei Psion ist die Einstellung allgegenwärtig, daß «Kreativität und Spaß eine solide Planung nicht ausschließen». Die systemische Natur der Innovation wird vielleicht am besten bei Banco Santander verdeutlicht, wo man rentable Innovationen als «explizites Ziel» bezeichnet. Ein Topmanager drückte es so aus:

> Die Aufgabe der Innovation ist in die Unternehmenskultur eingegangen und zu einer echten Herausforderung geworden. Jeder ist für Innovationen verantwortlich; Innovationen sind ein entscheidendes Element der Dynamik unserer Bank, eine Form des internen Wettbewerbs geworden. Natürlich braucht man auch eine gewisse Toleranz gegenüber Mißerfolgen, wenn man eine lernende Organisation aufbauen möchte, wenngleich die Fehler nicht ungestraft bleiben.

## Strategie: Langfristiges Denken und Stabilität

Ein weiteres wichtiges Merkmal, das den Unternehmen der Studie gemeinsam ist, liegt im langfristigen Denken, das sich etwa in den Grundsätzen der dauerhaften Beschäftigung und der Beförderung aus den eigenen Reihen zeigt. Es überrascht wenig, daß diese Prinzipien bei Kao und Sharp gelten, da japanische Firmen schon lange für ihre Politik der lebenslangen Beschäftigung bekannt sind. Bemerkenswerter ist da schon, daß auch europäische Firmen wie Salomon, Michelin, Banco Santander und Trumpf ausdrücklich großen Wert auf lebenslange Beschäftigungsverhältnisse, Beförderungen aus den eigenen Reihen und Stabilität insgesamt legen. Auch amerikanische Firmen wie Hewlett-Packard und 3M und andere, die nicht direkt in die Studie einbezogen wurden, verweisen auf ihr Ziel der langfristigen Stabilität. Dieses Merkmal dürfte erfolgreichen innovativen Firmen also gemeinsam sein.

Es ist vielleicht nicht unmittelbar einleuchtend, warum langfristiges Denken und Stabilität so wichtig sein sollen. Schließlich bedeutet Innovation immer Veränderung, während Stabilität leicht zur Selbstgefälligkeit führen kann. Wenn man der Stabilität einen so hohen Stellenwert einräumt, könnte es passieren, daß Innovationen gebremst werden. Aber man kann auch argumentieren, daß Mitarbeiter ein hohes Maß an Stabilität benötigen, um sich überhaupt gefahrlos und ohne Ängste für Veränderungen einsetzen zu können. Wenn sie etwa den Verlust ihres Arbeitsplatzes infolge der Veränderungen befürchten müssen, werden sie wenig Neigung verspüren, Veränderungsvorschläge vorzubringen, und im Extremfall könnten sie Neuerungen sogar sabotieren. Daher ist die Schaffung einer stabilen Umgebung keineswegs ein Bremsklotz für Innovationen. Vielmehr stärkt die Stabilität das Vertrauen und die Sicherheit der Mitarbeiter, was eine wesentliche Grundlage für die Innovationskraft eines Unternehmens ist.

Auch in der Planung spielt das langfristige Denken eine große Rolle, vor allem in Bereichen, in denen es Jahre dauern kann, bis eine Idee zur Marktreife geführt wird. Daher stellt in unserer Studie die Planung von Innovationen eine weitere Säule der Unternehmensführung dar. David Potter von Psion, bei dem Kreativität und Spaß eine wichtige Rolle spielen, glaubt auch fest an die Wichtigkeit des Planens:

> Die Entwicklungsleute müssen kreativ sein, aber nicht im Vakuum. Sie arbeiten ohnehin viel lieber innerhalb eines Rahmens. Planung und Kreativität sind nicht unvereinbar. Organizer II ist ein Entwicklungsprojekt, das exakt in der Woche gestartet wurde, die wir dafür eingeplant hatten. Das gesamte Projekt war bis zu seinem Abschluß gut geplant und organisiert.

Trumpf führte in den 90er Jahren zwei wichtige Entwicklungsprogramme ein, um die Gesamteffizienz zu verbessern. Zuerst wurde das «Programm für Potentiale zur Ergebnisverbesserung» realisiert. Nachdem dieses sehr erfolgreich verlief, folgte das Trumpf Optimierungsprogramm (TOP). TOP wurde von der Geschäftsleitung mit dem Ziel initiiert, die Kompetenz, das Wissen und die Ideen sämtlicher Mitarbeiter optimal zu nutzen. TOP sollte «die Prozesse der Innovation und ständigen Verbesserung optimieren, indem die Verhaltensweisen der Trumpf-Mitarbeiter so verändert werden, daß sie den langfristigen Unternehmenserfolg auf der Basis der Unternehmensziele sichern».

Salomon bezeichnet sich selbst als sehr langsamen Innovator. Manchmal ist es weniger wichtig, der erste Anbieter auf dem Markt zu sein, als eine wirklich durchschlagende Wirkung auf dem Markt zu erzielen. Der neue Salomon-Skistiefel und der «Monocoque»-Ski waren fünf Jahre in der Entwicklung. Diese Langsamkeit wird als der Preis gesehen, den man bezahlen muß, um den kreativen Funken zu Beginn einer Innovation in Ruhe reifen zu lassen. Eine ähnliche Einstellung wird bei Michelin vertreten. Es dauerte elf Jahre, bis die C3M-Technologie entwickelt wurde, und sieben Jahre, bis der «grüne» Reifen auf dem Markt war. François Michelin verbrachte persönlich viele Stunden damit, Projekte mit Teamleitern zu diskutieren, die Fortschritte in der Forschung zu überwachen, sich über Veränderungen und Schwierigkeiten auf dem laufenden zu halten und die Mitarbeiter immer wieder zu ermutigen und zu motivieren. Auch bei Microsoft, wo die Innovation das Herz der Wettbewerbsstrategie darstellt, besitzt die Planung einen hohen Stellenwert. Bill Gates wendet etwa die Hälfte seiner Zeit für die Planung neuer Produkte auf. Gemeinsam mit seinem Team bespricht er Ideen für neue Produkte, legt ihre Funktionen und den Zeitpunkt ihrer Markteinführung fest, bestimmt den notwendigen Personalaufwand und steckt den Rahmen für andere Ressourcen ab.

Der Erfolg der Bankengruppe Banco Santander ist zu einem großen Teil auf ihre Fähigkeit zurückzuführen, schnell mit neuen Produkten auf einen Markt zu kommen, der ein hohes Tempo und Flexibilität erfordert. Time-to-market-Strategien stellen auch ein wesentliches Element der Unternehmensführung in Japan dar, wo Unternehmen wie Sharp eine «Hypertext-Struktur» verwenden, um den Innovationszyklus zu verkürzen. Mit der «Hypertext-Struktur» können Unternehmen effizient und effektiv Wissen schaffen und strukturieren, indem sie es zwischen zwei Ebenen transformieren, nämlich der traditionellen Unternehmenshierarchie und dem Projektteam, das als typische Task Force organisiert ist. Das auf beiden Ebenen geschaffene Wissen wird neu kategorisiert und in eine dritte Ebene, die Wissensebene, überführt.

Das unter den Unternehmensführern verbreitete Faible für Innovationen wird also in eine klar umrissene Strategie verwandelt. Die Frage der Innovation rückt ins Zentrum des Unternehmens und prägt von dort aus die anderen Aspekte der Geschäfte und des Managements, wobei großer Wert auf die richtige Balance gelegt wird. Bei Bertelsmann will man mit der detailliert geregelten Koordinierung sehr autonomer Unternehmenseinheiten die «sakrosankte» Philosophie der Dezentralisierung und «Intrapreneurship» schützen, gleichzeitig aber auch Synergieeffekte erzielen und den Einheiten die Ressourcen und andere Vorzüge eines Großunternehmens zur Verfügung stellen. Salomon kombiniert Produktinnovationen, mit denen der saisonale Charakter der Wintersportprodukte ausgeglichen werden soll, mit einer Konzentration auf die Kernkompetenzen, Outsourcing und Rationalisierungsmaßnahmen, um auf Märkten mit niedrigen Wachstumsraten zu wettbewerbsfähigen Preisen anbieten zu können. Michelin kann dank ständiger Produkt- und Prozeßinnovationen die leistungsfähigsten Produkte auf dem Markt herstellen, während flexible und schlanke Produktionsmethoden die Konkurrenzfähigkeit gewährleisten. Bei Mondragón sind Internationalisierung und Innovation zu den entscheidenden Bestandteilen der Strategie geworden. Auch bei Trumpf bilden Internationalisierung und Innovation die Kernelemente der Unternehmensstrategie. Der Innovationsprozeß wird durch die Produktions- und Vertriebsaktivitäten im Ausland weiter gestärkt. So diente das Engagement von Trumpf auf den US-amerikanischen und japanischen Märkten dem Ziel, mehr über Kundenbedürfnisse und Technologien auf diesen Märkten zu erfahren.

In allen europäischen Unternehmen der Studie stellt die Innovation ein zentrales Element einer ausgewogenen Strategie dar. Für diese Unternehmen hat die Innovation denselben Stellenwert wie etwa das Marketing für Coca-Cola, Unilever, Procter & Gamble oder Sarah Lee, oder wie die technologische Führerschaft für Toyota, oder finanzieller Sachverstand für Pearson oder die March Group. Europäische Innovatoren machen die Innovation zum Dreh- und Angelpunkt der Strategiebildung. Alles andere leitet sich daraus ab.

Aus dieser Feststellung kann man allerdings nicht schließen, daß die Betonung der Innovation ein typisch europäisches Merkmal ist. Vielmehr gestalten die europäischen Unternehmen ihre Strategien so, wie es ihrer jeweiligen lokalen Kultur entspricht, und diese Vorgehensweise an sich ist nun einmal europäisch. Der Unterschied liegt nicht in den einzelnen Elementen der Strategie, sondern in der Art und Weise, wie die Strategie umgesetzt wird, wobei sich auch hier wieder das Gewicht der Führungsspitze zeigt. Bei Trumpf teilen sich zum Beispiel sieben Topmanager die Kontrolle der horizontalen (Funktionen) und vertikalen (Geschäftseinheiten) Beziehungen. Salomon paßt die Strukturen so an, daß die eigene Konkurrenzfähigkeit gestärkt und das Innovationstempo beschleunigt wird: Aus der typischen Produktspartenorganisation soll eine Organisation entstehen, die es ermöglicht, die Kundenbedürfnisse noch eingehender und detaillierter festzustellen, während gleichzeitig eine kreative Spannung aufrechterhalten wird. Damit wird die Unternehmensstruktur zu einem entscheidenden Element, um die Entwicklung von «Kultprodukten» zu fördern.

Mondragón hat eine Metamorphose durchlaufen, um seine genossenschaftliche Identität, seine Autonomie an der Basis und seine Wurzeln im Tal von Mondragón zu behalten, während es gleichzeitig in der Lage war, auf die Herausforderung der Globalisierung mit den konventionellen Methoden der Akquisition, Auslandsinvestitionen und Allianzen zu reagieren. Mit anderen Worten: Das Unternehmen schafft die notwendigen Mechanismen, um seine eigene traditionelle Kultur zu bewahren, ohne jedoch andere Kulturen aus den Augen zu verlieren. Das Herz von Mondragón wird weiterhin eine Gruppe von Genossenschaften sein, aber neu erworbene Unternehmen oder Auslandsinvestitionen müssen nicht ebenfalls unbedingt Genossenschaften sein.

In dieser Hinsicht ist Mondragón ein sehr spanisches Unternehmen, das man sogar als baskisches Unternehmen bezeichnen könnte. Ebenso könnte man sagen, daß Trumpf ein sehr deutsches Unternehmen ist. Die Schlußfolgerung lautet, daß europäische Unternehmen in der Lage sind, Innovationsstrategien anzuwenden, die zwar einen gemeinsamen Schwerpunkt haben, gleichzeitig aber auch an die jeweilige Kultur des Unternehmens und der Umgebung angepaßt werden.

## Erneuerung: Die Bereitschaft, es immer wieder zu versuchen

Zum Faible der Topmanager für Innovationen gehört es auch, daß Durchbrüchen oder konzeptuellen Innovationen zumindest eine gewisse Bedeutung beigemessen wird. Viele Unternehmen der Studie streben Durchbrüche grundsätzlich an. Während sie bestehende Produkte durch schrittweise Innovationen aktualisieren, wollen sie mit bahnbrechenden Innovationen neue Produkte finden. Der Antrieb zu dieser Art der Innovation geht dabei vom Topmanagement aus.

Bei Trumpf sind 81 Prozent der Produkte jünger als drei Jahre, und nur 1 Prozent der gesamten Produktpalette befindet sich seit mehr als sechs Jahren auf dem Markt. Die Konzentration der F&E-Aktivitäten auf die Lasertechnologie und der Kauf des Unternehmens Haas Laser haben gezielt einen kontinuierlichen Ausbau der auf der Lasertechnologie basierenden Produktpalette ermöglicht. Heute gilt Trumpf als Branchenprimus bei Lasermaschinen für die Materialbearbeitung.

Salomon verfolgt die Vision, «die Spielregeln zu verändern» und «Kultprodukte» zu entwickeln. Die Spielregeln zu verändern bedeutet, neue Produktkonzepte zu schaffen, die oft eine Veränderung in den Gewohnheiten der sportbegeisterten Kunden erfordern, was wiederum zu einer tatsächlichen Veränderung der Spielregeln oder der technischen Standards in der Branche führen kann. «Kultprodukte» zu entwickeln bedeutet, Produkte mit einer universalen Auswirkung über Kulturen und Altersgruppen hinweg anzubieten. Beispiele für Kultprodukte sind der Walkman von Sony, der Nike Air-Schuh, der Big-Bertha-Golfschläger von Callaway, der Eisenschläger von Taylor Made, Salomons eigener «Monocoque»-Ski und der Skistiefel SX91. Als Georges Salomon beschloß, die Spielregeln in der Skiwelt zu verändern, engagierte er den ehemaligen F&E-Leiter bei Rossignol, Maurice Legrand, als F&E-Manager und stellte ihm die simple Aufgabe, einen Ski zu entwickeln, «der sich absolut von jedem anderen Ski auf dem Markt abhebt». Legrand erinnerte sich später, daß «Salomon alles auf die Entwicklung setzte. Wir waren ein kleines Team, und der Chef kam jeden Tag in unser Büro. Wir waren extrem motiviert.»Innovationskonzepte stellten in der gesamten Firmengeschichte von Michelin die Basis für Wettbewerbsvorteile dar. Michelin sicherte sich mit der Erfindung des Gürtelreifens 1946 einen klaren Wettbewerbsvorsprung. 1991 führte Michelin die neue Technologie für den «grünen» Reifen ein, der vom Unternehmen als wichtigster Durchbruch seit dem Gürtelreifen bezeichnet wird. Der neue Reifen (der in Europa unter der Bezeichnung Energy, in Amerika unter MXV4 und in Asien unter MXGS vertrieben wird) weist einen deutlich geringeren Rollwiderstand als herkömmliche Produkte auf und reduziert den Kraftstoffverbrauch um 5–6 Prozent, ohne daß andere Leistungsmerkmale dadurch beeinträchtigt würden. François Michelin zufolge besitzt jeder einzelne Mitarbeiter die Fähigkeit, die Unzulänglichkeiten konventioneller Produkte zu erkennen. Er glaubt, daß die Ingenieure in der Produktentwicklung in der Lage sein müssen, zuzuhören, Fakten zu sammeln und sich von vorgefaßten Meinungen zu trennen, um sich stattdessen von einer besonderen Mischung aus Neugierde, Bewunderung und Fragelust, einer «capacité d´emerveillement», leiten zu lassen.

Bei Mondragón liegt der Schwerpunkt auf der schrittweisen Innovation. Es gibt aber auch Bereiche, in denen die Verantwortlichen die Chance einer internationalen Führerschaft mit exzellenten Produkten sehen. In diesen Bereichen orientieren sich die Ziele am sogenannten «Projektleitfaden». Dieser Leitfaden enthält eine Aussage darüber, was das Unternehmen mit einer bestimmten Produktlinie in den kommenden Jahren erreichen will. Es handelt sich also letztlich um die Prognose des erwarteten Markterfolgs bestimmter Produkte.

Die Unterschiede zwischen europäischen sowie amerikanischen und japanischen Unternehmen sind in diesem Bereich weniger deutlich. Auch in den USA sind die Unternehmen bereit, sich in hohem Maß für die Erfüllung der Erwartungen einzusetzen, die man einmal für ein Produkt formuliert hat, selbst wenn dies auf Kosten aktueller Produkte geht. Erfolgreiche Innovatoren in Amerika scheinen ein präzises Gespür für Chancen zur Einführung neuer Produkte zu haben. Interessanter ist in diesem Zusammenhang, daß einige dieser Firmen sogar bereit sind, ihre aktuelle Produktlinie zu opfern, um den Weg für die nächste Generation freizumachen. Anstatt ihre existierenden Produkte so lange zu melken, wie es nur geht, akzeptieren sie nicht nur den Wandel, sondern sie initiieren ihn sogar.

Die japanischen Unternehmen der Studie formulieren ebenfalls Visionen für die Entwicklung ihrer Produkte. Bei Kao wird der kreative Prozeß im Rahmen einer Vision definiert, in deren Zentrum der Bereich der «Oberflächenforschung» liegt. Diese Definition ermöglichte es dem Unternehmen, das ursprünglich Tenside für Wasch- und Reinigungsmittel herstellte, neue Märkte wie Kosmetika und Disketten zu erschließen. Eine Hautcreme kann man aus der Sicht der Oberflächenforschung als eine Schicht zwischen ihren Wirkstoffen und der Haut betrachten, und eine Diskette als eine mit Magnetpulver beschichtete Kunststoffolie. Die Kerntechnologie von Sharp ist die «Opto-Elektronik», die das Bild der Welt verkörpert, in der Sharp leben möchte. Dies ist auch eines der Schlüsselkonzepte, mit denen sich Sharp selbst definiert. Die Strategie von Sharp im Hinblick auf die Opto-Elektronik könnte man als dynamische Umwandlung von Bauteiltechnologien und Produktkonzepten bezeichnen.

## Die Nähe der Innovationen zum Markt

François Michelin kommentierte die Rolle des Marktes auf eine wohl typisch europäische Weise:

> Bei Michelin gehen Marketing und Innovation Hand in Hand: Um innovative Neuerungen zu entwickeln, benötigen die Forscher ein ständiges Feedback über die Marktbedingungen... Wissenschaftler und Ingenieure sind echte Marketingleute.

Der wichtigste Teil dieser Aussage ist der letzte Satz. Die europäischen Unternehmen sind sich der Notwendigkeit, marktbeeinflussende Innovationen zu produzieren, ebenso deutlich bewußt wie die amerikanischen und japanischen Firmen. Der Unterschied liegt jedoch in der Art und Weise, wie sie das Verhältnis von Innovation und Markt sehen. Besonders in Unternehmen, die sich stark auf bahnbrechende Innovationen konzentrieren, ist die Tendenz vorhanden, neue Produkte isoliert vom Markt zu entwickeln und erst viel später auf dem Markt zu testen. Der Markt wird eher als zusätzliches Feedback für die Entwicklung denn als Antriebskraft für neue Produktkonzepte betrachtet.

Der «Aufbau eines Wissensnetzwerkes mit der Außenwelt», den Nonaka und Takeuchi (1997) als typisch für japanische Unternehmen bezeichnen, scheint in Europa weniger ausgeprägt zu sein. Zumindest gilt das für die Unternehmen unserer Studie. In einem derartigen Wissensnetz fragen die Unternehmen die Kunden weniger nach ihren Wünschen, sondern sie richten von vornherein eine zweigleisige Kommunikation ein. Dabei stehen sie ständig im Dialog mit den Kunden und gewinnen neue Einblicke, während die Produkte noch entwickelt werden. In Europa kümmert man sich darum jedoch oft erst, wenn das eigentliche Produktkonzept schon festgelegt ist. Erst in der darauffolgenden Phase der Markttests kommt das Feedback des

Markts ins Spiel. Die französische Skiläuferin Carole Merle ist Beraterin im «Monocoque»-Skiprojekt von Salomon und beschreibt den Prozeß so:

> Ich arbeite direkt mit der Entwicklungsabteilung zusammen. Ich habe Hunderte von Skiern unter den unterschiedlichsten Schneebedingungen getestet, und nach und nach haben wir die Leistungsmerkmale verbessert. Mein Techniker war das ganze Jahr über mit dabei. Er fungierte als Verbindungsglied zwischen der Entwicklungsabteilung und mir. Ich hatte das Gespür für das, was wir brauchten, und er übersetzte es in Daten, mit denen die Ingenieure etwas anfangen konnten.

Auf diese Detailbesessenheit ist es unter anderem zurückzuführen, daß Sportler, die auf Salomon setzten, bei den Olympischen Spielen in Lillehammer 37 Goldmedaillen gewannen. Die Kunden, in diesem Fall Profisportler, spielen auch eine wichtige Rolle in den Marketingplänen. Salomon hat etwa 2 Prozent seines Umsatzes für das Marketing in Lillehammer verwendet. Allerdings sollte diese Tatsache nicht den Blick darauf verstellen, daß die Initiative für die Entwicklung des Skis von Georges Salomon ausging, der die Vision verfolgte, einen neuen Ski zu entwickeln, der den Markt dominieren würde.

Ein weiteres Beispiel für die typisch europäische Beziehung zwischen Innovation und Marketing stammt ebenfalls von Salomon, wo 1994 die neue Funktion des Projektmanagers geschaffen wurde. Von den Projektmanagern erwartet man vor allem, daß sie die Koordination zwischen Entwicklung, Markt und Ressourcen verbessern. Die neuen Strukturen in der Entwicklung bei Salomon sehen nun so aus, daß es Produktmanager gibt, denen ein Controller und drei Ausschüsse zur Seite stehen, nämlich der Strategieausschuß (Verbindung von Markt- und Branchenstudien), der Projektausschuß (Verbindung von Marktstudien und Projekten) und der Budgetausschuß. In Unternehmen wie Bertelsmann, Psion, Versace und Esaote stellen die

Unternehmer die Synthese zwischen Kundenbedürfnissen und Entwicklung her, wobei es sich in den letzten drei Fällen um die Unternehmenschefs handelt (David Potter, Gianni Versace und Carlo Castellano). In der Regel liegen die Entscheidungen bei einer Person, die über die nötige Erfahrung, Vorausblick, Risikofreude und Branchenkenntnisse verfügt.

## Organisation: Flache Strukturen und Teamarbeit

Am Beispiel von Sharp wird deutlich, wie wichtig nicht nur eine gute Planung, sondern auch die richtige Organisationsstruktur ist. Sharp macht sich die Vorteile der hierarchischen Organisation, aber auch die Vorteile flexibler funktionsübergreifender Teams zunutze. Praktisch jedes Unternehmen der Studie sprach die organisatorische Dimension der Innovation an. Sie betonten ausnahmslos die Wichtigkeit flacher Strukturen mit möglichst wenig hierarchischen Instanzen und Ebenen. Mit einer flachen Organisation wollten sie die Kommunikation zwischen dem Topmanagement und den Mitarbeitern an der Front möglichst reibungslos gestalten und bürokratische Prozeduren, die die Innovation bremsen konnten, auf ein Minimum reduzieren.

Die Unternehmen der Studie schufen keine neuen Ebenen und damit eine Erweiterung nach oben, sondern sie entschieden sich eher für eine seitliche Ausdehnung durch die Unterteilung bestehender Einheiten. Dabei waren kleine Gruppen das wichtigste Organisationsprinzip. Die meisten Unternehmen betonten, wie wichtig kleine Einheiten für die Innovation seien. Besonders die amerikanischen Unternehmen fielen in diesem Zusammenhang auf: Microsoft unterteilt zum Beispiel einzelne Geschäftseinheiten sofort, wenn sie zu groß geworden sind. Unter allen Managern der untersuchten Unternehmen herrschte die feste Überzeugung vor, daß kleine Einheiten effektiver als große waren, wenn man sie unter dem Aspekt ihrer Kreativität betrachtete.

Der Glaube an flache Organisationsstrukturen war in den amerikanischen und japanischen Unternehmen der Studie – also bei IBM, Microsoft, Kao und Sharp – stark ausgeprägt. Dies überrascht nicht, wenn man sich die jüngsten Trends in der Unternehmensorganisation in diesen Ländern ansieht. Bemerkenswerter ist allerdings die Entdeckung, daß auch die europäischen Unternehmen der Studie ausnahmslos an die Vorteile flacher Strukturen und die Unterteilung der Einheiten glaubten. Selbst der Industriekonzern Michelin, bei dem man ausgeprägte bürokratische Strukturen erwarten würde, setzt auf kleine Teams, die von den zentralen F&E-Einheiten gesteuert werden. Bertelsmann besitzt mit über 300 Geschäftseinheiten, die nur eine minimale Kontrolle durch die Zentrale erfahren, eine sehr dezentrale Struktur. Mondragón bezeichnete die eigene Organisation ebenfalls als flach, wobei in Gruppen an Innovationen gearbeitet wird. Trumpf leitete Anfang der 90er Jahre Dezentralisierungsmaßnahmen ein und wollte mehr Transparenz durch eine vereinfachte Produktionsstruktur erreichen. Dabei kamen das «Management durch Projekte» und das Prinzip der Selbstorganisation zur Anwendung. Auch Salomon setzt auf kleine Projektteams, die zum Teil nur aus drei oder vier Mitgliedern bestehen, um Eigeninitiative und Verantwortungsbewußtsein zu fördern.

Die meisten europäischen Innovatoren entwickeln ihre Innovationen in kleinen Teams. Michelin hat seine beiden wichtigsten innovativen Projekte in den vergangenen Jahren mit kleinen Teams durchgeführt. Diese wurden von kreativen Managern geleitet, denen die zentralen F&E-Abteilungen die notwendigen Ressourcen zur Verfügung stellten. Auch die Erfolge von Salomon sind letztlich auf kleine Teams zurückzuführen, die abgeschirmt und vom Druck des Tagesgeschäfts weitgehend befreit werden. Das heißt nicht, daß sie überhaupt nicht unter Druck stünden; der Druck besteht vielmehr darin, eine Vision in ein «Kultprodukt» zu verwandeln, wie Georges Salomon es nennt. Kurzfristige Markteinflüsse spielen also kaum eine Rolle.

Auch bei Trumpf wird die Teamarbeit betont. Eines der Leitprinzipien der Organisation lautet, daß «Teamarbeit und die enge Zusammenarbeit zwischen Teammitgliedern sowie zwischen Teams und den Mitarbeitern anderer Unternehmenseinheiten einem individualistischen Konkurrenzverhalten vorzuziehen sind». Mondragón stellt ein ziemlich ungewöhnliches Beispiel dar, da es in drei Divisionen, mehrere Gruppen und eine Reihe kleiner Genossenschaften gegliedert ist. Während Mondragón zur Sicherung des Markterfolgs lieber die geballte Macht einer kritischen Masse einsetzt, werden Innovationen in der Regel in den kleineren Einheiten, den Genossenschaften entwickelt. Es gibt zwar vielerlei horizontale Verbindungen und Anregungen, die von oben kommen, doch die eigentliche innovative Arbeit wird meist in den kleinen Teams in den Genossenschaften geleistet.

Natürlich ist das Prinzip der Teamarbeit auch in amerikanischen und japanischen Unternehmen weit verbreitet. So ist die Teamarbeit ein zentraler Aspekt der Unternehmenskultur von Microsoft. Ein Manager sagte: «Unsere Kultur sah so aus: Ich hole mir ein paar wirklich gute Jungs, und dann entwickeln wir gegen alle Widrigkeiten dieses großartige Produkt.» Da die Microsoft-Produkte immer ausgefeilter wurden und der Aspekt der Kompatibilität immer mehr in den Vordergrund trat, müssen heute viele Teams gleichzeitig an einem Projekt arbeiten. Eine exzellente Innovation stellt immer ein herausragendes Gesamtprodukt dar, und keine herausragende individuelle Leistung. Deshalb muß sowohl die Zusammenarbeit innerhalb der Teams als auch zwischen den Teams optimal funktionieren.

In den japanischen Unternehmen hat die Teamarbeit eine etwas andere Nuance. Hier beginnt die Schaffung von Wissen oft mit den Bemühungen eines Einzelnen. Am Anfang einer Innovation stehen oft sehr subjektive Einsichten, Intuitionen und Geistesblitze. Ein Wissen schaffendes Unternehmen benötigt eine große Vielfalt von Talenten. Die Unterschiedlichkeit der Fähigkeiten ist eine wichtige Voraussetzung für Innovationen, denn nur so können sogenannte

«Wissens-Crews» entstehen. Ein Beispiel für eine solche «Knowledge Crew» war das Team, das am Primera-Projekt von Nissan arbeitete. Einer der Ingenieure des Teams hatte an der technischen Hochschule in Berlin studiert und sprach fließend Deutsch und Englisch, ein weiteres Mitglied hatte an der Universität Glasgow studiert und war mit einer Britin verheiratet, und einer der Designer hatte am Royal College of Arts in London studiert. Diese unterschiedlichen Ausbildungen sowie die Tatsache, daß den Teammitgliedern Europa nicht fremd war, erwiesen sich als Vorteil in der Zusammenarbeit mit Europäern am Primera-Projekt.

Trotz all dieser Gemeinsamkeiten unterscheiden sich die Unternehmen aber auch darin, wie sie ihre flachen Organisationen und Teams im Innovationsprozeß einsetzen. Insbesondere gibt es Unterschiede in der Kontrolle der Teams und des Unternehmens insgesamt. Auch wenn sich flache Strukturen und die kleinen Teams auf dem Vormarsch befinden, bleibt zumindest in europäischen Unternehmen die Top-down-Kontrolle sehr stark. Einzelne Mitarbeiter und Teams werden durchaus zur Selbstentfaltung, Kreativität und Innovation ermutigt, aber dies geschieht immer noch im Rahmen einer Hierarchie und einer Vision, die vom Unternehmenschef vorgegeben wird.

Das zeigt sich nirgends deutlicher als bei Psion, einem risikofreudigen Unternehmen, das kein ausgeprägt hierarchisches Management besitzt. Dafür besitzt es eine «Hierarchie der Innovation», die sich durch verschiedene Ebenen von der Vision bis zur Umsetzung fortpflanzt. Bei Psion passiert alles Wichtige an der Spitze. Die technische Vision und die Marketingvorgaben kommen ausnahmslos vom Gründer und CEO David Potter. Potter hat die kreativen Ideen, und die Entwicklungsteams setzen sie um. Potters Aufgabe besteht darin, die Entwicklungsteams mit seiner Vision zu begeistern und sie zu motivieren. Ideen werden in der Regel im Brainstorming-Verfahren in einem kleinen Kreis von Ingenieuren gesammelt, die alle eine Produktperspektive haben und sich dann an die Realisierung der

Produktkonzepte machen. Andere Topmanager bei Psion sind ebenfalls eng mit dem Entwicklungsprozeß befaßt. Der Qualitätsleiter bei Psion erklärt:

> Es ist etwas ungewöhnlich, wie wir funktionieren. David Potter hat die kreativen Ideen. Meine Rolle besteht darin, die Entwicklung zu leiten, aber eigentlich bin ich Katalysator für verschiedene Aktivitäten. Ich sehe mich als Generalist. Charles Davies [F&E-Leiter] hat zwar die übergreifende Verantwortung für die Entwicklung, ist aber auch für die Softwareentwicklung zuständig. Collie Myers ist technischer Leiter und verantwortlich für die Elektronik, und ich bin mit dem Produkt- und Systemdesign betraut. In der Firma heißt es, daß Charles der «Kopf», also der Denker ist, Collie ist das «Herz» – er spürt, ob alles so ist, wie es sein soll –, und ich bin die «Hand», der Macher.

Es gibt noch einen weiteren Unterschied in der praktischen Anwendung der Teamarbeit zwischen europäischen sowie japanischen und amerikanischen Firmen. In Europa werden kreative Teams häufig vom Tagesgeschäft abgeschirmt. Ihre enge Nähe zum Topmanagement verleiht ihnen Schutz und eine besondere Immunität. Wenn sie mit den richtigen Mitteln ausgestattet werden, können diese Teams echte Innovationszentren werden. Unter Verweis auf den C3M-Prozeß, der einen echten Durchbruch in der Produktionstechnologie und Kostensenkung darstellte, beschreibt François Michelin, wie er seinem Entwicklungsteam «den notwendigen Freiraum» gab, indem er es vom Rest des Unternehmens abkoppelte und alleine arbeiten ließ. Europäische Teams sind in der Regel homogen und eng mit der eigenen Unternehmenskultur verwachsen. Sie sind in einem ganz realen Sinn eine Elite.

Bei Microsoft wird, wie schon erwähnt, die Verantwortung für Innovationen an Teams auf einer niedrigeren Ebene übertragen. Diese Teams sind zwar ebenfalls homogen, aber man schirmt sie nicht so stark vom Marketing und Wettbewerb ab, und sie sind eher mitten in das Unternehmen integriert. In Japan werden bewußt sehr heterogene Teams gebildet. Die Unternehmenskultur ist oft praktisch das einzige homogene Element. Allerdings isoliert man bei Kao und Sharp auch einige innovative Mitarbeiter vom Rest des Unternehmens. Sharp organisiert seine F&E-Aktivitäten auf drei Ebenen, nämlich auf der Ebene des Konzerns, der Geschäftsbereiche und der Divisionen, wobei es immer auf den Zeitrahmen ankommt, der für eine technologische und/oder Produktentwicklung erforderlich ist. Die F&E-Gruppe auf Konzernebene übernimmt längerfristige Projekte, während die Divisionslabors an Projekten mit einer Dauer bis zu eineinhalb Jahren arbeiten. Sharp setzt auch Projektteams außerhalb der üblichen Hierarchie ein, wobei Informationen und Wissen zwischen den beiden ausgetauscht werden.

So ergibt sich also ein deutlicher Unterschied zwischen Europa sowie Japan und Amerika, was den Einsatz der Teamarbeit angeht. In Europa werden kreative Teams vom Tagesgeschäft abgeschirmt und vom Topmanagement geschützt, was ihnen eine besondere Immunität verleiht. Die europäischen Teams scheinen sehr homogen und eng mit der Unternehmenskultur verbunden zu sein. In diesem Sinn könnte man sie als Eliten innerhalb der Unternehmen betrachten, die in engem Kontakt (oft auch in geographischer Nähe) zu den Topmanagern stehen, von denen wiederum der Antrieb für die Innovation ausgeht.

## Ressourcen für Innovationen

Die Rolle des Topmanagements beschränkt sich nicht darauf, eine Vision vorzugeben. Es spielt eine entscheidende Rolle dabei, diese Vision in die Realität umzusetzen, indem sie den F&E-Abteilungen die notwendigen Ressourcen zuweist. Wir haben festgestellt, daß in sämtlichen Unternehmen der Studie die F&E üppig mit Finanzmitteln sowie mit Personal versorgt wird. Bei Mondragón wurde sogar ein eigenes Forschungszentrum in Ikerlan gegründet, das speziell dazu diente, die Innovation im Gesamtunternehmen zu fördern. Bei IBM, Kao, Michelin und vielen anderen wurde Innovation nicht nur in Sonntagsreden gepredigt, sondern durch die Zuweisung ausreichender Ressourcen auch in der Praxis gefördert.

In vielen Unternehmen der Studie überstieg der F&E-Aufwand den Branchendurchschnitt, und oft lag er weit über dem Aufwand der Konkurrenten. Salomon investiert 7 Prozent des Umsatzes in die F&E, sein größter Rivale Rossignol nur 3,5 Prozent. Michelin gibt 4 Prozent aus, während es bei Bridgestone nur 2,8 Prozent sind. Trumpf gibt 6 Prozent aus, während sich die Werkzeugmaschinenbranche in den Vereinigten Staaten, Europa und Japan mit durchschnittlich 1–2 Prozent begnügt. Die führenden Unternehmen der Mondragón-Gruppe geben 3–5 Prozent aus, bei ihren Konkurrenten sind es 1–2 Prozent. Ein bemerkenswertes Ergebnis der Studie war, daß diejenigen Unternehmen, deren Topmanager gleichzeitig Hauptanteilseigner oder oberste Entscheidungsträger waren, mehr in die F&E investierten als ihre Konkurrenten.

## Durch Anreize Innovationen fördern

Mit der Betonung des langfristigen Denkens und der Stabilität geht in vielen innovativen Firmen auch eine Politik der Anreize für innovatives Verhalten einher. Microsoft ist bekannt für seine Aktienoptionen, mit denen die etwas unter dem Branchendurchschnitt liegenden Gehälter ausgeglichen werden. Die Vergütung wird also mit dem Unternehmenserfolg gekoppelt. Andere amerikanische Unternehmen verfolgen eine ähnliche Politik. Bei Johnson & Johnson werden die Manager der kleinen Unternehmenseinheiten, in die der Konzern aufgeteilt ist, sogar direkt auf der Basis ihrer jeweiligen Finanzergebnisse vergütet.

Auch einige europäische Firmen wenden Anreiz- und Belohnungssysteme an. So koppelt Bertelsmann die Prämien in einem ausgeklügelten System mit der individuellen Verantwortung, wobei durchschnittlich 50 Prozent der Entlohnung von variablen Elementen abhängen und die Belohnungen auf der individuellen Leistung sowie dem Ergebnis der Unternehmenseinheit basieren. Allerdings gab es in den anderen Firmen, europäischen wie japanischen, keine derart ausgeprägten Anreiz- und Belohnungssysteme. Dies dürfte wohl ein Zeichen dafür sein, daß diese Art der Vergütungspolitik nicht so verbreitet ist. Eine leistungsorientierte Vergütung wird in den Vereinigten Staaten eher akzeptiert als in anderen Ländern, in denen die Leistung nicht direkt mit dem Gehalt gekoppelt wird. Aber Belohnungen müssen nicht unbedingt finanzieller Art sein. Das Schlüsselprinzip lautet, erwünschtes Verhalten zu belohnen und es auf diese Weise zu verstärken.

Praktisch alle untersuchten europäischen Innovatoren verfolgten ein Personalmanagement, das auf die Förderung von Innovationen abzielte. Die Mitarbeiter wurden unter dem Aspekt der Innovation ausgewählt, eingestellt, weitergebildet, beurteilt, befördert und belohnt. Michelin sucht Mitarbeiter, die eine lebenslange Karriere im Unternehmen wünschen, und paßt lieber den Arbeitsplatz an den Mitarbeiter an als umgekehrt. Rotation und Weiterbildung durch funktionsübergreifende und internationale Sonderaufgaben gehören zum Prozeß der Übernahme der Unternehmenskultur, wobei der Entwicklung des individuellen Potentials ein hoher Stellenwert zukommt. Die Entfaltung innovativer Talente gehört, wie die Förderung von Innovationen selbst, zu den wichtigsten Aufgaben des Topmanagements. François Michelins Credo lautet, daß neue Ideen zerbrechlich sind und häufig den konventionellen Meinungen widersprechen. Deshalb sucht er gezielt nach einzelnen kreativen Mitarbeitern und bietet ihnen Schritt für Schritt immer größere Verantwortungsbereiche.

Bei Trumpf spielen zwei Kriterien bei der Personalauswahl eine wichtige Rolle, nämlich eine exzellente Ausbildung der Kandidaten einerseits und ihr Charakter und ihre Werteorientierung andererseits. Die Mitarbeiter und Manager sollten die Werte schon internalisiert haben, die die Grundlage für die Unternehmenskultur von Trumpf darstellen: Bescheidenheit, Pflichtgefühl, Offenheit, Leistungsorientierung, Selbstvertrauen und Uneigennützigkeit. Im allgemeinen verfolgt Trumpf eine Politik der Beförderung aus den eigenen Reihen, und es gibt ein unternehmenseigenes Weiterbildungszentrum. Was Anreize und Belohnungen angeht, glaubt die Geschäftsleitung, daß die Einführung variabler Entlohnungselemente für Vorschläge und Einzelleistungen dysfunktional wäre. Man geht davon aus, daß hochqualifizierte Mitarbeiter in der Regel nicht so großen Wert auf finanzielle Belohnungen legten. Wichtiger sei ihnen die Tatsache, daß sie an anspruchsvollen Aufgaben arbeiten, etwas erreichen und kreativ sein könnten.

Bertelsmann legt ebenfalls großen Wert auf individuelle Profile und Fähigkeiten. Die Kandidaten für Führungspositionen sollten eine akademische Ausbildung auf hohem Niveau haben, etwa eine Promotion in Betriebswirtschaft. Bertelsmann sucht auch unternehmerisches Potential. Die zukünftigen Manager sollten starke analytische Fähigkeiten haben, die Fähigkeit, andere zu überzeugen, und – vor allem anderem – Kreativität. Im Durchschnitt werden drei bis vier Trainees aus 1200 Bewerbern eingestellt. Die Juniormanager erhalten die Chance, ihr Potential «on the Job» zu entwickeln. Beförderungen werden vorzugsweise aus den eigenen Reihen vorgenommen. Im Gegensatz zu Trumpf betont Bertelsmann jedoch die Wichtigkeit eines unternehmerischen Anreizsystems. Die geschäftsführenden Direktoren erhalten einen großen Teil ihrer Vergütung in variabler Form, abhängig von kurzfristigen und langfristigen Leistungskriterien. Bei schlechten Ergebnissen können sogar die fixen Einkommensbestandteile reduziert werden.

## Übereinstimmung der Ziele: Viele Wege führen nach Rom

Man kann es nur begrüßen, wenn es bei innovativen Unternehmen auf der ganzen Welt gemeinsame Erfolgsfaktoren gibt. Daraus folgt nämlich, daß kein Unternehmen durch seine geographische oder nationale Herkunft benachteiligt ist. Vielmehr können die meisten Firmen ihre Leistungen als Innovatoren verbessern, indem sie die Arbeit des Topmanagements, ihre Ressourcen, Organisationsstrukturen und unterstützenden Mechanismen konsequent und durchdacht kombinieren. Es gibt keinen «Königsweg» zur Innovation, und es gibt keine beste Organisationsform für innovative Unternehmen. Das haben die innovativen spanischen Genossenschaften, italienischen Familienunternehmen, französischen Industriekonzerne und britischen Firmenneugründungen gezeigt.

Die innovativen Unternehmen dieser Studie haben ihre lokale Identität nie verleugnet, sondern ihr Profil darauf aufgebaut. Esaote hat staatliche Forschungsmittel und lokale Netzwerkbeziehungen genutzt, um sich in ein modernes innovatives Unternehmen zu verwandeln. Banco Santander hat sich auf dem Weg zu einem modernen innovativen Unternehmen die spanischen Werte des Stolzes und der väterlichen Fürsorge zunutze gemacht. Psion stützt sich auf das Paradox der britischen Exzentrizität und des britischen Konservatismus, um jene heikle Balance zwischen dem Einzelnen und der Gruppe, zwischen Stabilität und Spannung zu erreichen, die für hochleistungsfähige innovative Unternehmen charakteristisch ist. Diese und andere Firmen waren sich ihrer lokalen Umgebung immer bewußt und haben ihre spezifischen Eigenheiten nie unterdrückt. Trotzdem stellte sich heraus, daß sie Gemeinsamkeiten mit anderen Unternehmen entwickelten. Sie gaben lokalen Eigenheiten Ausdruck, während sie ähnliche Ziele verfolgten. Anstelle von Gleichheit sollten wir deshalb eher von gleichen Zielen sprechen. Man kann verschiedene Wege nehmen, um am selben Bestimmungsort anzukommen.

Trotz der Schlußfolgerung, daß die Unternehmen der Studie viele Gemeinsamkeiten haben, wäre es zu vereinfachend zu sagen, daß man nun die lokal bedingten Eigenheiten unter den Tisch fallen lassen könnte. Trotz ihrer vielen Gemeinsamkeiten haben die Unternehmen ihre lokale Identität nicht aufgegeben. Sie sind keine «Welt»-Unternehmen ohne lokale Bindungen geworden. Nur weil sie einige Gemeinsamkeiten haben, ist Michelin nicht weniger ein französisches, Trumpf nicht weniger ein deutsches und Kao nicht weniger ein japanisches Unternehmen. Um zu den Metaphern zurückzukehren, mit denen dieses Kapitel begann: Eine gotische Kathedrale und ein buddhistischer Tempel erfüllen viele gleiche Funktionen, aber das heißt keineswegs, daß sie ähnlich wären. Gemälde von Michelangelo und Magritte nutzen die Perspektive, das Licht und den Schatten auf sehr ähnliche Weise, aber sie erzählen völlig unterschiedliche Geschichten.

Teil 2

# Die Vielfalt

# 9 Die Schatten der Pyrenäen: Eine Annäherung an die Vielfalt

**Was auf der einen Seite der Pyrenäen wahr ist, kann auf der anderen Seite schon falsch sein.**

Blaise Pascal

## Einleitung

Jede Kultur wirft lange Schatten, die alle Aspekte unseres Lebens betreffen. Die Schatten erfassen sogar die Art und Weise, wie wir das Geschäftsleben organisieren und regeln, wie Geert Hofstede (1980, 1993) so eindrucksvoll gezeigt hat. In den vergangenen zwei Jahrzehnten ist es in Mode gekommen zu sagen, daß sich die Kulturen auf der ganzen Welt immer ähnlicher werden. Die weltweite Kommunikation funktioniert über kulturelle Gräben hinweg, und die Informationsrevolution bringt uns alle näher zusammen. Genauso gut kann man aber argumentieren, daß die Welt zwar kleiner wird, der intensivere Kontakt zwischen den Kulturen letztlich aber eher zu einer Betonung der kulturellen Unterschiede führt. Je mehr wir durch die Globalisierung voneinander erfahren, desto stärker werden wir uns der Vielfalt der Kulturen bewußt. Je mehr wir voneinander wissen, desto klarer wird uns, wie verschieden wir sind.

Die Vielfalt und Verschiedenheit der Kulturen gilt heute als wichtiges Thema im internationalen Management, und es sind eine Reihe von Arbeiten darüber veröffentlicht worden. Mitte der 80er Jahre lieferte Kenichi Ohmae eine mittlerweile klassische Beschreibung der größten Wirtschaftsmächte. Seine «Triade» bestand aus den drei Säulen der Weltwirtschaft, Japan, USA und Europa, die sich durch typische Merkmale voneinander abheben. In jüngster Zeit hat man sich auch verstärkt mit Geschäftskulturen außerhalb der Triade beschäftigt. So befaßten sich Whitley (1993), Clegg und Redding (1990), Child (1994) und Bond (1986) mit China und den Auslandschinesen. Hofstede (1980, 1993), Porter (1993), Hampden-Turner und Trompenaars (1995), Whitley (1992), Kogut (1993), Cavaleri und Oblój (1993) sowie Hickson und Pugh (1993) analysierten kulturelle Unterschiede auf globaler Ebene und deren Konsequenzen für das Management. Obwohl Unterschiede noch immer häufig eher als Barriere denn als Quelle für Wettbewerbsvorteile betrachtet werden, ist man sich der globalen und regionalen Verschiedenheiten im Geschäftsleben mittlerweile immerhin bewußt und akzeptiert sie als gegeben.

Für diese Einsicht ist es allerdings auch höchste Zeit. In Kapitel 2 wurde schon auf den Imperativ der Innovation hingewiesen. Ebenso wichtig ist der Imperativ der Vielfalt – also die Notwendigkeit, mit unterschiedlichen Kulturen zurechtzukommen und ihre Vielgestaltigkeit sogar zum eigenen Vorteil zu nutzen. Um innovationsfähig zu sein, muß ein Unternehmen in der Lage sein, das richtige Wissen zu erwerben und dieses dann zu nutzen. Gerade in diesen beiden Bereichen entfalten kulturelle Gegebenheiten eine besonders starke Wirkung. Denn die Art und Weise des Wissens*erwerbs* wird von sozialen Bedingungen geprägt, während die Art und Weise der Wissens*anwendung* von den Unternehmen und Strukturen, in denen wir arbeiten, abhängig ist. Jedes Verständnis der Innovation in der heutigen Welt beginnt deshalb mit dem Verständnis der kulturellen Vielfalt. Dabei muß klar sein, daß es keinen Königsweg zur Innovation gibt.

Jeder muß selbst den Weg finden, der für sein Unternehmen, seine Führungskräfte und seine Kultur am besten geeignet ist.

## Ähnlichkeiten und Unterschiede

Wenn man die Vielfalt kultureller Gegebenheiten akzeptiert, bedeutet dies keineswegs, daß man automatisch die Gemeinsamkeiten leugnen oder bagatellisieren würde. Ähnlichkeiten und Gemeinsamkeiten sind unbestreitbar vorhanden, und sie sind auch wichtig. Eines der spannendsten Ergebnisse unserer Studie besteht darin, daß sich viele Unterschiede in der Organisation und Praxis der dreizehn Unternehmen bei näherem Hinsehen als Ähnlichkeiten erweisen. Unternehmen mit ganz unterschiedlicher Vergangenheit oder Größe überraschen nicht nur mit sehr ähnlichen Einstellungen zur Innovation – sie haben auch ähnliche Unternehmensstrukturen und Strategien, mit denen sie Innovation und Kreativität fördern wollen.

Ähnlichkeit und Verschiedenheit sind starke Kräfte, die beide eine wichtige Rolle spielen. Leider hat sich diese Erkenntnis noch längst nicht überall durchgesetzt. Das wird schon daran sichtbar, daß viele Diskussionen sich darauf konzentrieren, Ähnlichkeit und Verschiedenheit als einander ausschließende Extreme zu betrachten. Im Marketing zum Beispiel werden heute zwei gegensätzliche Positionen vertreten: Das eine Lager argumentiert, daß globale Märkte existieren und multinationale Unternehmen daher jeden Markt mit standardisierten Werbemaßnahmen bearbeiten sollten. Das andere Lager hält dagegen, daß regionale und nationale Unterschiede eine Standardisierung unmöglich machten und die Werbeaktivitäten folglich an jeden lokalen Markt angepaßt werden müßten.

Man kann die Beziehung zwischen Ähnlichkeit und Verschiedenheit sehr gut am Beispiel der Sprachen verdeutlichen. Alle wichtigen Sprachen in Europa und im Nahen Osten (und in Amerika) sind auf eine gemeinsame Wurzel, das Indoeuropäische, zurückzuführen.

Innerhalb des Indoeuropäischen gibt es jedoch eine Reihe verschiedener Sprachfamilien, etwa die romanischen Sprachen, die sich aus dem Lateinischen entwickelt haben, und die germanischen Sprachen. Zu jeder Sprachfamilie gehören nochmals verschiedene Sprachen; so gehören Französisch, Spanisch und Italienisch zur romanischen und Deutsch, Holländisch und Englisch zur germanischen Sprachfamilie. Schließlich gibt es in jeder Sprache noch verschiedene Dialekte, die für andere, die sie nicht beherrschen, praktisch unverständlich sind und oft noch von anderen Sprachen beeinflußt wurden. So weist das in Schottland gesprochene Englisch gälische und der italienische Dialekt in Kalabrien griechische Einflüsse auf. Gleichzeitig gibt es in all diesen Sprachen auch viele Gemeinsamkeiten. Viele Wörter lassen sich auf eine gemeinsame Wurzel zurückführen, und auf allen Sprachebenen werden immer wieder Begriffe aus anderen Sprachen übernommen.

Derselbe Effekt kann im Geschäftsleben beobachtet werden. Einige Ähnlichkeiten sind einfach auf die Tatsache zurückzuführen, daß Unternehmen von Menschen geführt werden und daß es manche Dinge gibt, die Menschen grundsätzlich immer auf dieselbe Art und Weise tun. Gleichzeitig bewirken Unterschiede in der Umgebung sowie kulturelle und persönliche Charakteristika die Herausbildung der Vielfalt.

Auf globaler Ebene haben wir in unserer Studie viele gemeinsame Merkmale zwischen innovativen Unternehmen festgestellt. So haben die europäischen, japanischen und amerikanischen Unternehmen einen ähnlichen strategischen Ansatz zur Motivation verfolgt. Jede Firma der Studie hatte eine starke Führungspersönlichkeit an ihrer Spitze, die eindeutig zum Thema der Innovation Stellung bezog und die erforderlichen Ressourcen langfristig bereitstellte. In allen Firmen wurden Strukturen und Mechanismen eingerichtet, die Innovationen erleichtern sollen, wie etwa optimale Kommunikationsmechanismen. Außerdem hatte man sich in allen Unternehmen Gedanken über den Zusammenhang zwischen innovativem Verhalten und den Vergütungssystemen gemacht.

Diese Ähnlichkeiten, die *globalen Erfolgsfaktoren*, wurden im vorangegangenen Kapitel detailliert untersucht. Ihre Existenz sollte uns nicht überraschen. Die grundsätzlich ähnlichen Ansätze zur Innovationsförderung in den Unternehmen der Studie reflektieren nur die grundsätzlichen Ähnlichkeiten, die in praktisch allen internationalen Unternehmen festzustellen sind. Trotz der unterschiedlichen geographischen Lage, Geschichte, Kultur und Organisation sind die meisten Unternehmen nach außen hin ziemlich ähnlich, und sie verfolgen viele gleiche Ziele.

## Zwei Trugschlüsse

Die Ähnlichkeit internationaler Unternehmen hat viele Beobachter dazu verleitet, ihre Unterschiede zu ignorieren. Wenn man sich tatsächlich nur auf die Ähnlichkeiten konzentriert, könnte man sagen, daß die Unternehmen nicht nur ähnlich aussehen, sondern ähnlich *sind.* Von dieser Aussage ist es nur noch ein kleiner Schritt zum Modell eines idealen Unternehmens und zum Modell des idealen Managements. Die Vielfalt stellt dann lediglich ein überwindbares Hindernis dar. Aber hier unterliegt man dem *Trugschluß der Einseitigkeit:* Die Ähnlichkeit der Unternehmen ist nur die eine Seite der Medaille. Auch Fingerabdrücke sehen sich ähnlich und sind trotzdem einzigartig. Genauso verhält es sich im Wirtschaftsleben, denn jedes Unternehmen zeichnet sich auch durch seine Einmaligkeit aus.

Daneben gibt es den *Trugschluß der Idealvorstellung*. Darin wird unterstellt, daß die Ähnlichkeiten der globalen Unternehmen auf einen Idealtypus schließen lassen. Das bedeutet, daß es irgendwo das perfekte Unternehmensmodell gibt und wir nur genügend Grips beweisen müssen, um es zu finden. In Wahrheit spiegeln die Ähnlichkeiten, die so deutlich zutage treten, ein reiches geschichtliches Erbe wieder. Die heutigen Unternehmen sind im wesentlichen auf die Tradition der europäischen Innovation zurückzuführen, die zu Beginn dieses Buches beschrieben wurde.

## Geographisch bedingte Unterschiede

Wir beginnen die Untersuchung des Phänomens der Vielfalt auf der geographischen Ebene. Nachdem wir auf der globalen Ebene nach Ähnlichkeiten und Gemeinsamkeiten gesucht haben, verengen wir unseren Fokus nun auf die nationale und lokale Ebene und suchen nach Unterschieden. Je mehr sich der Fokus verengt, desto deutlicher treten diese Unterschiede zutage. Provinzen oder Einzelstaaten gehören zu Nationen, Nationen zu Weltregionen und die Weltregionen zur globalen Gemeinschaft.

Auf globaler Ebene sind innovativen Unternehmen auf der ganzen Welt gewisse Merkmale gemeinsam. Bei diesen universalen Gemeinsamkeiten handelt es sich um Faktoren wie ein starkes Management oder langfristige Innovationsstrategien.

Die Unterschiede zeichnen sich schon auf der Ebene der Weltregionen deutlich ab. Die Unternehmen in den drei großen Wirtschaftsregionen Europa, Japan und Nordamerika unterscheiden sich in wichtigen Punkten. So gibt es zum Beispiel unterschiedliche Definitionen, wie eine starke Führung aussieht oder welche Eigenschaften für eine Führungpersönlichkeit besonders wichtig sind.

Bewegt man sich dann innerhalb Europas auf nationaler Ebene, stellt man deutliche Unterschiede zwischen innovativen Unternehmen in den europäischen Ländern fest. Einige dieser Unterschiede sind spezifisch für eine einzelne Nation oder auch für einzelne Regionen innerhalb Europas. So gibt es Merkmale, die in Italien, Frankreich und Spanien verbreitet sind, aber nicht in Großbritannien oder Deutschland.

Schließlich gibt es wichtige Unterschiede innerhalb der Länder, etwa zwischen Provinzen, Grafschaften oder Bundesstaaten. Es mag eine nützliche Abstraktion sein, vom Vereinigten Königreich zu sprechen, aber auch zwischen England und Schottland, und sogar zwischen dem Norden und Süden Schottlands, gibt es wichtige Unterschiede. Die typischen Eigenschaften der Mondragón-Gruppe sind weniger spanisch denn baskisch, und Esaote ist sich bewußt, daß es zwischen dem genuesischen und dem toskanischen Standort des Unternehmens deutliche Unterscheidungsmerkmale gibt. In Belgien divergieren die französisch- und flämischsprachigen Regionen. In Deutschland gibt es Unterschiede zwischen Friesland und Bayern, in Spanien zwischen Katalonien und Nordwestspanien, in Italien zwischen Sizilien und der Toskana. Die Liste ließe sich fortsetzen. Weitere Unterschiede springen dem Betrachter in jeder anderen europäischen Nation ins Auge. Deshalb ist es gar nicht so einfach, Verallgemeinerungen über die nationalen Eigenheiten zu treffen.

## Gemeinsamer Boden, vielfältige Kultur

Sich dem Phänomen der Vielfalt von der geographischen Seite her zu nähern, ist eine gute Möglichkeit, die verschiedenen Aspekte der Vielfalt zu beleuchten. Allerdings sollte der Hinweis nicht fehlen, daß sich einige kulturelle Merkmale nicht in diese Kategorien einordnen lassen. So werden die angelsächsische Kultur und Sprache, die eine wichtige kulturelle Basis des wirtschaftlichen Verhalten darstellen, zumindest bis zu einem gewissen Grad vom Vereinigten Königreich (einer europäischen Nation), den Vereinigten Staaten und Kanada (Nordamerika) sowie Australien und Neuseeland (Ozeanien) geteilt. Auf ähnliche Weise können Religionen wie der Islam, das Judentum oder der katholische Glaube wichtige Grundlagen für wirtschaftliches Verhalten sein und regionale und nationale Grenzen überschreiten. Deshalb ist das Kriterium des geographischen Standorts bei der Untersuchung der Innovation zwar von Bedeutung, aber man darf darüber andere Faktoren wie soziale, psychologische und wirtschaftliche Unterschiede nicht vergessen.

Nationale Grenzen sind schon alleine deshalb wichtig, weil sie die Grenzen der Regierungsgewalt kennzeichnen. Zumindest in Europa spielen Regierungen oft eine wichtige Rolle für Innovationsprozesse, wie Esaote, das aus einem Staatsunternehmen hervorgegangen ist, zeigt. Nationale Grenzen spielen unter vier Aspekten eine Rolle, die in Anlehnung an Weber folgendermaßen beschrieben werden können:

- *Formale Unterschiede:* die physischen Grenzen zwischen Nationen.
- *Tatsächliche Unterschiede:* Diese existieren in Form verschiedener Religionen und allgemeiner gesellschaftlicher Einstellungen; ein klassisches Beispiel ist die Trennung zwischen protestantischem Norden und katholischem Süden, aber es gibt auch innerhalb der einzelnen Nationen Nord-Süd- und Ost-West-Gegensätze.
- *Praktische Unterschiede:* Diese resultieren aus Faktoren wie Sprache oder Geographie. Die Pyrenäen oder der Ärmelkanal stellen solche Grenzen zwischen Teilen Europas dar.
- *Theoretische Unterschiede:* Diese ergeben sich, wenn in verschiedenen Teilen Europas auf verschiedene abstrakte Konzepte Wert gelegt wird. So betont das Bildungssystem in Deutschland die Naturwissenschaften und Technik, während in Großbritannien mehr Studierende von den Geisteswissenschaften angezogen werden.

Man darf allerdings auch nie vergessen, daß diese Grenzen durchlässig sind. Die wirtschaftliche und politische Integration relativiert die Bedeutung der nationalen Grenzen, und der Tourismus und der Kontakt mit anderen Lebensstilen und Denkweisen reduziert die Auswirkungen der anderen drei Kategorien. Gutsituierte Europäer waren schon immer an anderen Kulturen interessiert und haben aus diesem Interesse heraus (zumindest in Friedenszeiten) viele Reisen unternommen. Im ausgehenden zwanzigsten Jahrhundert hat sich dieses Interesse auf breite Schichten der Bevölkerung übertragen. Die kulturelle Vielfalt in Europa wird wahrscheinlich mehr Dynamik erleben, es werden mehr Barrieren niedergerissen, und das Management wird grenzübergreifender. Es wird sich zeigen, ob dies tatsächlich zum Verlust der kulturellen Einzigartigkeit führen wird.

Die Frage lautet also, ob die Globalisierung zu einer Homogenisierung führen wird und die Unterschiede zwischen den Kulturen verschwinden. Das scheint aber unwahrscheinlich. Die schwindende Bedeutung der nationalen Grenzen läßt nationale Unterschiede etwas unwichtiger erscheinen, aber zumindest kurzfristig ist es kaum zu erwarten, daß auch kulturelle Eigenarten verschwinden. Im Augenblick scheint die wichtigste Konsequenz für die Innovation einfach darin zu bestehen, daß die Europäer ihre Unterschiede deutlicher erkennen und lernen, geschickter damit umzugehen. Je intensivere Kontakte europäische Innovatoren und Firmen zu anderen Unternehmen auf der Welt haben, desto besser können sie unterschiedliche Einflüsse zum eigenen Vorteil nutzen, und desto wettbewerbsfähiger werden sie – zumindest theoretisch.

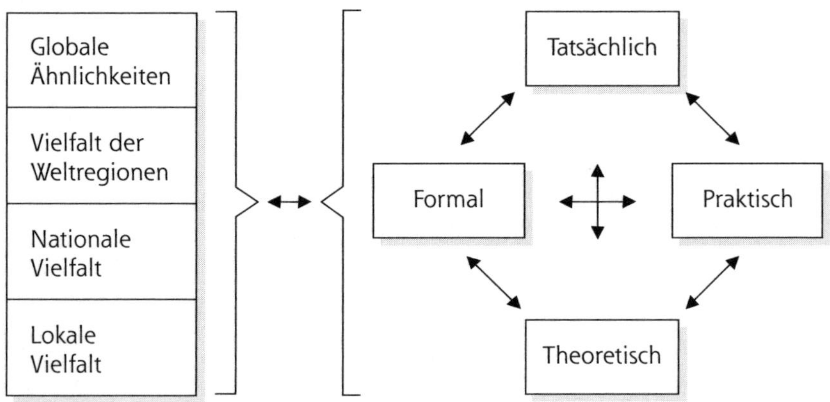


**Abbildung 9.1:** Vielfalt auf geographischer Ebene

# 10 Das Riff, der Garten und der Wald: Die Vielfalt der Triade

Schon auf der Ebene der Weltregionen kann man feststellen, daß die Rolle der Unternehmen im Wirtschaftsgefüge von der Gesellschaft abhängt, in der sie operieren. Hampden-Turner und Trompenaars (1993) glauben, daß Unternehmen in den Vereinigten Staaten hauptsächlich als «System betrachtet werden, das dazu dient, Funktionen und Aufgaben auf effiziente Weise auszuführen, während man sie in Japan als Gruppe von Menschen, die zusammenarbeiten, definiert». Mit anderen Worten: Im amerikanischen Kontext wird das Unternehmen hauptsächlich als eine «Wirtschaftsmaschine» betrachtet, während es in Japan als «sozialer Organismus» gilt. Nach amerikanischer Denkweise sind Unternehmen «Inseln im Meer des Markts», umgeben von Konkurrenten, die fest entschlossen sind, ihnen Kunden abzujagen oder gar wie Haie auf das Unternehmen selbst als Beute zu lauern. Die amerikanische Unternehmenswelt könnte mit einem Korallenriff verglichen werden: Sie ist sehr umfassend und komplex, konnte sich fast natürlich und ohne Einschränkungen entwickeln, ist voller Nischen, in denen sich kleine Firmen festgesetzt haben, und gleichzeitig voll gefährlicher Tiere auf der Jagd nach Beute. In Japan dagegen sind die Unternehmen in ein Netz verschiedener Institutionen eingebettet. Hier bietet sich der Vergleich mit einem Zen-Garten an, in dem verschiedene Elemente in Harmonie miteinander und mit ihrer Umgebung existieren.

Die europäische Unternehmensumgebung ist schon alleine deshalb komplexer, weil sie einfach heterogener als die amerikanische oder japanische ist. Trotzdem sind gewisse Verallgemeinerungen möglich. Die Auswirkungen der Geschichte, insbesondere die im Vorwort beschriebene historische Entwicklung des modernen Unternehmensmodells, sind sogar stärker als in Japan. Japan blickt zwar auf eine sehr alte Kultur zurück, hat aber in der Wirtschaftsentwicklung einen radikalen Bruch mit der Vergangenheit vollzogen.

Man könnte Europa also mit einem alten Wald vergleichen, voll mit großen Bäumen, in deren Schatten viele verschiedene Arten leben, die es schon lange gibt und die sich trotzdem immer weiter verändern. Die europäische Unternehmensumgebung ist älter, komplexer, vielfältiger und strukturierter als die amerikanische oder japanische, und damit auch so reich an Variationen, daß sie sich praktisch jeder Kategorisierung widersetzt. Betrachten wir also zunächst die beiden homogeneren Regionen Amerika und Japan, bevor wir uns Europa zuwenden.

## Der amerikanische Kontext

Die Vereinigten Staaten teilen mit Europa ein gemeinsames jüdisch-christliches Erbe, und zumindest bis in die jüngere Vergangenheit hinein kamen die meisten Einwanderer und damit das dominante kulturelle Erbe aus Europa (Reich, 1984). Trotzdem handelt es sich um zwei ganz verschiedene Regionen. Im Gegensatz zur typisch europäischen Betonung der Vergangenheit ist man in Amerika grundsätzlich zukunftsorientiert. Es herrscht der implizite, oft aber auch klar geäußerte Glaube an eine bessere Zukunft vor. Das Prinzip der Vervollkommnungsfähigkeit, nach dem sich die menschliche Gesellschaft auf einen Zustand der endgültigen Perfektion zubewegt, wurde zuerst vom französischen Philosophen Marquis de Condorcet verfochten und im achtzehnten Jahrhundert im entstehenden amerikanischen Staat eingeführt. Zwanzig Jahre nach der amerikanischen Unabhängigkeit war Condorcet tot – er war der Schreckensherrschaft in Frankreich zum Opfer gefallen. Kurz darauf zerstörte Thomas Malthus' Aufsatz *Essay on the General Principles of Population* den Mythos der Vervollkommungsfähigkeit in Europa vollends. Aber in Amerika hat dieser Gedanke überlebt, wenn auch in modifizierter Form.

In Amerika ist der Pioniergeist des Abenteuers und grenzenlosen Fortschritts noch immer spürbar, der die Eroberung der neuen Siedlungsgebiete im Westen charakterisierte. Millionen Menschen, die im achtzehnten Jahrhundert nach Amerika strömten, glaubten an ein Gelobtes Land, das frei von den Kriegen, der Armut und der Verfolgung war, unter denen sie in ihrer Heimat gelitten hatten. Im Verlauf der Frontier-Periode verfestigte sich in der amerikanischen Psyche der Gedanke, daß dies ein Land der Hoffnungen und Möglichkeiten sei. In jeder beliebigen Wahlkampfrede eines US-Präsidenten findet diese Überzeugung auch heute noch ihren Widerhall. Mit der Zukunftsorientierung ist gleichzeitig eine Leistungsorientierung verknüpft. Da es keine lange Tradition gibt, in deren Verlauf sich Gesellschaftsschichten und Eliten herausbilden konnten, wird in Amerika die individuelle Leistung viel stärker betont. Diese Leistungsorientierung ist mit einem Pragmatismus verknüpft, der in Kontrast zur europäischen Tradition der Betonung des Intellekts und des abstrakten Denkens steht. Die Amerikaner haben keine Geduld für Ideologien und Theorien um ihrer selbst willen, sondern sind an praktischen Ergebnissen interessiert.

Dieser Pragmatismus war immer eine der großen Stärken Amerikas, und er war wesentlich für den Aufstieg der Vereinigten Staaten zur führenden Weltmacht verantwortlich. Bis heute hat sich das Bild einer Nation voller erfindungsreicher, wagemutiger Unternehmer gehalten. Der «Erfindungsreichtum der Yankees» und der optimistische Spruch «Wir schaffen es» sind Klischees, die man mindestens seit Mitte des achtzehnten Jahrhunderts mit amerikanischen Geschäftsleuten und Unternehmern verknüpft hat. Die Begeisterung für Maschinen und Technik hat die Entstehung von Legenden um Menschen wie Benjamin Franklin, Samuel Colt, Thomas Edison und die Gebrüder Wright gefördert. Die Technik wurde zu einem neuen Grenzland, das im Gegensatz zur Siedlungsgrenze des amerikanischen Westens alleine durch geistige Fähigkeiten erobert werden konnte.

Paradoxerweise waren die meisten Innovationen gerade in den Jahren des stärksten Aufschwungs der amerikanischen Industrie nur abgekupfert. Reich schrieb (1984:47):

> In dem halben Jahrhundert zwischen 1870 und 1920 wurde in Amerika im Durchschnitt alle fünfzehn Monate eine wichtige Erfindung gemacht. Die meisten dieser Erfindungen allerdings basierten auf eigentlich britischen Entdeckungen. Die amerikanischen Erfinder wandten sie lediglich auf ihre Produkte und Prozesse an.

Das bekannteste Beispiel dürfte die Entwicklung der Automobilindustrie sein. Die Europäer erfanden die ersten funktionierenden Automobile, und sie waren die ersten, die begannen, sie kommerziell herzustellen und zu verkaufen. Aber Amerikaner wie Henry Ford brachten die Autoproduktion erst richtig in Gang. Durch die Anwendung der neuen Techniken des wissenschaftlichen Managements verhalfen sie der amerikanischen Autoindustrie über Jahrzehnte hinaus zur Weltführung. Reich stellt das amerikanische wissenschaftliche Management, das auf die vereinfachte Produktion abzielte, dem europäischen Management gegenüber, wie es Fayol vertrat, und dessen Ziel eine effektive Überwachung war.

Zwei weitere Aspekte der amerikanischen Unternehmenswelt verdienen im Zusammenhang mit Innovationen Beachtung. Der eine Aspekt ist der, daß Selbstvertrauen und Unabhängigkeit in Kombination mit technischem Können eine «Wir schaffen es»-Kultur fördern, in der es eher zu Innovationen kommt. In einer solchen Kultur entsteht auch leicht eine Abneigung gegen Bürokratien und Hierarchien sowie ein Mißtrauen gegenüber der Regierung. Der zweite Aspekt ist die starke egalitäre Tradition Amerikas. Gleichheit und Demokratie sind für das politische System in Amerika natürlich von grundlegender Bedeutung und in der Verfassung verankert, in der jedem Bürger und jeder Bürgerin das Recht zur freien Meinungsäußerung und eine angemessene Repräsentation im politischen System eingeräumt wird. Dieselbe egalitäre Tradition zeigt sich auch im Wirtschaftssystem, das d'Iribarne (1989) als «freien Austausch zwischen Gleichen» beschrieb. So wie das Recht zur Meinungsäußerung einen offenen Marktplatz der Ideen schafft, stellt das Wirtschaftssystem einen Marktplatz des freien Austausches zwischen Gleichen dar. So ist mit der wirtschaftlichen Freiheit ein starkes Gefühl dafür verknüpft, daß individuelle Leistungen auch individuell belohnt werden sollten. Somit ist es nur folgerichtig, wenn finanzielle Anreize und Prämiensysteme in amerikanischen Firmen weit verbreitet sind.

Innovation und freies Unternehmertum sind weiterhin untrennbar miteinander verknüpft. Als Colt den Revolver und Edison die Glühbirne und das Grammophon erfand, haben sie nicht nur neue Entdeckungen gemacht. Sie fanden gleichzeitig auch Wege, um ihre Innovationen zu nutzen – sie verwandelten ihre individuellen Ideen in Massenprodukte. Viele betrachten diese Fähigkeit als die größte Stärke der Amerikaner. Niemand verkörpert sie besser als der Microsoft-Chef Bill Gates, der mit 14 Jahren zum ersten Mal programmierte, gemeinsam mit einem ehemaligen Schulkameraden eine BASIC-Version schrieb und heute einen Milliardenkonzern lenkt, der zumindest derzeit weltweit den Standard für Betriebssysteme setzt.

## Der japanische Kontext

Anders als die Vereinigten Staaten hat Japan eine weit zurückreichende Geschichte. Die japanische Gesellschaft wird durch ihre relative Homogenität und ihre Betonung der Gruppe im Gegensatz zum Individuum gekennzeichnet. Vielleicht ist dieser Schwerpunkt letztlich auf die Anforderungen des arbeitsintensiven Reisanbaus zurückzuführen, der nur in Gruppen mit aufeinander angewiesenen Arbeitern möglich ist. Im Gegensatz zum europäischen Intellektualismus und zum amerikanischen Pragmatismus kann man den japanischen Wissensansatz als schrittweises Experimentieren beschreiben, oder «Learning by Doing». In der japanischen Innovation zeigt sich eine erfolgreiche Allianz von alter Kultur mit moderner Technologie.

Obwohl es sich um eine homogene Kultur handelt, hat auch Japan Anleihen an anderen Kulturen gemacht, und dies tritt nirgendwo deutlicher zutage als in der Geschäftswelt. Die japanische Kultur ist zwar komplex und hochentwickelt, aber sie war jahrhundertelang praktisch eingefroren. Ende des sechzehnten Jahrhunderts – nach der ersten Berührung mit dem Westen durch portugiesische Missionare und Kaufleute – schotteten die Shogune Japan praktisch gegen ausländische Kontakte ab, und so hatte auch in den darauffolgenden dreihundert Jahren die Zeit wenig Bedeutung in der japanischen Gesellschaft. Die sozialen Systeme und Organisationen entwickelten sich kaum oder gar nicht weiter, und die meisten Japaner wußten nichts über die Welt jenseits ihrer Inseln.

Dies begann sich zu ändern, als 1853 die «schwarzen Schiffe» der US-Marine unter Kapitän Perry in der Bucht von Tokio einliefen und die erste, begrenzte Öffnung Japans erzwangen. Es dauerte weitere fünfundzwanzig Jahre, bis tatsächlich greifbare Veränderungen einsetzten, aber als es so weit war, vollzogen sie sich mit einem unglaublichen Tempo. Motor der Veränderungen war Kaiser Meiji, der die Macht der Shogune brach und Japan direkt regierte. Nur wenige Innovatoren in der Geschichte irgendeiner Nation haben eine auch nur annähernd bedeutende Rolle wie dieser Kaiser gespielt.

Er und seine Berater sahen die technologischen Errungenschaften des Westens und wurden sich der Kluft zwischen dem Stand ihrer Entwicklung und der des Westens bewußt. Japans einzige Chance, seine Geltung und Unabhängigkeit im Zeitalter des Kolonialismus zu behalten, bestand darin, möglichst bald mit dem Westen gleichzuziehen. Der Kaiser führte nicht nur westliche Technologien ein, sondern auch westliche gesellschaftliche Mechanismen und Organisationsformen. Nicht alle eigneten sich dazu, in die japanische Kultur und Gesellschaft integriert zu werden, aber ein Import aus dem Westen war außerordentlich erfolgreich: das Unternehmen.

Die neuen japanischen Industriellen erwiesen sich als äußerst geschickt darin, amerikanische und europäische Geschäftsmethoden auszuprobieren und dann an ihre eigenen Bedürfnisse anzupassen. Ein hervorragendes Beispiel ist Tokuji Hayakawa, der 1912 in Tokio eine Metallwarenfabrik gründete und 1915 den Ever-Sharp-Stift erfand. Heute heißt das Unternehmen Sharp – nicht zu Ehren des Gründers, sondern zu Ehren seiner ersten Erfindung. Nachdem 1945 die japanische Industrie weitgehend zerstört war und die amerikanischen Besatzungstruppen fast jeden Bereich des Staates und der Wirtschaft kontrollierten, wurde sogar noch viel mehr aus dem Ausland kopiert. In manchen Fällen wandten japanische Firmen schon ausländische Techniken an, noch bevor sie in ihrer Heimat zum Einsatz kamen. Der Fall Deming ist wahrscheinlich das berühmteste Beispiel, aber es gibt noch viele andere. Diese Entwicklung entsprach der für Japan typischen Tradition des schrittweisen Experimentierens. Japanische Unternehmen «flicken» ständig an ihren Systemen herum und probieren immer wieder neue Methoden aus, anstatt Quantensprünge anzustreben.

Die Übernahme und fortlaufende Anpassung westlicher Geschäftspraktiken und Technologien bewirkte eine Revolution des japanischen Wirtschaftssystems – was ja auch beabsichtigt war. Die Allianz von Staat und Unternehmen hat seitdem in vielen anderen ostasiatischen Ländern als Präzedenzfall für eine schnelle Entwicklung gedient. Im ausgehenden neunzehnten Jahrhundert und noch mehr in den Jahrzehnten des Wiederaufbaus nach dem Zweiten Weltkrieg wurde das Unternehmen nicht nur zur Quelle des nationalen Wohlstands, sondern auch zu einer sozialen Organisation von entscheidender Bedeutung. Das japanische Konzept der Fürsorge ergänzte die hierarchische Struktur der Unternehmen perfekt. Gleichzeitig begünstigte die Gemeinschaftsorientierung der japanischen Gesellschaft die Entwicklung eines organischen Systems, in das Beschäftigte wie Führungskräfte ihr Wissen einbrachten, wodurch sie wiederum zum Wohl der Gemeinschaft beitrugen. Die Gruppe war im japanischen Geschäftsleben immer weit wichtiger als der Einzelne. Diese Tatsache war maßgeblich für die Erfolge der Japaner etwa in der Automobil- und Elektronikbranche verantwortlich.

Um den Unterschied zwischen der japanischen und der amerikanischen Unternehmenskultur zu verstehen, braucht man sich nur die Unterschiede in ihrer geschichtlichen Entwicklung anzusehen. In den Vereinigten Staaten – einem Land, dessen Entstehung auf dem Unabhängigkeitsstreben und Vertrauen auf die individuelle Leistungsfähigkeit beruhte – betrachtet man das Unternehmertum als die ultimative Form der Selbstverwirklichung. In Japan dagegen dienen Unternehmen dazu, in gemeinschaftlicher Arbeit ein gemeinsames übergeordnetes Ziel zu erreichen. So definierte Kao, wo seit der Gründung im Jahr 1890 Seifen, Waschmittel, Kosmetika und persönliche Hygieneartikel hergestellt werden, die Ziele der «Sauberkeit, Gesundheit und Schönheit». Die Managementphilosophie von Microsoft ist sehr zukunftsorientiert, pragmatisch und leistungsorientiert, was den Werten der amerikanischen Gesellschaft genau entspricht. Gleichermaßen wirkt die Philosophie von Kao mit ihren

Grundsätzen des Dienstes am Kunden, der absoluten Gleichheit und des Strebens nach Wahrheit und nach der Integration des Wissens ganz selbstverständlich für ein japanisches Unternehmen. In einer amerikanischen Firma dagegen wäre sie undenkbar.

In beiden Beispielen spiegeln die Unternehmensmerkmale die jeweiligen Charakteristika des Landes. Die Vereinigten Staaten sind zwar ein «Schmelztiegel» der Nationen und Rassen, doch ihrer Kultur lag ein einmaliger Traum zugrunde, der zur Homogenität des Landes beigetragen hat. Vielleicht sind die Amerikaner deshalb so zukunftsorientiert, weil es sich um eine Nation von Einwanderern handelt, die sich (mit Ausnahme der Afro-Amerikaner) aus freiem Willen dafür entschieden hatten, nach Amerika zu kommen und dort ein besseres Leben zu führen. Der Glaube ist allgemein verbreitet, daß die Zukunft besser als die Gegenwart sein wird – und daß dies auch so sein sollte. Japan weist eine noch deutlichere Homogenität auf, hauptsächlich deshalb, weil die Geschichte des Landes weniger durch äußere Kräfte geformt wurde. Die japanische Kultur basiert weitgehend auf dem Konfuzianismus mit seinen Werten der Beharrlichkeit, des Ansehens, der Sparsamkeit und der Ehre.

## Der europäische Kontext

In den Augen der Amerikaner und Japaner gibt es so etwas wie *die* Europäer nicht; sie sehen nur die *Vielfalt* Europas. Das liegt daran, daß sie selbst aus relativ homogenen Gesellschaften stammen. Im Gegensatz dazu ist Europa eine unglaublich mannigfaltige Ansammlung von Kulturen, Sprachen und Traditionen. Aber wenn die Europäer einmal ihre Landesgrenzen außer acht lassen und *durch ihre eigenen Augen* betrachten, wie und wo sie ihren Platz in der Welt definieren, treten ihre Gemeinsamkeiten klar zutage. Ein Topmanager von Lyonnaise des Eaux-Dumez sagte: «Es gibt enorme Unterschiede zwischen einem Dänen und

> einem Griechen, aber man braucht nur einmal in die Vereinigten Staaten zu reisen, um zu erkennen, daß sie beide Europäer sind.» (Bloom, Calori und de Woot, 1994:17)

Jede Untersuchung der europäischen Unternehmenskultur stößt praktisch von Anfang an auf das Problem der Heterogenität. Aber man kann durchaus Merkmale herauskristallisieren, die eindeutig europäisch sind. Calori und de Woot (1994) listen sechs Attribute auf:

- Priorität des Menschen
- Interne Verhandlungen
- Umgang mit internationaler Vielfalt
- Management zwischen Extremen
- Starke Produktorientierung
- Informellere Führungssysteme

### Priorität des Menschen

Calori und de Woot fanden in ihrer Studie heraus, daß europäische Unternehmen großen Wert auf die Rolle des Individuums legen. Mitarbeiter wie Führungskräfte genießen in der Regel eine größere persönliche Freiheit als es in japanischen oder sogar amerikanischen Firmen der Fall ist. Es herrscht auch eine ausgeprägtere Toleranz gegenüber individuellen Marotten und nonkonformistischen Verhaltensweisen. Mit dieser Toleranz ist ein starkes Gefühl der Verantwortung des Unternehmens für die Beschäftigten verknüpft. Auf der Makroebene wird dies an den Modellen der sozialen Marktwirtschaft sichtbar, die in vielen europäischen Ländern verbreitet sind. Dies ermöglicht zumindest theoretisch eine starke Bindung zwischen Unternehmen und Beschäftigten, wobei letztere eine größere Sicherheit und die Freiheit genießen, kreativ und innovativ zu arbeiten.

### Interne Verhandlungen

Ein weiteres Merkmal der europäischen Geschäftskultur ist das Entstehen starker Interessengruppen innerhalb der Unternehmen. Die Mitarbeiter sind in der Regel sehr gut qualifiziert, und sie wurden in einem System ausgebildet, in dem Diskussionen, Skepsis und kritisches Mitdenken gefördert wurden. Europäische Manager müssen daher in der Lage sein, mit ihren Mitarbeitern zu verhandeln und sie zu überzeugen, wenn sie ihr Engagement gewinnen wollen. Dazu benötigen sie diplomatisches Geschick und die Fähigkeit, Ideen klar auszudrücken. Folglich wird in Europa entsprechend mehr Wert auf den persönlichen Führungsstil als auf die erworbenen Führungskompetenzen gelegt.

### Umgang mit internationaler Vielfalt

Die Heterogenität Europas hat zur Folge, daß viele europäische Geschäftsleute lernen, sich auf andere Kulturen einzustellen, und zwar oft viel früher als ihre amerikanischen oder japanischen Kollegen (auch wenn man einschränkend sagen muß, daß viele nur im Inland tätige amerikanische Unternehmen eine multikulturelle Belegschaft haben). Europäische Firmen überschreiten in einer früheren Phase ihrer Entwicklung die nationalen Grenzen, ganz einfach deshalb, weil sich so viele Nationen mit relativ niedriger Bevölkerungszahl und kleinen Märkten auf relativ engem Raum befinden. Europäische Manager sind an die Vielfalt der Kulturen gewohnt, und viele von ihnen bewerten sie als sehr positiv. Sie sehen die internationale Vielfalt weniger als Hindernis, sondern eher als Quelle für Wettbewerbsvorteile.

### Management zwischen Extremen

Zumindest aus der Sicht europäischer Manager stehen die amerikanische und die japanische Geschäftskultur in einem Gegensatz zueinander: Priorität des Individuums im Gegensatz zum Team, kurzfristige im Gegensatz zur langfristigen Perspektive, Betonung des

Unternehmertums im Gegensatz zum Gemeinwesen. Sie ordnen sich in der Mitte zwischen diesen beiden Extremen ein, wobei sie Elemente beider Positionen verkörpern. So betrachten europäische Führungskräfte Teamarbeit und Individualismus keineswegs als Gegensätze. Ihr Planungshorizont, der zwischen dem amerikanischen und dem japanischen liegt, führt auch zu ganz anderen Methoden in den Entwicklungsphasen der Unternehmensgründung, der Weiterentwicklung und der Orientierung.

### Starke Produktorientierung

Zwar gibt es vor allem in Großbritannien viele Ausnahmen, aber europäische Unternehmen konzentrieren sich in der Regel sehr stark auf Produkte und das Produktdesign. Viele Topmanager haben eine naturwissenschaftliche oder technische Ausbildung und empfinden – ganz in Übereinstimmung mit der europäischen Tradition – oft eine Leidenschaft für ihre Disziplin. Es macht ihnen Spaß, diese Passion in Erfindungen und Produkte umzusetzen. Sie orientieren sich an den Idealen des Wahren, des Guten und des Schönen. Aber manchmal führt ihre Begeisterung dazu, daß sie den Kunden aus den Augen verlieren. Europäische Unternehmen sind deshalb meist weniger marktorientiert als ihre amerikanischen Pendants.

### Informellere Führungssysteme

In Europa ist das Management weniger formell und dafür intuitiver – mit Ausnahmen. Wie schon erwähnt, mißt man dem Führungsstil eines Managers mehr Bedeutung zu als seinen Qualifikationen auf dem Papier. Folglich sind auch die Managementsysteme weniger strukturiert als in amerikanischen und besonders in japanischen Firmen. Wahrscheinlich ist dies auf die geschichtliche Entwicklung der europäischen Unternehmensmodelle zurückzuführen, denn viele Unternehmen befanden sich in Familienbesitz oder waren der Herrschaft eines Alleininhabers unterworfen. In beiden Fällen benötigte man keine ausgeprägt formellen Mechanismen (Calori und de Woot, 1994).

Der letztgenannte Punkt ist besonders interessant. Eigentlich würde man erwarten, in den Vereinigten Staaten mit ihrer Kultur der Unabhängigkeit und Freiheit die informelleren Managementsysteme vorzufinden, während man im Europa der ausgeprägten gesellschaftlichen Hierarchien und Klassensysteme mit den formellen Strukturen rechnen würde. Aber das Gegenteil trifft zu. Ritzer (1995) glaubt, daß die von Weber beschriebenen formal-rationalen Bürokratien in Amerika zur Blüte gekommen sind (vor allem in der Fast-Food-Branche) und führt dies auf die Grundsätze des Taylorismus und des wissenschaftlichen Managements zurück. Amerikanische Managementautoren der jüngsten Vergangenheit wie Tom Peters und Rosabeth Moss Kanter haben gefordert, daß amerikanische Unternehmen ihre eigenen Hierarchien niederreißen müßten, um wettbewerbsfähiger zu werden. Europa, so scheint es, könnte im Hinblick auf die erforderlichen Strukturen über einen leichten Vorteil verfügen.

Man kann Europa auch als vorwiegend erfahrungsorientierte Kultur im Gegensatz zu einer ausschließlich leistungsorientierten Kultur bezeichnen. Dies bedeutet nicht, daß in den europäischen Ländern der Vorrang von Status vor Leistung eine Ablehnung der Leistung selbst bedeuten würde, sondern nur, daß die Vergangenheit für die Europäer eine wichtige Rolle spielt. Die Mondragón-Genossenschaft ist dafür ein gutes Beispiel. Mondragón entstand zwischen 1943 und 1956 unter der Leitung des Priesters José Maria Arizmendiarrieta. In der Stadt Mondragón, die in einem Tal im Herzen des Baskenlandes liegt, herrschte Anfang der vierziger Jahre eine hohe Arbeitslosigkeit. Aber in dieser Gegend existierte bereits auch eine ausgeprägte Industriekultur. Man könnte sagen, daß die Genossenschaft aus einer Allianz zwischen der katholischen Kirche und der industriellen Entwicklung heraus entstand, zwischen einer vergangenheitsorientierten und einer leistungsorientierten Kultur.

| | Amerika | Japan | Europa |
|---|---|---|---|
| **Führung** | Führer/ernannter Führer als Lenker | Führer als Diener | Führer als Inhaber/Vaterfigur |
| **Hierarchie** | Individuell | Team | Bürokratie |
| **Innovation** | Gesamtes Unternehmen | Gesamtes Unternehmen | Eliten |

**Abbildung 10.1:** Charakteristika der Geschäftskulturen

## Führung aus dem Zentrum heraus

Wie in Kapitel 8 erwähnt, spielt die Unternehmensführung eine entscheidende Rolle im Innovationsprozeß. Aber verschiedene Kulturen haben ganz unterschiedliche Vorstellungen davon, was Führerschaft überhaupt ist. In Japan gilt der Führer traditionellerweise (zumindest in der buddhistischen Philosophie) als Diener der ihm unterstellten und manchmal auch der übergeordneten Mitglieder der Hierarchie. In der Vergangenheit schuldeten alle dem Kaiser Dienst. Die amerikanische Tradition ist ganz anders: In den meisten Bereichen verdanken amerikanische Führer ihre Position einem demokratischen Auftrag, und sie behalten diesen nur so lange, wie sie ihre «Auftraggeber» zufriedenstellen. Im Wirtschaftsleben wurde dieses Prinzip mit dem Einzug des wissenschaftlichen Managements und der hierarchischen Kontrolle oft außer Kraft gesetzt: Der Führer steht an der Spitze einer Befehlskette und ist den niedrigeren Ebenen nur noch in eingeschränkter Weise oder gar nicht mehr zur Rechenschaft verpflichtet. Amerikanische Unternehmen orientieren sich jedenfalls immer an einem dieser beiden Modelle.

Das europäische Modell hat seine Wurzeln in der Feudalherrschaft und in militärischen Traditionen, wo der Führer von der Front her führte. Die Person des Führers war von größerer Bedeutung als die Institution. Vom späten achtzehnten Jahrhundert an steuerte die revolutionäre Tradition dieser Tatsache entgegen, und die Führer begannen, enger mit ihren Untergebenen zusammenzuarbeiten, um eine größere Harmonie herzustellen. Europäische Führer sind ihren Untergebenen eher aus gesellschaftlichen denn aus politischen oder philosophischen Gründen verpflichtet. Aber die Bedeutung des individuellen Stils bleibt erhalten.

Bei Psion und Versace ist der Unternehmensführer der wichtigste Innovator und maßgeblich für den kreativen Erfolg verantwortlich. Georges Salomon war in der Vergangenheit für die Produktentwicklung in seiner Firma zuständig und ist bis heute eng mit dieser Aufgabe verbunden geblieben. Prof. Berthold Leibinger und François Michelin haben exzellente technische Kenntnisse, und einer von Castellanos wichtigsten Teamleitern bei Esaote, Fabrizio Landi, ist Wissenschaftler und Ingenieur. Selbst dort, wo es keinen direkten Zusammenhang gibt, wie bei Bertelsmann, stellt das Konzept der Führerschaft aus dem Zentrum eine zentrale Leitphilosophie dar, denn Innovatoren haben alle Freiheiten, solange sie sich innerhalb der vorgegebenen Strukturen bewegen. Im Gegensatz dazu befassen sich die Chefs von Kao und Sharp nicht direkt mit Innovationen. Bill Gates, selbst ein talentierter Innovator, verbringt mindestens die Hälfte seiner Zeit damit, seine Projektteams zu führen, arbeitet aber nicht unmittelbar in Innovationsprojekten mit.

## Familienunternehmen

Eine jüngst abgeschlossene Studie französischer Unternehmen hat ergeben, daß zwei Drittel der größten Unternehmen Frankreichs teilweise oder ganz in Familienbesitz sind. In etwa einem Viertel aller Fälle leiten ein oder mehrere Familienmitglieder das Unternehmen selbst. In sechs von den neun europäischen Unternehmen der Studie kontrolliert der Gründer oder ein enger Verwandter die Firma (Psion, Salomon, Michelin, Versace, Esaote, Banco Santander), wenngleich im Führungskreis von Psion und Esaote keine weiteren Familienmitglieder des Gründers vertreten waren. Stattdessen übernahm ein eng zusammengeschweißtes professionelles Topteam eine ähnliche Rolle. Von den drei anderen Unternehmen befindet sich Bertelsmann immer noch unter weitgehender Kontrolle der Gründerfamilie, obwohl diese kaum einen Einfluß auf das Tagesgeschäft ausübt. Der Geschäftsführer von Trumpf hält ebenfalls einen Mehrheitsanteil, und einer seiner Topmanager ist sein Schwiegersohn. Mondragón wird noch immer von engen persönlichen Freunden und Kollegen des Gründers, José Maria Arizmendiarrieta, geführt. Selbst dort, wo nicht die Familie am Ruder ist, gibt es also oft familienähnliche Strukturen an der Firmenspitze, die auf einer Konsensbasis funktionieren. Im Gegensatz dazu haben drei der nichteuropäischen Firmen (IBM, Sharp und Kao) nach einer Periode des Familienbesitzes und/oder der Familienleitung nun keine Familienmitglieder mehr im Führungskreis. Microsoft und Psion sind sich insofern ähnlich, als sie eher auf persönliche Autorität denn auf die Macht der Familienbande setzen.

## Entwicklung des Mitarbeiterpotentials

Die europäischen Arbeitsgesetze sind, zumindest aus Sicht der Arbeitgeber, in der Regel strenger als in den USA, und eine entsprechend wichtigere Rolle spielen die Gewerkschaften und Mitarbeitergremien, vor allem in mittelgroßen Firmen. Viele der untersuchten Unternehmen haben es jedoch geschafft, über die Werte und Einstellungen weiterhin einen großen Einfluß auf ihre Beschäftigten auszuüben. Die meisten von ihnen (Mondragón, Michelin, Trumpf, Salomon, Banco Santander) betreiben eine Politik der lebenslangen Beschäftigung und betonen den Aspekt der Kontinuität, wenngleich sie in jüngster Zeit in einigen Fällen wegen der schwierigen Wirtschaftslage gegen diese Grundsätze verstoßen mußten. Ihr Vorbild für das Verhältnis zwischen Führung und Beschäftigten orientiert sich am Modell der väterlichen Führung: Es wird erwartet, daß jeder Mitarbeiter Werte wie Führung, Disziplin, Vorbildrolle, Arbeitsethik und unternehmerisches Denken akzeptiert. Der Geschäftsführer von Trumpf, Prof. Berthold Leibinger, bringt es auf den Punkt: «Ich glaube an die Notwendigkeit von Autoritäten im Leben. Mein Ideal ist es, ein aufgeklärter Patriarch zu sein, der seine Pflichten kennt und weiß, daß er für andere sorgen muß – aber auch von anderen abhängig ist.»

Diese Einstellung führt zu einer starken Betonung der Kontinuität und der langfristigen Beschäftigung, die in deutlichem Gegensatz zu Japan und den Vereinigten Staaten steht. Das Ziel der Personalpolitik in den japanischen Unternehmen ist es, den Mitarbeitern ein maximales Maß an unterschiedlichen Erfahrungen zu ermöglichen, damit man «Knowledge Crews» bilden kann, deren Mitglieder die verschiedensten Voraussetzungen mitbringen. Deshalb ist es üblich, Mitarbeiter alle paar Jahre in eine andere Abteilung zu versetzen. In den Vereinigten Staaten wird die Vielfalt der Erfahrungen der Mitarbeiter oft dadurch gewährleistet, daß diese viel mobiler sind und häufiger den Arbeitgeber wechseln. Diese Mobilität ist auch unter qualifizierten Kräften üblicher. Es ist nicht ungewöhnlich, daß Mitarbeiter wegen ihres Spezialwissens nur für die Dauer eines bestimmten Projekts eingestellt werden und das Unternehmen danach wieder verlassen. Die europäischen Modelle konzentrieren sich dagegen viel mehr auf die langfristige Heranbildung von Eliten und ihre Bindung an das Unternehmen. In Anbetracht der langfristigen Perspektive vieler Innovationsstrategien dürfte dies nicht überraschen.

Die Frage der Kontinuität ist also im Bewußtsein der Unternehmensführer immer präsent. Japanische Firmen versetzen ihre Innovatoren innerhalb der Firma, um ihnen zu einem möglichst breiten Erfahrungsspektrum zu verhelfen, während die Arbeitskräfte in den Vereinigten Staaten eher das Unternehmen wechseln, um ihre Fähigkeiten und Erfahrungen zu vertiefen. In Europa dagegen bleiben die für die Innovation verantwortlichen Manager häufig lange in derselben Funktion im selben Unternehmen und bauen allmählich auf ihren Fähigkeiten, ihrer Erfahrung und ihrem Wissen auf. Auf den ersten Blick scheint dies ein sicheres Mittel der Stagnation zu sein. Was hält diese Mitarbeiter an ihrem Arbeitsplatz, und was motiviert sie zu immer neuen Innovationen? Die Antwort liegt in der Führung: Sie haben Führer, die sie begeistern und dazu bewegen, ihr Bestes im Streben nach dem Ideal des Wahren zu geben. Sie liegt auch in der Unternehmensstruktur: Innerhalb der Hierarchie erhalten die Mitarbeiter den notwendigen Freiraum für Innovationen, sie werden zu Risiken ermutigt und dazu ermuntert, ihre Träume und Ziele zu verfolgen. Gleichzeitig wird ihnen auch Sicherheit und Stabilität geboten, weil ihre Rollen und ihre Beziehungen im Unternehmen klar definiert sind. Es gibt keine Teams mit nebulösen Aufgaben, keine vagen Verantwortlichkeiten, sondern Vision und Fokus. So nutzen die europäischen Unternehmen die besten Seiten des bürokratischen Modells, mit dem Ergebnis, daß sie talentierte Innovatoren langfristig binden können.

## Abschirmung vom Markt

Natürlich kann man fragen, ob man mit den flachen, nichthierarchischen Organisationen nicht eine Form der Sklaverei gegen eine andere tauscht, nämlich die Sklaverei der Organisation gegen die des Marktes. In Kapitel 4 wurde bereits darauf hingewiesen, daß viele europäische Firmen ihre F&E-Teams vom Druck des Marktes abschirmen. In manchen Fällen wird die F&E-Funktion in einer eigenen Organisation untergebracht, wofür die Genossenschaft Ikerlan von Mondragón wohl das extremste Beispiel ist. In anderen Unternehmen, wie bei Salomon und Michelin, wird die F&E von einem Eliteteam wahrgenommen, das sich in engster Nähe zum Topmanagement befindet. In wieder anderen Fällen, wie bei Psion und Versace, sind die

Topmanager selbst die Chefinnovatoren. All diesen Beispielen ist jedoch eines gemeinsam: Die Innovatoren sind weiter vom Markt entfernt und weniger dem Druck des Alltagsgeschäfts ausgesetzt als ihre amerikanischen und japanischen Pendants. Selbst bei Bertelsmann mit einer dezentralen Führungsstruktur erfolgt der Anstoß zu Innovationen eher aus dem Zentrum als aus dem Markt heraus.

Die Auswirkungen dieser Unterschiede werden in drei wichtigen Bereichen sichtbar. Erstens planen europäische Firmen ihre Innovationen oft langfristig. Bei Salomon dauert die Entwicklung einer Innovation eben «so lange, wie man dazu braucht». Wichtiger als der Vorteil, als erster mit einem Produkt auf den Markt zu kommen, ist es, das richtige Produkt herzustellen. Diese Einstellung unterscheidet sich deutlich von den Markteinführungsstrategien amerikanischer und japanischer Firmen. Während manche japanischen Firmen versuchen, alle sechzehn Monate ein neues Produkt einzuführen, lassen sich europäische Firmen mit einer Neuentwicklung oft Jahre Zeit. Ihr Argument lautet, daß ihre Produkte technisch und qualitativ so überlegen sind, daß sie ihren Konkurrenten sofort Marktanteile abnehmen können.

Die zweite Auswirkung folgt aus der ersten: In vielen europäischen Firmen liegt der Schwerpunkt eher auf der Durchbruchsinnovation als auf der schrittweisen Innovation. Der «Monocoque»-Ski von Salomon, der «grüne» Gürtelreifen, der letztlich leider erfolglose Versuch von Esaote, eine künstliche Bauchspeicheldrüse zu entwickeln, die Lasermaschinen von Trumpf, die Entwürfe von Versace stellen allesamt Versuche dar, bisherige Leistungen auf den jeweiligen Gebieten in den Schatten zu stellen oder sogar Grenzen zu durchbrechen. Natürlich verfolgt man auch mit diesen Innovationen das Ziel, Marktvorteile zu gewinnen und Erfolge zu erzielen. Aber die Innovatoren arbeiten sehr häufig auch um der Lust am Wissen um seiner selbst willen – das, was David Potter die «Passion für die Wissenschaften» nennt. Halb bewußt, halb unbewußt verfolgen sie die drei großen Ideale Platons, die die europäische Kultur fast von Anfang an beeinflußt haben.

Der dritte Punkt, der sich wiederum aus den beiden vorangegangenen ableitet, ist der, daß Innovationseliten geschaffen werden. Bei diesen Eliten konzentriert sich das Denken und Wissen des Unternehmens, und das Unternehmen verläßt sich auf sie. Wie «Bürokratie» ist auch «Elite» fast schon ein Tabuwort geworden. Es ist höchste Zeit, den Begriff zu rehabilitieren.

Die Betonung der langfristige Perspektive ist ein sehr charakteristisches Merkmal europäischer Unternehmen. Die europäischen Unternehmen unserer Studie beurteilen ihre Innovationstätigkeit ausnahmslos unter langfristigen Aspekten. Sie bringen nur völlig ausgereifte Produkte auf den Markt, und wenn sie nicht fristgerecht fertiggestellt werden, verschieben sie eben die Markteinführung. «Neunzig Prozent o.k. und termingerecht» – diese Methode würde unter den wenigsten Innovatoren Zustimmung finden. Die Time-to-market-Strategien, die zuerst in Japan Verbreitung fanden, stehen nicht gerade hoch im Kurs – auch wenn sie da und dort leisen Anklang finden. Der Vorteil, ein Produkt als erster auf den Markt zu bringen, wird folglich nicht als *Conditio sine qua non* des Wettbewerbs betrachtet. Ein qualitativ hochwertiges Produkt, so heißt es, jagt den Produkten minderer Qualität allemal Marktanteile ab. Salomon gehört zu den bekanntesten Anhängern dieser Theorie, und bisher ist das Unternehmen gut damit gefahren.

Stark vereinfacht könnte man also sagen: Während japanische Firmen den Markt in den Innovationsprozeß einbeziehen, schließen ihn die europäischen Firmen aus. Innovatoren arbeiten oft in mehr oder minder ausgeprägter Isolation – nicht nur vom Markt, sondern auch vom Rest des Unternehmens. Die Anweisungen an die Projektteams gehen nicht selten direkt von der Geschäftsleitung aus. (So soll George Salomon von seinen Ingenieuren schlicht verlangt haben: «Baut mir einen Ski». François Michelin trieb seine Forscher immer wieder dazu an, auf der Suche nach der ultimativen Formel für einen neuen Gürtelreifen eine Vielzahl neuer Technologien auszuprobieren.) Das extremste Beispiel ist Mondragón, wo die Forschung und

Entwicklung von einer völlig separaten Genossenschaft ausgeführt wird. Diese besitzt praktisch keine direkten Berührungspunkte mit den Märkten, die Mondragón bearbeitet.

## Introvertiertheit

Ein gemeinsames Element in einigen europäischen Unternehmen der Studie ist auch eine gewisse Introvertiertheit. Diese zeigt sich daran, daß man den Beschäftigten eine lebenslange Stellung bietet und es gleichzeitig zu vermeiden sucht, Positionen im mittleren und oberen Management mit externen Kandidaten zu besetzen. Einige dieser Unternehmen haben kaum Bedarf an externen Beratungsleistungen – wenn man einmal von sehr spezifischen Aufgaben absieht – und sie organisieren auch die betriebliche Weiterbildung intern. Auf diese Weise vermeiden sie, daß ihre individuelle Unternehmenskultur durch Einflüsse von außen verwässert oder gar in Frage gestellt wird.

# 11 Wie Bäume im Wald: Die Vielfalt Europas

Die Gegensätze in Europa sind auf das komplexe geschichtliche Erbe des Kontinents zurückzuführen. Eine zentrale Rolle dabei hat die Entwicklung nach dem Untergang des römischen Reichs gespielt, als der größte Teil des Kontinents unter dem Einfluß der einfallenden germanischen Stämme aufgeteilt wurde. So unterscheiden sich die Führungsmethoden und Organisationsprinzipien – wie auch die Lebensgewohnheiten und das soziale Zusammenleben überhaupt – in Abhängigkeit davon, ob es sich um ein romanisches oder ein germanisches Land handelt. In Südeuropa werden die vom Lateinischen abgeleiteten romanischen Sprachen gesprochen, und die katholische Kirche spielt eine wichtige Rolle in der Gesellschaft. In den germanischen Ländern haben die protestantischen Kirchen eine stärkere Position (Hickson, 1993). Für die nördlichen Länder ist ein stärkerer Universalismus charakteristisch, während der Partikularismus in den südlichen, römischen Ländern wächst. Diese und andere kulturelle Dimensionen werden im folgenden untersucht.

Es überrascht nicht, daß die in fünf europäischen Ländern beheimateten Unternehmen unserer Studie (Großbritannien, Frankreich, Deutschland, Italien und Spanien) stark durch nationale kulturelle Einflüsse geprägt sind. Bei der Beschreibung von Banco Santander kristallisierten sich zum Beispiel weniger typisch europäische als typisch spanische Eigenschaften heraus, wobei Stolz und patriarchalische Autorität als herausragende Merkmale der Unternehmenskultur auffielen. Psion wurde aufgrund der Kombination aus britischer Exzentrizität und britischem Konservatismus als ein Unternehmen beschrieben, das unverwechselbar britische Merkmale vorweist. Esaote wiederum profitierte von den Gegebenheiten der öffentlichen Forschungsfinanzierung in Italien und nutzte die daraus resultierenden Chancen. Im Rahmen der im vorangegangenen Kapitels als typisch europäisch beschriebenen Merkmale weisen die einzelnen Firmen in verschiedenen Nationen verschiedene Führungsstile, verschiedene Managementstrukturen und verschiedene Innovationsmethoden auf.

| Hauptattribut | Rational | Humanistisch | Pragmatisch | Ganzheitlich |
|---|---|---|---|---|
| **Geographie** | Nördlich | Südlich | Westlich | Östlich |
| **Art des Kapitalismus** | Sozial | Regional | Persönlich | Kooperativ |
| **Organisation** | Bürokratie | Gemeinde | Individuell | Gruppe |
| **Psychologischer Typ** | Denken | Fühlen | Spüren | Intuitiv |
| **Mitteilung von Information** | Kombinieren | Sozialisieren | Internalisieren | Externalisieren |
| **Bezugsrahmen der Innovation** | Bürokratie | Klan | Markt | Lehen/Lehngut |

**Abbildung 11.1:** Vergleich der Kulturmodelle

Andererseits hat der historische Prozeß der Innovation in Europa eine Reihe von sehr unterschiedlichen Entwicklungen angestoßen. Großbritannien behauptet seinen Platz als weltweit führendes Erfinderland: In Großbritannien werden pro Jahr und pro Kopf der Bevölkerung mehr Patente angemeldet als in jedem anderen Land. Die deutschen Ingenieure und das Bildungssystem, das sie hervorbringt, genießen weiterhin weltweite Bewunderung. In Italien hat der Staat eine Pionierrolle beim Aufbau einer Wissensbasis gespielt und auf diese Weise in den vergangenen vier Jahrzehnten nicht unerheblich zur wirtschaftlichen Erholung des Landes beigetragen. All dies sind Traditionen, die direkte wirtschaftliche Konsequenzen hatten und Bestandteile der zentralen Wettbewerbsvorteile einer jeden Nation darstellen. Wer diese Traditionen ignoriert, übersieht auch einige wichtige Grundlagen des wirtschaftlichen Erfolgs der betreffenden Länder.

Wenn man nationale Wettbewerbsvorteile untersuchen will, muß man den Blick auch auf die Ebene der Regionen und Provinzen innerhalb der Länder richten. Die europäische Kultur ist so reich und vielfältig, daß selbst kleine Länder wie Belgien zwei oder mehr unterschiedliche kulturelle Regionen haben. In den fünf europäischen Ländern unserer Studie waren diese regionalen Unterschiede deutlich erkennbar. So wie Sprachendialekte in Europa in einzelnen Gebieten variieren können, gibt es kulturelle Eigenheiten, die im nächsten Dorf schon wieder ganz anders sind.

Alfred Chandler hat in seiner Untersuchung europäischer Unternehmen von drei Bereichen gesprochen, nämlich dem angelsächsischen, dem germanischen und dem romanischen Bereich. Er rechnet den angelsächsischen Bereich zur Kultur des *persönlichen Kapitalismus*, den germanischen zur Kultur des *kooperativen Kapitalismus* und den romanischen zur Kultur des *regionalen Kapitalismus* (Chandler, 1990; Boisot, 1995). Diese Klassifikation könnte man noch um die skandinavische Region erweitern, die in unserer Studie nicht direkt repräsentiert wird, aber in diesem Zusammenhang eine Rolle spielt, weil sie dem *sozialen Kapitalismus* zugeordnet werden kann.

## Angelsächsische Länder: Der persönliche Kapitalismus

Der persönliche Kapitalismus ist ein Produkt des industriellen und imperialen Erbes Englands. Die frühen englischen und schottischen Industrieunternehmen wurden in der Regel von Mitgliedern der Gründerfamilie geführt, denen angestellte Führungskräfte zur Seite standen. Zum Urtyp des britischen Unternehmens gehörten traditionellerweise die «Gentlemen», die Söhne der Gründungsväter, und die «Players», die aufgrund ihrer praktischen Fähigkeiten in die Nähe der Gentlemen gelangten und mit ihnen zusammenarbeiteten. Natürlich gipfelte der Ehrgeiz eines jeden «Player» darin, eines Tages zu den «Gentlemen» zu gehören (Coleman, 1973).

Die hervorstechendsten Merkmale der englischen Kultur, die sich auch auf die Führungsmethoden auswirken dürften, sind der Individualismus und die Billigung von Ungleichheit (Tayeb, 1988). Die individuelle Freiheit wird als das herausragendste Grundrecht in Großbritannien betrachtet, das in der Vergangenheit vom Common Law mit aller Macht gegen die Krone und den Staat verteidigt wurde. Die Ursprünge des Individualismus können mindestens bis ins dreizehnte Jahrhundert zurückverfolgt werden, als die meisten Menschen in England schon «hemmungslos individualistisch, geographisch wie gesellschaftlich höchst mobil, wirtschaftlich rational denkend, marktorientiert und habsüchtig, egoistisch in der Freundschaft und im gesellschaftlichen Leben waren» (MacFarlane, 1973). Für die Briten sind auch Klassenunterschiede sehr wichtig, die sich an der Herkunft, Ausbildung und sogar am Dialekt festmachen lassen (Tayeb, 1988).

In vielerlei Hinsicht stellt Psion ein geradezu typisches Produkt der britischen Philosophie des persönlichen Kapitalismus dar. David

Potter hat – getreu dem angelsächsischen «Individualismus» – einen überaus prägenden Einfluß auf die Entwicklung seines Unternehmens ausgeübt. Potter vereint auf fast einzigartige Weise nicht nur technische und unternehmerische Fähigkeiten, sondern auch analytische und intuitive Qualitäten sowie pragmatische und romantische Eigenschaften. Psion gelingt es, aus der Tradition der Teamarbeit zu schöpfen, die in der angelsächsischen Welt eine wichtige Rolle spielt, wenngleich ihr Einfluß durch die «britische Reserviertheit» gemäßigt wird. Gleichzeitig mäßigt die emotionslose, maskuline Art der Interaktionen innerhalb und außerhalb von Psion die Intensität der Bindungen mit anderen Personen und Unternehmen. Zwar unterhält Psion besonders mit den maßgeblichen amerikanischen und japanischen High-Tech-Unternehmen gut ausgebaute Technologie- und Unternehmensnetzwerke, jedoch wird jeder tieferen sozial oder kulturell orientierten Bindung entgegengewirkt. Und schließlich erzielt Psion in Europa zwar den größten Umsatz, ist jedoch nur sehr schwach mit den europäischen Technologieunternehmen verwoben.

## Germanische Länder: Der kooperative Kapitalismus

Deutschland verkörpert in vielerlei Hinsicht das Gegenteil des angelsächsischen Führungsstils. Während «der Engländer sich gerne auf hoher See sieht, zieht der Deutsche den Wald vor» (Canetti, 1973). In Großbritannien kämpfen Unternehmen aggressiv um Marktanteile und Profit, in Deutschland dagegen neigen viele Firmen eher zur Kooperation. Auf der einen Seite steht eine Marktphilosophie, die den freien Wettbewerb (einschließlich der Notwendigkeit feindlicher Übernahmen) betont, auf der anderen Seite gibt es eine Philosophie der Kooperation, aus der beispielsweise das Konzept der Mitbestimmung hervorgegangen ist.

Deutschland weist ebenso wie Japan Merkmale einer «späten Industrialisierung» auf, bedingt durch einen schnellen (teilweise nicht abgeschlossenen) Übergang vom Feudalismus zur Industriegesellschaft. In beiden Ländern basierte der industrielle Sektor oft auf einem System feudaler Pflichten und auf dem Prinzip der Gegenseitigkeit. Die Bildungssysteme beider Länder sind auf die Anwendung erfolgreicher Technologien und wissenschaftlicher Erkenntnisse auf Schlüsselsektoren ausgerichtet. Das System der Geschäftsbanken spielt eine wichtige Rolle. Die Regierungen beider Länder üben über verschiedene Ministerien, die die Forschung und Industrie unterstützen, einen wichtigen Einfluß aus. In diesem Sinne führen die auf der Mitarbeiterbeteiligung basierenden Arbeitnehmer-Arbeitgeber-Beziehungen in Japan und Deutschland zu einem Unternehmenskonzept, das den «beiderseitigen Gewinn» anstrebt, in dem alle die Früchte des Erfolgs teilen.

Man könnte Deutschland als die Heimat eines bestimmten Typs des Kapitalismus bezeichnen, nämlich des kooperativen Kapitalismus (Chandler, 1990). Im großen und ganzen sind deutsche Firmen eher produktorientiert als marktorientiert, und die Kapitalbeschaffung über Banken spielt eine wichtigere Rolle als diejenige über Aktienausgaben. Das eigentlich innovative kooperative Management der 90er Jahre ist eindeutig im Mittelstand anzutreffen. Vielen mittelständischen Firmen ist es gelungen, weltweite Auslandsmärkte zu erobern, weil sie bereit sind, sehr viel für die Entwicklung ihrer Mitarbeiter zu tun. Mittelständische Unternehmen stellen an sich selbst meist den Anspruch, auf den Auslandsmärkten ebenso hohe Standards wie auf den Inlandsmärkten zu erfüllen. Zu diesem Zweck betreiben sie keine Diversifizierung in verschiedene Felder, sondern sie konzentrieren sich auf diejenigen Bereiche, in denen sie über produktbezogene Kernkompetenzen verfügen. Ihre Strategie lautet also, technische Kompetenz mit weltweitem Marketing zu kombinieren, wobei sie ihre Ressourcen gezielt so einsetzen, daß sie in den Bereichen, die den Kunden am wichtigsten sind, einen Vorsprung gewinnen.

Bertelsmann ist ein gutes Beispiel dafür. Einer Untersuchung zufolge gilt Bertelsmann als das innovativste Unternehmen auf dem Mediensektor. Im Zentrum der Unternehmenskultur steht das Konzept des Unternehmertums: Unternehmer entwickeln eigene Ziele und zeichnen sich durch eine besondere Kreativität und Verantwortungsbereitschaft aus. Die Mitarbeiter werden als Partner behandelt (freiwillige Mitbestimmung im Aufsichtsrat). In den Bereichen, in denen das notwendige technologische Know-how fehlt, greift man auf Kooperationen zurück. Die Entscheidung, ein Unternehmen zu kaufen oder abzustoßen, hat nicht den Charakter einer abstrakten Portfolioentscheidung. Bertelsmann sieht im Kauf und im Management einer Firma auch die Aufgabe, die Verantwortung für dessen langfristigen Erfolg und das Wohlergehen der Beschäftigten zu übernehmen.

Eines der Schlüsselmerkmale von Bertelsmann, wie auch von vielen Unternehmen, in denen die Kooperation eine wichtige Rolle spielt, ist das sogenannte *Intrapreneurship*. Dabei handelt es sich um die Aktivitäten von unternehmerisch denkenden Mitarbeitern, die zwar zur Hierarchie gehören, aber auch über genügend Freiräume verfügen, um innovativ zu sein und Risiken einzugehen. Intrapreneurs können Einzelne sein, es kann sich aber auch um Teams handeln. Manchmal sind sie in den Randbereichen eines Unternehmens angesiedelt, doch bei Bertelsmann stellen sie das Herz dar. Die Politik der Top-down-Führung bei Bertelsmann bedeutet, daß die Intrapreneurs ziemlich genaue Vorgaben über die unternehmerischen Ziele erhalten. Innerhalb dieser Grenzen aber können sie ihre eigenen Wege gehen. Bertelsmann ist ein Beispiel für eine bestimmte Form des Unternehmertums und der Kooperation, die sich in Deutschland zwischen und innerhalb von Firmen entwickelte, deren Ziele weniger im marktwirtschaftlichen Wettbewerb auf dem freien

Markt lagen als darin, sich ihren zentralen Fähigkeiten, der Weiterbildung und der Partnerschaft verpflichtet zu fühlen. Daraus ist das entstanden, was Chandler (1990) *kooperatives Management* nennt.

Die Führungssysteme in Deutschland und Japan scheinen einander sehr ähnlich zu sein und stehen im Gegensatz zum angelsächsischen Modell. Das Vereinigte Königreich und die Vereinigten Staaten erlebten eine frühe Industrialisierung. Die Wirtschaft dieser Länder basiert auf den für die Mittelklasse typischen Werten des Individualismus und Eigennutzes. In beiden Systemen wird klar zwischen Bildungsinstitutionen und Wirtschaftsunternehmen unterschieden, und dem Staat kam bestenfalls die Rolle eines Feindbilds zu, weil er sich mit einer ausgeprägten Regulierung unbeliebt machte.

## Romanische Länder: Der regionale Kapitalismus

Italien, Frankreich und Spanien sind in vielerlei Hinsicht die Heimat des regionalen Kapitalismus (Boisot, 1995; Piore und Sabel, 1984). Diese Länder sind durch eine starke regionale Identität charakterisiert, die ein innovatives Unternehmertum entstehen lassen, das sich eng an das lokale kulturelle und institutionelle Potential anlehnt. Ein Beispiel in Italien ist das in Mittel- und Nordostitalien beheimatete Modell, in dem Unternehmen

> ... je nach Produkt in spezifische Zonen eingeteilt sind und Industriebezirke entstehen lassen, deren Firmen ein sehr schwaches Maß an vertikaler Integration aufweisen. Die Produktion wird durch ein extensives Subunternehmertum konzentriert. Häufig werden die Satellitenfirmen größer als die Firmen, aus denen sie hervorgegangen sind. Die Unternehmen unterhalten zwar enge Kontakte und kooperieren sehr eng, doch sie bleiben unabhängige Einheiten. (Brusco, 1988)

Wie zu erwarten, gibt es eine Reihe von geschichtlichen, gesellschaftlichen, rechtlichen, ideologischen und politischen Faktoren, die diesen spezifischen Unternehmenstyp unterstützen. Im regionalen Kapitalismus überleben und entwickeln sich Organisationen, die tief in ihrer jeweiligen Umgebung eingebettet sind. Die regionale Umgebung spielt einfach deshalb eine so wichtige Rolle, weil der Markt zu einem echten lokal basierten sozialen Konstrukt wird. Im emilianischen Modell haben Familien- und Freundschaftsbindungen dasselbe Gewicht wie wirtschaftliche Überlegungen.

Aufgrund der Bedeutung der persönlichen Beziehungen zwischen lokalen Unternehmen steht das emilianische Modell den japanischen Firmen viel näher als den angelsächsischen (Ben-Porath, 1980). Sowohl im japanischen wie im emilianischen Modell basieren erfolgreiche Prozesse der Wissensschaffung weitgehend darauf, daß Einzelne untereinander ungeschriebenes Wissen weitergeben, das nur schwer zu formalisieren und zu kommunizieren ist (Nonaka, 1991; 1994). Bei Esaote erwies sich die Anerkennung der Tatsache, daß innerhalb des Unternehmens regional bedingte kulturelle Unterschiede herrschten, als eine Quelle der Stärke. Esaote hatte nämlich zwei Standorte in Genua und in Florenz, also in Regionen mit unterschiedlicher Geschichte und Tradition. Der Kauf der florentinischen Firma Ote führte zu einer Übertragung des emilianischen Modells (obwohl Ote in der Toskana liegt) auf das gesamte Unternehmen, das nun stark auf dem Prinzip der Dezentralisierung basiert.

In Spanien ist die Einbettung von Mondragón in das Baskenland ein gutes Beispiel dafür, wie man das Potential einer Region für die Entwicklung eines neuen Unternehmens nutzen kann. In Mondragón, einer Stadt in einem Tal im Herzen des Baskenlands, herrschte in den 40er Jahren eine hohe Arbeitslosigkeit. Allerdings gab es in der Gegend schon eine bedeutende Industriekultur. Das Baskenland zählte zu den führenden Industrieregionen Spaniens. Der Schwerpunkt lag auf der Schwerindustrie (Stahl, Schiffbau, Anlagegüter), aber es gab auch eine sehr diversifizierte industrielle Basis. Vater Arizmendiarrieta träumte von einer klassenlosen Gesellschaft, in der die Arbeiter durch Bildung und Arbeit weiterkommen würden. Sein christliches Menschenbild und seine tiefe Achtung vor der Menschenwürde hatten ein starkes Vertrauen in das Potential jedes Einzelnen in ihm entstehen lassen.

## Skandinavische Länder: Der soziale Kapitalismus

In Skandinavien herrscht eine starke Geschäftskultur vor, die so innovative Unternehmen wie Asea Brown Boveri und Norsk Hydro hervorgebracht hat. Aufgrund des geringen Umfangs der skandinavischen Märkte mußten die Firmen früher als ihre südeuropäischen Konkurrenten auf internationale Märkte gehen, und sie haben deshalb auch viele internationale Merkmale angenommen. Aber die zentralen Merkmale der skandinavischen Kultur wie Kooperation, starkes Engagement der Mitarbeiter, ein stabiler Sozialvertrag und herausragende Leistungen in der Netzwerkarbeit und Kommunikation spielen in den erfolgreichen skandinavischen Unternehmen weiterhin eine wichtige Rolle.

Aus den in Kapitel 1 beschriebenen Gründen wurden keine skandinavischen Firmen in dieser Studie berücksichtigt. Aber es können zwei Beispiele aus veröffentlichten Fallstudien vorgelegt werden, die einen guten Eindruck vom skandinavischen sozialen Kapitalismus vermitteln. Das erste ist das dänische Unternehmen Oticon, das zum weltweit führenden Hersteller von Hörgeräten avancierte, und beim zweiten handelt es sich um Norsk Hydro, Norwegens größtem Industrieunternehmen.

Auf den ersten Blick scheint Oticon durch einen starken «nördlichen» Rationalismus charakterisiert. Verfahren und Grundsätze sind sehr systematisiert. Es herrscht eine ausgeprägte Arbeitsethik und eine starke Produktorientierung, auch wenn der CEO Lars Kolind darauf beharrt, daß die Kundenzufriedenheit oberstes Gebot sein müsse. Was Oticon von seinen rationalistischen Nachbarn unterscheidet, ist die Tatsache, daß die Menschen, insbesondere menschliche Beziehungen und Kommunikation, im Zentrum stehen. Alles in der Firma scheint dem Zweck zu dienen, die Kommunikation zu fördern. Die Unternehmenszentrale hat eine völlig offene Bauweise, und in der Mitte jedes Stockwerks gibt es eine Kaffeebar, wo sich die Mitarbeiter treffen und austauschen können. Kolind glaubt, daß echte Lernprozesse nur unter Gleichen stattfinden können, und daß die Menschen instinktiv lernen, wenn man ihnen nur die Möglichkeit dazu gibt. Seiner Meinung nach sind Offenheit und Dialogbereitschaft eine unabdingbare Voraussetzung für Kreativität.

Die Bedeutung des Sozialvertrags im Unternehmen zeigt sich an Kolinds beharrlichen Hinweisen darauf, daß sein Ziel nicht laute, den Gewinn zu maximieren, sondern Werte zu schaffen. «Was mich wirklich motiviert, ist, Werte zu schaffen und etwa zweitausend Menschen täglich glücklich zu machen.» So ermuntert er beispielsweise seine Mitarbeiter, freiwillige Arbeit in der Gemeinde zu leisten, und er unterstützt sie dabei auch. Kolinds Führungsstil hat eine sehr intuitive Komponente: «Hinter all meinen Entscheidungen, ob wichtig oder unwichtig, steht das Gefühl, daß sie richtig ist, ohne genau zu wissen, warum.»

Norsk Hydro war ursprünglich ein Wasserenergieversorgungsunternehmen, das in viele verschiedene Richtungen expandierte. Von der Organisationsstruktur her ähnelt es Bertelsmann. Es ist in vier große Geschäftseinheiten gegliedert, von denen jede durch ein starkes Maß an Intrapreneurship gekennzeichnet ist. So besitzt jede Einheit ihr eigenes F&E-Zentrum. Es gibt auch ein Forschungszentrum auf Konzernebene in Porsgrunn im Süden von Oslo, wo der Großteil der Konzernforschung ausgeführt wird. In der Regel nehmen dort die wichtigen Projekte Gestalt an, bis sie in der jeweiligen Geschäftseinheit fortgeführt werden können. So wurde das Projekt OK3, bei dem es um ein Fischölprodukt ging, 1984 im Konzernforschungszentrum entwickelt und dann sechs Jahre lang von einer Geschäftseinheit zur anderen hin- und hergeschoben, weil man eine geeignete Anwendungsmöglichkeit und geeignete Produktionsanlagen suchte. Von 1985 bis 1989 verschlang das Projekt 25 Millionen Dollar Forschungsmittel, und es durchlief vier verschiedene Abteilungen. Die meisten anderen Unternehmen hätten schon längst aufgegeben. Aber OK3 besaß einen Gönner, der fest davon überzeugt war, daß das Produkt eine Zukunft hatte, und die Unternehmenskultur von Norsk Hydro ermöglichte es ihm, seine Arbeit fortzusetzen. Am Ende wurde aus OK3 ein gewinnbringendes medizinisches Produkt.

Diese beiden Fälle demonstrieren mehrere wichtige Merkmale des skandinavischen Modells. Die Strukturen sind eher formal und rational, aber gleichzeitig herrscht oft eine hohe Dezentralisierung, gekoppelt mit dem Konzept der Intrapreneurship und einer intensiven Netzwerkarbeit. Gleichzeitig liegt es den Verantwortlichen mehr am Herzen – um mit Lars Kolinds Worten zu sprechen –, Werte zu schaffen und partnerschaftlich mit den Beschäftigten zusammenzuarbeiten, als Gewinnen nachzujagen.

Zusammengefaßt lassen sich in Europa vier Arten des Kapitalismus unterscheiden: der persönliche, kooperative, regionale und soziale Kapitalismus. Der persönliche Kapitalismus, wie er in Großbritannien auftritt, basiert auf dem Individualismus und der Billigung der Ungleichheit. Der kooperative Kapitalismus wird durch den deutschen Mittelstand symbolisiert, der auf technischer Kernkompetenz, auf Unternehmergeist und Allianzen fußt. Der regionale Kapitalismus dominiert in den romanischen Ländern und betont die regionalen Identitäten und Institutionen. Der soziale Kapitalismus wird durch die vernetzten und dezentralen Unternehmen Skandinaviens mit ihrer starken Betonung der persönlichen Freiheit und der Intrapreneurship gekennzeichnet.

## Die lokale Ebene

Die Vielfalt innerhalb der einzelnen Länder kann fast überall in Europa festgestellt werden. In Italien und Spanien ist diese regionale Vielfalt stark ausgeprägt, aber auch in Frankreich und Deutschland wirken sich regionale Unterschiede auf die Unternehmenskultur aus. Sogar in Großbritannien – das die längste Geschichte als eigene Nation hat – gibt es kulturelle Unterschiede zwischen England und Schottland, und sogar zwischen dem Norden und Süden Englands. Manchester wird zum Beispiel eine Kultur der Kooperation zugeschrieben, die in der jüngsten wirtschaftlichen Vergangenheit stark verwurzelt ist, während man in London eher das Individuum betont und dem Wettbewerb Priorität einräumt. (Psion ist zum Beispiel nur locker in seine Umgebung eingebettet und wird dafür umso stärker durch die Person des Gründers und Chefs beherrscht.)

In der Unternehmenskultur von Trumpf spiegelt sich der soziokulturelle Kontext des Südwestens Deutschlands wieder. Insbesondere das produzierende Gewerbe hat von den soziokulturellen Gegebenheiten in diesem Teil Deutschlands sehr profitiert. In diesem Kontext entstanden Unternehmen wie Daimler-Benz und Porsche, und viele ausländische Technologieunternehmen wie IBM oder Hewlett-Packard haben in dieser Region stark investiert. Neben diesen Großunternehmen ist die Region um Stuttgart auch wegen der großen Zahl florierender Mittelstandsfirmen bekannt (zu denen auch Trumpf zählt). Respekt vor der Autorität, technische Kompetenz sowie unerschütterliche Höflichkeit sind zentrale Merkmale der Kultur von Trumpf, die von der soziokulturellen Umgebung unterstützt werden.

Fleiß ist ein weiteres Element der Kultur von Trumpf. Ein Mitarbeiter sagte: «Wenn wir das Unternehmen nach acht Arbeitsstunden verlassen würden, hätten wir ein schlechtes Gewissen.» Pietistische Werte wie Selbstlosigkeit, Treue und Fleiß sind sogar so zentral, daß die Geschäftsführung glaubt, eine variable Belohnung für Vorschläge und Einzelleistungen sei destruktiv, weil dies die «selbstverständlichen» Elemente der Kultur von Trumpf gefährden könnte. Man fühlt sich hier an die japanische Denkweise erinnert – und wie schon erwähnt, besitzt der Geschäftsführer von Trumpf eine starke Affinität zur japanischen Kultur.

Georges Salomon, dessen Firma ihren Sitz in Annecy hat, meint, daß die Bewohner des Savoyen so wie die Schweizer eine besondere Vorliebe für gut gemachte, makellose Produkte haben. Die Leidenschaft für das Produkt ist bei Salomon auf allen Ebenen zu finden. Der CEO testet neue Materialien höchstpersönlich, und auf dem Tisch von Bernard Salomon, des Sohnes des Gründers, ersetzen neue Prototypen schnell die alten. Technische Spitzenprodukte benötigen auch ein gutes Design, das für qualitativ hochwertige, leistungsfähige und schöne Produkte steht.

Bei Mondragón sind väterliche Fürsorge, Loyalität, Disziplin, langfristiges Denken, Autonomie und Fleiß starke Werte, die aus der baskischen Kultur stammen und vom Unternehmen respektiert werden. Die Mondragón-Gruppe bietet Arbeitsplätze, Ausbildungsplätze für die Kinder der Mitarbeiter, sowie Sozialleistungen (Krankenversicherungen, Renten, Darlehen). Die Gruppe hat ihre eigenen Forschungszentren ausgegliedert. Während sie weiterhin die Grundlagenforschung für Mondragón durchführen, können auch andere Unternehmen ihre Dienste in Anspruch nehmen. Die für die Gegend typische Tradition, die Lehrlingsausbildung als besten Einstieg ins Arbeitsleben anzusehen, und der Respekt gegenüber den kreativen Kleinunternehmern in der Industrie sind Werte, die in den Mondragón-Genossenschaften allgegenwärtig sind.

Auf Esaote, das mit einem Fuß in Genua und dem anderen in der toskanischen Kultur von Florenz steht, sind wir schon eingegangen. Auch Versace hat in zwei unterschiedlichen italienischen Regionen seine Wurzeln. Die Familie Versace stammt ursprünglich aus Kalabrien, einer konservativen Region in Süditalien, in der die Familie eine mächtige soziale Rolle spielt. Der Firmensitz liegt jedoch in Mailand, einem der weltweit führenden innovativen Zentren in der Modeindustrie.

# 12 Komplexität und Kreativität: Die Vielfalt als Quelle der Innovation

**Kreativität wird durch den Verkehr mit Gemeinschaften angeregt, die benachbart, aber doch voneinander unabhängig sind, und sich in ihrem Lebensstil unterscheiden.**

Arnold Toynbee, Change and Habit

Die Kultur ist ein entscheidender Faktor für die Definition des Wettbewerbsvorteils von Nationen. Ein Unternehmen, das erfolgreich auf internationalen Märkten konkurrieren will, muß prüfen, inwiefern seine Vorteile in den Ländern, in denen es tätig wird, überhaupt gefragt sind. Die eingesetzten Mittel und die Art der Aus- und Weiterbildung der Beschäftigten müssen an nationale Kulturen, Traditionen und Fähigkeiten angepaßt werden. In Europa bedeutet dies vor allem, daß die Unternehmen sich das geschichtliche Erbe des Kontinents zunutze machen, Altes mit Neuem verschmelzen, die Vergangenheit mit der Zukunft.

Jede Innovation basiert, wie schon erwähnt, auf den Faktoren Wissen und Vision. Die Vielfalt der Kulturen erstreckt sich auf diese beiden Bereiche. Zum einen wird der verfügbare Wissenspool durch die Vielfalt erweitert, zum anderen erhält jede Vision in einer Umgebung der Vielfalt mehr Facetten, weil Menschen mit unterschiedlichen Erfahrungen und Weltbildern dasselbe Grundwissen in unterschiedlichem Licht interpretieren.

Während die Vielfalt zur Innovation beitragen kann, sind aber auch Fälle denkbar, in denen sie die Innovation hemmt. Dies trifft dann zu, wenn die notwendigen Erfolgsfaktoren der Innovation nicht so im Unternehmen verankert wurden, daß sie in Einklang mit seiner individuellen Kultur stehen. Dieses Hindernis muß überwunden werden, bevor die Vorteile der Vielfalt voll ausgenutzt werden können. Darum soll es in diesem Kapitel gehen.

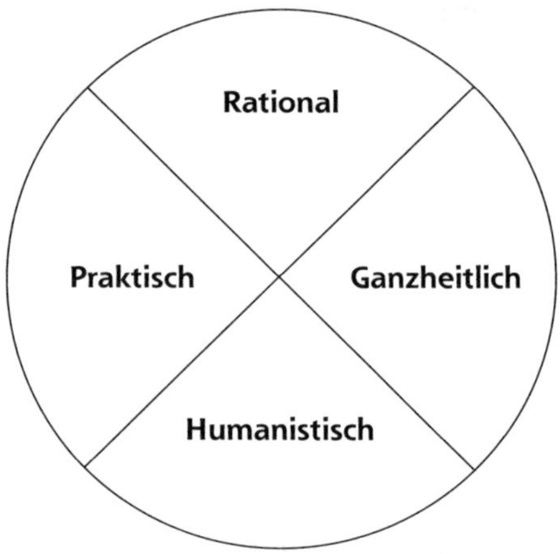


**Abbildung 12.1:** Schlüsselmerkmale geographischer Einflüsse

## Der kulturelle Kompaß

Die Tatsache, daß die internen Erfolgsfaktoren mit der Unternehmenskultur harmonieren müssen, steht wohl außer Zweifel. Kapitel 7 enthält zahlreiche Beispiele dafür, wie Erfolgsfaktoren modifiziert werden können, damit sie sich in die einzelnen Unternehmen optimal einfügen. Noch besser ist es, sich eines Hilfsmittels zu bedienen, um herauszufinden, welche dieser Erfolgsfaktoren am besten zu den verschiedenen Unternehmenskulturen passen, und inwiefern diese Faktoren möglicherweise angeglichen werden müssen. Gemeint ist ein sogenannter «kultureller Kompaß».

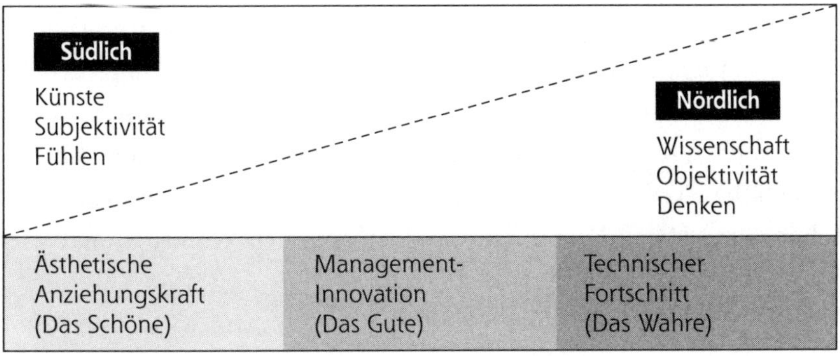


**Abbildung 12.2:** Bereiche der Innovation

Im Mittelpunkt der rationalen «nördlichen» Kulturen stehen die technische Vision und das Unternehmertum. Technische Fortschritte sind Schlüsselziele für Innovatoren, die Ansehen und Ruf oft höher bewerten als Geld und Einfluß. Die Innovation erfolgt innerhalb starker Hierarchien, die zu eben diesem Zweck aufgebaut wurden. Dies trifft auf die beiden deutschen Unternehmen der Studie, Trumpf und Bertelsmann, zu. In geringerem Ausmaß, da humanistische Einflüsse stärker zum Tragen kommen, gilt dies auch für skandinavische Unternehmen wie Oticon und Norsk Hydro. Bei Psion wird eine Mischform aus Rationalismus und Pragmatismus deutlich.

In den humanistischen «südlichen» Kulturen spielt die Unternehmensform eine wichtige Rolle. Besonders in Italien übt der Staat über die Forschungsfinanzierung einen bedeutenden Einfluß auf Innovationen aus. Die Organisation in Gruppen ist vorherrschend, wobei es sich entweder um Familienclans oder Teams handelt, die sich gemeinsam um Fortschritte und Innovationen bemühen. Esaote ist ein Beispiel für dieses Modell, ebenso wie Versace, auch wenn sich aus der starken Familiendominanz ein gewisser ganzheitlicher Einfluß ergibt. Die spanischen Unternehmen Mondragón und Banco Santander sind ebenfalls Teil der «südlichen» Kultur, auch wenn besonders bei Santander ein stärkerer rationalistischer Einfluß wirksam ist.

Im Mittelpunkt der «ganzheitlichen» östlichen Kulturen stehen die Gesellschaft und die Aufgabe des Unternehmens, an der Verbesserung der Gesellschaft mitzuwirken. Die Mitarbeiter streben den persönlichen sozialen Aufstieg an, und die Innovatoren möchten die Gesellschaft verbessern. Ehre und Wertschätzung sind wichtige Belohnungen. Diese Kultur wird von japanischen Unternehmen wie Kao und Sharp verkörpert.

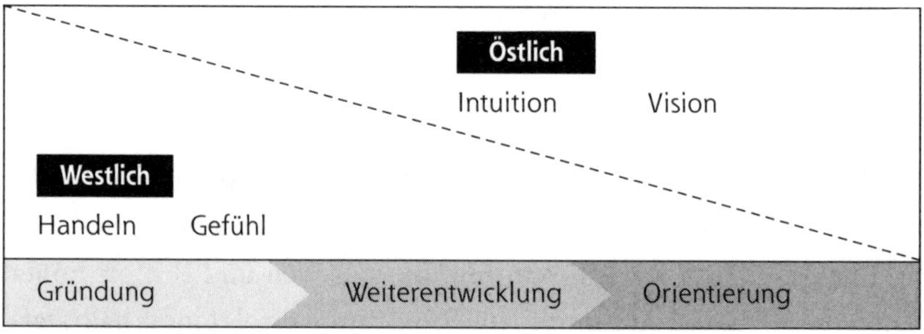


**Abbildung 12.3:** Kultureller Stil und Unternehmensentwicklung

## Der kulturelle Kompaß und die Innovationsbereiche

Abbildung 12.2 setzt die drei Grundkategorien der Innovation zu den nördlichen/südlichen Kulturen in Beziehung. Abbildung 12.3 zeigt den Zusammenhang zwischen den drei Grundstadien der Innovation – den Zyklus der Unternehmensentwicklung – und den östlichen/westlichen Kulturen.

Wir wollen damit nicht unterstellen, daß Unternehmen entweder nördlich oder östlich geprägt wären. Jedes Unternehmen besitzt zwar eine dominante Kultur, aber es wird auch von Elementen anderer

Kulturen beeinflußt, und dies ist auch richtig so. Wir wollen auch nicht unterstellen, daß der Erfolg einer Entwicklungsphase ausschließlich von der Stärken in der jeweiligen kulturellen Richtung – ob nördlich, südlich, westlich oder östlich – abhängig wäre. Worauf wir hinauswollen, ist, daß ein Unternehmen seine kulturelle Identität kennen muß. Es muß wissen, wie viele Elemente der «östlichen» Kultur es besitzt, und wie es diese Elemente zum eigenen Vorteil nutzt, wenn es sich beispielsweise im Gründungsstadium befindet, oder wie es die Elemente der «südlichen» Kultur nutzt, wenn es ästhetische Innovationen anstrebt.

# 13 Noch einmal: Eine Betrachtung der Unterschiede

Wir wollen uns nun mit der Frage beschäftigen, wie die dreizehn Unternehmen der Studie die schon beschriebenen Ebenen der geographischen Vielfalt nutzen. Auf einer sehr allgemeinen Ebene gibt es natürlich viele Ähnlichkeiten zwischen ihnen. Es handelt sich um international tätige, zum Teil sehr große Firmen, wenngleich die europäischen Unternehmen der Studie etwas kleiner als die amerikanischen und japanischen sind: Von den neun europäischen Firmen wiesen nur drei, Bertelsmann, Michelin und Mondragón, einen Umsatz von über einer Milliarde Dollar aus. Alle Unternehmen der Studie engagieren sich auf vielen verschiedenen nationalen und regionalen Märkten und konkurrieren außerdem auf globaler Ebene, oder sie tun zumindest die ersten Schritte auf diesem Weg. Schließlich – und dies war immerhin die Voraussetzung dafür, daß sie für die Studie ausgewählt wurden – blicken sie alle auf eine erfolgreiche Geschichte als Innovatoren zurück, weil sie die Innovation ins Zentrum ihrer Unternehmensstrategie gestellt haben.

Aber damit hören die Gemeinsamkeiten auch schon auf. In den amerikanischen Konzernen Microsoft und IBM zeigt sich deutlich, welch hohen Stellenwert der motivierte einzelne Mitarbeiter im amerikanischen System besitzt. Microsoft ist es zumindest teilweise gelungen, einen Kult des Individualismus zu fördern und Einzelne zu ermutigen, Verantwortung für Innovationen und Produkte zu übernehmen. Das konkurrenzorientierte Klima bei Microsoft basiert zumindest zum Teil auf dem Prinzip der Gleichheit, denn die Auseinandersetzung und Kritik unter Gleichen gilt als wünschenswert. Schließlich spielt der Chef Bill Gates eine wichtige Rolle, wobei er sich weniger um die Umsetzung der Innovationen als um die Anregung dazu kümmert. Zu seinen Aufgaben gehört es, wichtige Positionen mit den richtigen Mitarbeitern zu besetzen, ihnen Freiräume für eigene Ideen zu geben und dann zwischen ihren widersprüchlichen Interessen zu vermitteln. Gates ist für jeden Microsoft-Mitarbeiter über E-Mail erreichbar. Das Ergebnis ist ein flaches, flexibles Unternehmen mit einer sehr konkurrenzorientierten Atmosphäre, die man fast mit einem Dampfkochtopf vergleichen könnte. Dagegen scheinen die Probleme von IBM, zumindest in Amerika, unter anderem auf das Versäumnis zurückzuführen, gerade diese Art von Kultur zu fördern. In Amerika glaubt man, daß hierarchische Strukturen letztlich nur zu einer kleinlichen Bürokratie führen, in der der Chef den Kontakt zu den wichtigsten Innovationsprozessen verliert, die wiederum oft vom Rest des Unternehmens abgekoppelt sind. So kommt es, daß die Labors von IBM mit Preisen für Produkte ausgezeichnet werden, die ihre Marketingleute einfach nicht verkaufen können.

In Japan scheint es genau umgekehrt zu sein. Kao und Sharp sind zwei erfolgreiche Innovatoren, die sich auf eine starke Hierarchie und den Gemeinschaftssinn verlassen. Die Mitarbeiter gehören zu ihrem Team und ihrem Unternehmen. Das traditionelle japanische Bottom-up-System basiert auf der Entwicklung des Wissens innerhalb des Unternehmens. Die Teams sind entsprechend strukturiert, wobei jedoch niemand persönlich für sich das Verdienst für eine Innovation in Anspruch nehmen kann. Innovationen «gehören» dem Unternehmen, und die Mitarbeiter sind Teil des Unternehmens. Dies trifft auf die Führer wie auf die Mitarbeiter zu. Ein Beispiel dafür sind Marutas Leitsatz des Dienstes am Kunden und sein Motto «Sauberkeit, Gesundheit und Schönheit». Der Führer ist der Diener des Unternehmens, aber auch der Gesellschaft.

Die Europäer sind zweifellos zwischen diesen beiden Positionen anzusiedeln. In Europa sind die Führer starke Persönlichkeiten, die fraglos die Kontrolle über das Unternehmen haben (die Tatsache, daß viele von ihnen bedeutende Anteile oder sogar die Mehrheit halten, in eigener Person oder durch ihre Familie, bestätigt diesen Eindruck). Der Chef identifiziert sich mit der Firma ebenso wie mit dem Innovationsprozeß. Aus geschichtlichen Gründen sind europäische Firmen oft sehr hierarchisch strukturiert. Das amerikanische Laster scheint eine europäische Tugend zu sein. Aber obwohl die europäischen Firmen in dieser Hinsicht den japanischen ähneln, unterscheiden sie sich von ihnen deutlich, wenn es um die Strukturierung der Innovation geht. Japanische Unternehmen entwickeln in allen Teilen des Unternehmens Wissen; europäische Firmen dagegen bilden lieber innovative «Eliten», kleine Teams, die speziell für Innovationen verantwortlich sind. Paradoxerweise werden diese Teams oft außerhalb der formalen Struktur des Unternehmens angesiedelt, und sie befinden sich oft in enger Nähe zur Unternehmensspitze.

Eine Ebene tiefer erkennt man innerhalb Europas die nationalen Unterschiede, wie in der Struktur der obigen Beschreibung festgestellt. Der britische Individualismus, der deutsche Rationalismus, der spanische Gemeinschaftssinn, die italienische Vielfalt, die französische Flexibilität – all dies sind bequeme Etiketten, aber sie stellen auch echte Unterschiede im Stil und in der Methode dar. Und es gibt auch Unterschiede innerhalb jedes Landes. Psion ist vielleicht am wenigsten in seine lokale Kultur eingebettet, ist aber eindeutig eine Londoner Firma mit Verbindungen zu Cambridge und Oxford. Trumpf ist eindeutig schwäbisch, Salomon verweist gerne auf seine

Heimat Savoyen, Mondragón ist eindeutig baskisch, und Versace und Esaote spiegeln eine Mischung aus verschiedenen regionalen Eigenschaften wieder. An diesem Punkt wird deutlich, daß es noch eine weitere Ebene gibt, nämlich diejenige der persönlichen Unterschiede zwischen den Unternehmensführern.

Teil 3

# Schlußfolgerungen

# 14 Universale Prinzipien, verschiedene Umgebungen, einzigartige Unternehmen

**Müssen wir denn wirklich jeden lokalen Bezug aufgeben, um ein sogenanntes globales Unternehmen zu werden?**

Carlo Castellano, Präsident von Esaote

## Das Licht und der Schatten

Durch dieses Buch zieht sich wie ein roter Faden ein gewisser Konflikt: Einerseits stehen die Unternehmen vor der Aufgabe, die Tatsache der kulturellen Verschiedenheit anzuerkennen und sich darauf einzustellen, daß es viele verschiedene Möglichkeiten der erfolgreichen Innovation gibt. Andererseits müssen sie sich bewußt machen, daß es Ähnlichkeiten zwischen innovativen Unternehmen auf der ganzen Welt gibt.

Beide Aspekte scheinen untrennbar miteinander verknüpft. Wenn wir Ähnlichkeiten feststellen, fangen wir sofort an, sie vor dem Hintergrund der Vielfalt zu klassifizieren. Führen wir andererseits die Analyse der Vielfalt zu ihrem logischen Ende – wie in Kapitel 8 – zeichnen sich wieder Muster der Ähnlichkeit ab.

Vor diesem Problem steht natürlich jeder, der versucht, das Phänomen der Innovation oder allgemeinere globale Erscheinungsformen des Geschäftslebens und Managements zu analysieren. Gefährlich wird es dann, wenn wir anfangen, die Ähnlichkeit und Vielfalt zu bewerten und das eine für gut und das andere für schlecht zu erklären. Zur Zeit ist es modern, die Unterschiede herunterzuspielen und die Gemeinsamkeiten hervorzuheben. Dies geschieht in der Absicht, allgemeine Erfolgsfaktoren zu identifizieren und daraus dann ein universales Innovationsrezept zu entwickeln. Das allgemeine Phänomen der Vielfalt wird auf die Ebene einer zufälligen Hürde reduziert, zu deren Überwindung man nur die richtige Strategie benötigt.

Die Metapher von Licht und Schatten soll jedoch verdeutlichen, daß sich das Wirtschaftsleben im Spannungsfeld dieser beiden Kräfte abspielt. Unsere Schlußfolgerung lautet, daß Innovationen viele Facetten haben, sehr komplexer Natur sind und unter unterschiedlichen Bedingungen unterschiedliche Formen annehmen.

## Die Individuation

Besonders am Beispiel der europäischen Unternehmen wird deutlich, daß die Vielfalt nicht nur ein Bündel von Hindernissen darstellt, sondern daß sie auch eine mächtige Quelle der Stärke sein kann. Europäische Unternehmen betreiben ihre Geschäfte seit Jahrhunderten über kulturelle und nationale Grenzen hinweg, und so gehört es zum europäischen Erbe, mit der Vielfalt umzugehen. Das Spiel von Licht und Schatten hat immer wieder neue Chancen geschaffen, mehr über die kulturellen Merkmale jedes Landes und jeder Region zu lernen. Aber dieser Prozeß braucht nicht zu einem Verlust der Identität zu führen. Europäische Firmen brauchen ihre typischen nationalen und lokalen Eigenschaften nicht glattzubügeln.

Alle untersuchten europäischen Unternehmen haben typische Unternehmenskulturen, die wiederum in der jeweiligen geographischen Umgebung verwurzelt sind, in denen sie ihre Ursprünge haben. Zwischen den zentralen Merkmalen der regionalen Kultur und denen der Unternehmenskultur herrscht ein hohes Maß an Übereinstimmung. Die Unternehmen gewinnen eine gewisse Stärke aus den Werten ihrer Region. Bei Trumpf etwa reflektieren die Unternehmenswerte sehr stark die schwäbische Umgebung, während Mondragón in der baskischen Kultur und Salomon in den Werten des Savoyen verwurzelt ist. Gleichzeitig gibt es aber auch einen gemeinsamen roten Faden, der sich durch all diese Unternehmen zieht: Sie verfolgen nämlich alle das Ziel der Innovation.

Das deutlichste Beispiel für die Macht der Vielfalt ist wahrscheinlich Esaote. Unter Malern ist die Landschaft Norditaliens schon lange wegen ihrer Kontraste zwischen Licht und Schatten bekannt. Der Begriff «Chiaroscuro», mit dem die Verwendung dieser Gegensätze bezeichnet wird, ist ein Fachbegriff aus der Kunst. Esaote hat «Chiaroscuro» zum Bestandteil der Unternehmenskultur gemacht, denn die Merkmale der gemeinschaftlich orientierten Toskana und des unternehmerisch ausgerichteten Genua werden unter einem Führungsteam ausgeglichen, dem der Unternehmer Carlo Castellano und der leidenschaftliche Wissenschaftler Fabrizio Landi angehören. Wenn ein Unternehmen jemals mehr als die Summe seiner Teile war, dann ist es Esaote.

Die Schlußfolgerung aus diesen Beobachtungen lautet, daß jedes Unternehmen eine individuelle Identität hat. Unternehmen sind wie Bäume, die ihre Stärke aus dem Boden, in dem sie verwurzelt sind, und von den vergänglichen Einflüssen wie Luft und Licht beziehen. Nicht alle Bäume benötigen denselben Boden, um zu gedeihen: Man kann sich kaum vorstellen, daß Mondragón in den Vereinigten Staaten florieren würde (obwohl es auch dort erfolgreiche Genossenschaften wie Oneida gab). Manche Unternehmensformen harmonieren tatsächlich nur mit bestimmten Kulturen. Das ist die Lektion der Vielfalt. Aber gleichzeitig ist auch kein Unternehmen immun gegen globale Einflüsse. Das ist die Lektion der Ähnlichkeit. Nicht die ideologische Verfechtung einer «besten Methode», sondern die Akzeptanz der Vielfalt bietet den Unternehmen die Chance, ihre natürlichen Stärken auszuschöpfen. Wenn sie das tun, brauchen sie auch nicht mehr jeder Sternschnuppe hinterherzujagen, die aus einer fremden Kultur kommt. In einer Welt, in der jeder potentielle Wettbewerbsvorteil genutzt werden muß, kann sich kein Unternehmen erlauben, ausgerechnet die ureigenen Stärken zu vernachlässigen.

Während sich einzelne Menschen, Unternehmen und Gesellschaften weiterentwickeln, tun sie dies sowohl nach innen als auch nach außen. Im Zentrum dieses Prozesses steht die Individuation. Mit diesem Begriff aus der Psychologie wird die Selbstwerdung beschrieben, in deren Verlauf sich das Bewußtsein der eigenen Individualität und der Unterschiede zu anderen Menschen verfestigt. Jedes Unternehmen beginnt vom Zeitpunkt seiner Gründung an, sich unter geographischen wie psychologischen Aspekten weiterzuentwickeln. Europäische Unternehmen, etwa Michelin oder Bertelsmann, müssen sich geographisch nach Amerika und Japan sowie ins europäische Ausland orientieren. In psychologischer und kultureller Hinsicht müssen sie sich mit den bislang unbekannten Seiten ihrer Kultur beschäftigen. Gerade dabei haben einige vergleichsweise unterentwickelten Länder Süd- und Osteuropas vielleicht eine wichtige Rolle zu spielen, wenn man ihnen nur die Gelegenheit dazu gibt.

Letztlich profitiert eine Unternehmenskultur also von ihrer Fähigkeit, mit dem Schatten richtig umzugehen. Auf der Basis der jeweiligen individuellen Perspektive, die individualistisch (Microsoft oder Psion), gruppenorientiert (Kao oder Sharp), bürokratisch (Michelin oder Trumpf) oder gemeinschaftlich orientiert (Mondragón oder Esaote) sein kann, muß sich jedes Unternehmen weiterentwickeln und vervollkommnen. Dieser Prozeß, den Jung die «Individuation» genannt hat, bedeutet eine fortschreitende Selbstverwirklichung auf den Ebenen des Einzelnen und der Gruppe, der Bürokratie und der Gemeinschaft.

# 15 Der Weg in die Zukunft

**Wir zweifeln an Ansichten und prüfen sie, und durch ihre Prüfung erkennen wir die Wahrheit.**

Peter Abaelard

Viele europäische Länder fragen sich zur Zeit, ob sie ihre bisherige Innovationskraft trotz der Überzeugung, daß die Vielfalt der Kulturen zur Innovation beitrage, verlieren könnten. Wir haben in diesem Buch gezeigt, daß die Vielfalt des Wissens und der Visionen letztlich die Innovationskraft stärkt. Voraussetzung dafür ist allerdings, daß man sich der Verschiedenheit zuerst bewußt wird. Erst dann kann man sie auch für den Innovationsprozeß nutzen. Wir glauben, daß Europa seine Innovationsfähigkeit am besten dadurch zurückgewinnen kann, indem es sich auf seine zentralen geschichtlichen Stärken besinnt: auf das Meistern der Wissensprozesse und das Verständnis der Vielfalt.

In diesem wichtigen Kapitel bauen wir auf den universalen Innovationsprinzipien aus Kapitel 8 und dem Konzept der Individuation aus Kapitel 14 auf und beschreiben die zusätzlichen Imperative, nach denen die europäischen Unternehmen – und Europa als ganzes – handeln müssen.

## Veränderungsbereitschaft

Der erste Imperativ ist die Anwendung von Wissen, was letztlich dem Akt der Innovation entspricht. Europa muß sich seines innovativen Erbes bewußt werden, Stolz dafür empfinden, daraus lernen und darauf aufbauen. In Anbetracht der jüngsten Geschichte mag das Zögern, sich mit der Vergangenheit auseinanderzusetzen, verständlich sein. Vielleicht ist auch der Wunsch unvermeidlich, eine größere Homogenität anzustreben und so die Vielfalt und die Veränderungen, die so viele Konflikte heraufbeschworen haben, zu verringern. Aber Europa kann es sich nicht leisten, Veränderungen allzu bereitwillig und ohne großes Nachdenken aus dem Weg zu gehen.

Im Gegensatz dazu ist für Amerika eine Kultur der Veränderung und der Glaube an die Zukunft geradezu typisch. Dies zeigt sich daran, wie Unternehmen und Führungskräfte mit der Innovation umgehen, die letztlich nur durch die Beschäftigten ermöglicht wird. Anstelle des Prinzips der lebenslangen Beschäftigung herrscht die Auffassung vor, daß technische und organisatorische Veränderungen sich zwangsläufig auf den eigenen Arbeitsplatz auswirken, daß es aber woanders neue, vielleicht sogar bessere, Beschäftigungsmöglichkeiten gibt. Diese Einstellung nimmt Veränderungen ihre bedrohliche Komponente und vermittelt die notwendige Sicherheit, um Innovationen zu akzeptieren oder selbst Innovationen zu verwirklichen.

Auch in Japan versteht man die Notwendigkeit der Erneuerung und Veränderung und akzeptiert bereitwillig neue Technologien. In diesem Zusammenhang spielt das Prinzip der lebenslangen Beschäftigung eine wichtige Rolle.

Verglichen mit diesen beiden Mächten läuft Europa Gefahr, ins Hintertreffen zu geraten. Teils liegt das an der ablehnenden Haltung gegenüber Veränderungen, solange alternative Beschäftigungsmöglichkeiten nicht sicher sind, und teils an dem fehlenden Vertrauen darin, einen anderen, vielleicht besseren Arbeitsplatz zu finden. Es ist an der Zeit, daß die Europäer das Risiko der Vielfalt auf sich nehmen und die Ungewißheit der Zukunft akzeptieren, daß sie sich ihres Erbes bewußt werden und ihre Leidenschaft für die Wissenschaft, das Lernen, die Innovation und die Veränderung zurückgewinnen. Nur dann werden wir in der Lage sein, uns der Zukunft zu stellen.

## Wissen

Vor jeder Innovation steht die Entwicklung des ihr zugrundeliegenden Wissens, also einer Erfindung. Europa muß die Investitionen in die Forschung und Entwicklung erhöhen, und zwar den finanziellen Aufwand wie den Personalaufwand, um seine Wettbewerbsposition wieder zu stärken. Im Augenblick befindet sich Europa in dieser Hinsicht deutlich im Hintertreffen. Gemessen an wichtigen Indikatoren wie dem F&E-Anteil am Bruttosozialprodukt und dem realen Wachstum der F&E-Quote sind die Vereinigten Staaten und Japan weit voraus. In allen europäischen Ländern zusammen arbeiten weniger Forscher im privaten Sektor als in Japan oder in den USA. Zwischen 1984 und 1991 wuchsen die F&E-Ausgaben in Japan um 8,1 Prozent und in Amerika um bescheidenere 3,7 Prozent. In Europa betrug die Steigerung dagegen nur 2,9 Prozent. Europa muß also mehr in die Forschung und Entwicklung investieren, vor allem in die Ausbildung von Wissenschaftlern und Ingenieuren. Europa muß in den privaten wie den staatlichen Sektoren die Einstellung entwickeln, daß Forschung und Innovation strategische Priorität haben. Wenn dies nicht gelingt, wird Europa weiter zurückfallen, während die neuen Industrieländer in Asien – gerade aus der Krise heraus – ihren weltweiten Wettbewerbsdruck verstärken. Noch schlimmer: Wenn Europa nicht mit der Konkurrenz Schritt hält, wird es in Anbetracht des immer schnelleren Tempos des technologischen Fortschritts bald so weit abgeschlagen, daß es den Vorsprung nicht mehr aufholen kann.

Wir haben argumentiert, daß Wissen alleine nicht ausreicht. Trumpf, Mondragón und Bertelsmann haben durch ihre interne Entwicklung und durch Firmenkäufe bewiesen, daß sie in der Lage sind, ihr vorhandenes Wissen in die richtige Richtung auszubauen. Aber ihr Beispiel ist leider keineswegs typisch für die Gesamtheit der europäischen Unternehmen.

In Amerika wimmelt es von kleinen erfindungsreichen Unternehmen, die oft nur aus wenigen Mitarbeitern bestehen, die einen technischen Traum verfolgen und durch Wagniskapital finanziert werden. Diese Unternehmen sind die Wiege unzähliger Erfindungen, wobei der Mangel an hierarchischen Strukturen den Erfindungsreichtum fördert. Zwar fehlen ihnen oft die Voraussetzungen dafür, ihr Produkt kommerziell zu verwerten – also von der Erfindung zur Innovation zu schreiten –, aber sie werden oft von größeren Unternehmen erworben, die diesen Aspekt der Innovation übernehmen. So verfügt Amerika über die Vorteile kleiner Unternehmen, die gute Voraussetzungen für Innovationen mitbringen, während die größeren Unternehmen vor der angenehmen Qual der Wahl stehen, welche Kompetenzen sie dazukaufen sollen. Auf diese Zeit verschwenden sie viel weniger Zeit mit dem Rätselraten, wo und wie man die besten Erfindungen machen könnte.

In Japan spielt diese Methode zum Aufbau von Kompetenzen keine Rolle. Dafür gibt es dort große Netzwerke von Unternehmen, die unter einer Holding zusammengefaßt sind. Diese Netzwerke ermöglichen es, daß wie in Amerika die Erfindungen oder Kompetenzen dorthin gelangen, wo sie am nützlichsten sind.

Insgesamt gehören zur Sphäre des Wissens drei Bereiche: technischer Fortschritt (das Wahre), Managementinnovationen (das Gute) und ästhetische Anziehungskraft (das Schöne). Diese Bereiche sind nicht unabhängig voneinander, sondern bilden als Bestandteile des Wissensideals ein Ganzes. Tiefgreifend neues Wissen mündet in Durchbrüchen. Unternehmen sollten untersuchen, über welche Kompetenzen sie verfügen, und überprüfen, ob sie die Voraussetzungen für einen Pool von Erfindungen besitzen, aus dem immer neue Innovationen hervorgehen.

## Vision

Jeder Innovation liegt eine Vision zugrunde. Manchmal handelt es sich um eine einfache Vision, etwa eine kleine technologische Verbesserung, ein neues künstlerisches Konzept oder eine bessere Methode, um einen Prozeß auszuführen. Manchmal ist die Vision komplexer Natur: So könnte ein einzelner Durchbruch eine ästhetische oder technische Bedeutung haben, die immense soziale Auswirkungen hat. Eine solche Innovation war zum Beispiel das Automobil.

Aber diese Visionen widersetzen sich einer einfachen Kategorisierung. Bei der Innovation handelt es sich, wie gezeigt wurde, um eine sehr persönliche Aktivität, ob sie von Einzelnen, Teams oder ganzen Unternehmen ausgeführt wird. Die Leidenschaft für die Wissenschaft (oder für die Kunst, oder überhaupt alles Kreative) ist etwas zutiefst Individuelles. Es gibt keine zwei Menschen, die diese Leidenschaft auf genau dieselbe Weise empfinden. Aber gleichzeitig ist diese Leidenschaft zahlreichen äußeren Einflüssen unterworfen. So beeinflußt die Kultur unsere Ideale durch die Erziehung und Bildung. Die Organisationen, denen wir beitreten, für die wir arbeiten oder die wir sogar leiten, haben ebenfalls ihre eigenen Merkmale, die uns weiter beeinflussen. Kultur, Psychologie, Soziologie und Lernmuster verleihen innovativen Visionen oberflächliche Ähnlichkeiten, auch wenn sie gleichzeitig ihre Unterschiede betonen.

Europäische Unternehmen müssen erkennen, daß es eine sehr breite Palette von Aktivitäten gibt, die sich für Innovationen eignen, denn Innovationen sind nicht nur in der Technik möglich. Sie können die Vielfalt ihres Wissens und ihrer Vision zum eigenen Vorteil nutzen, wenn sie sich auf diese breite Palette von Aktivitäten einlassen. Einige erfolgreiche Unternehmen machen es mit einer einzigartigen «europäischen» Mischung aus Technologie, Funktionalität und Stil schon vor.

Nur im Verein mit einer starken Vision können Innovationen den Weg in eine blühende Zukunft ebnen. Unternehmen müssen sich zur

Innovation verpflichten, nicht nur, um selbst innovativ zu sein, sondern auch, um die Innovationen anderer Unternehmen begrüßen zu können.

## Die kommerzielle Verwertung von Innovationen

Wissen und Vision führen zur Innovation. Aber Innovationen müssen auch kommerziell genutzt und effektiv auf den Markt gebracht werden. Gerade in diesem Bereich sind die europäischen Unternehmen ins Hintertreffen geraten. Die Gründe haben mit der praktischen Frage der verschiedenen Stadien im Unternehmenslebenszyklus zu tun. Strategische Ziele verändern sich und entwickeln sich weiter, so wie sich Unternehmen verändern und weiterentwickeln. Nachdem der unmittelbare Druck der Gründungsphase nachgelassen hat, stehen Unternehmen vor der Aufgabe, sich in ihren jeweiligen Märkten zu etablieren. Wenn ihnen das gelungen ist, müssen sie langfristige Wettbewerbsstrategien für die Zukunft entwickeln. Der Zeithorizont rückt in weitere Ferne, die innovative Vision zur Unterstützung der Strategien wird vielschichtiger.

Während die Unternehmen also immer komplexer werden, verteilt sich die Aufgabe der Innovation auf immer mehr Ebenen. In der Gründungsphase ist vielleicht noch ein einzelner Kreativer oder Innovator in der Lage, den Innovationsprozeß zu führen, vielleicht auch mit der Hilfe eines kleinen Teams. Dann werden die Firma und ihre Bedürfnisse komplexer, und mit ihnen das Innovationsteam, seine Zusammensetzung und Größe. In verschiedenen Kulturen reagieren Unternehmen unterschiedlich auf diese Herausforderung. Wenn die Unternehmen dann global tätig werden, steigt die Komplexität des Problems noch weiter. Die Lösungen, die dafür gefunden werden, betreffen die Rolle der Führung, die jeweiligen Organisationsstrukturen für die Innovation und die Verantwortung für die Innovation innerhalb dieser Strukturen.

Wenn man den Unternehmenslebenszyklus mit Platons Erkenntnislehre in Beziehung setzt, erleichtert dies das Verständnis der Vielfalt innovativer Firmen. Zeit und Wissen sind für sich alleine schon wichtige Faktoren; gemeinsam aber bilden sie einen Komplex kritischer Faktoren, die die Innovationsfähigkeit, die zentralen Stärken und die Nutzung dieser Stärken beeinflussen.

Europäische Unternehmen, die für derartige Führungsfragen oft weniger sensibel als etwa amerikanische Firmen sind, müssen sich mehr als bisher mit den Stadien im Unternehmenslebenszyklus beschäftigen und prüfen, ob ihr Ansatz der Innovation – so angemessen er vielleicht auch einmal war – nicht verändert werden müßte.

Die Führung, Unternehmenseliten und die Unternehmenshierarchie spielen eine entscheidende Rolle bei der erfolgreichen Verwertung einer Innovation. Diese drei Faktoren werden im folgenden näher untersucht.

## Vielfalt und Differenzierung

Das deutlichste Merkmal Europas ist seine Geschichte der kulturellen Vielfalt. Zwischen den europäischen Ländern und sogar innerhalb der Länder gibt es zahlreiche wichtige Unterschiede. Länder mit gemeinsamen Grenzen, Deutschland und Italien, Frankreich und Spanien, sind sprachlich, gesellschaftlich und kulturell sehr unterschiedlich. Innerhalb dieser relativ kleinen Staaten bestehen eigene regionale Kulturen. Beispiele aus unserer Studie sind Schwaben, das Savoyen, das Baskenland und die Toskana.

All diese verschiedenen Kulturen wirken sich auf das Geschäftsleben aus, vor allem auf die Innovation. Verschiedene Kulturen haben unterschiedliche Wissenskonzepte und Wissensideale sowie unterschiedliche Methoden des Lernens und der Zusammenarbeit. Aber keine Kultur ist der anderen überlegen, was die Innovationsfähigkeit angeht. Das beweisen schon die Erfolge der dreizehn Unternehmen unserer Studie. Es gibt keinen Königsweg zur Innovation. Wenn es ihn gäbe, wäre tatsächlich eine Kultur den anderen überlegen.

Aber gerade diese Überlegung liegt vielen Innovationsproblemen in Europa zugrunde. Viele europäische Unternehmen haben ihr Erbe vergessen und verlassen sich lieber auf Universallösungen, die nicht an ihre individuelle Kultur angepaßt sind. Die Vielfalt verkehrt sich in einen Nachteil, wenn man sich ihrer nicht bewußt wird.

Aber wenn man sich die kulturelle Vielfalt ins Bewußtsein ruft und zum eigenen Vorteil einsetzt, wird sie zu einer starken Quelle des Wissens und der Vision. Dies müssen viele europäische Unternehmen erst noch erkennen.

Unternehmen sollten sich vor Universalrezepten in acht nehmen, denn allzu häufig lassen solche Rezepte wertvolle individuelle Vorteile unter den Tisch fallen. Statt dessen müssen sie sich des Reichtums der globalen Geschäftsumgebung bewußt werden und Stärke daraus beziehen. Die Vielfalt sollte nicht als Hindernis, sondern als Vorteil betrachtet werden. Anstatt die typischen nationalen und regionalen Merkmale glattbügeln zu wollen, sollten Unternehmen davon profitieren und sie mit anderen Modellen bestmöglich kombinieren. Die Vielfalt ist nur dann ein Hindernis, wenn man sie ignoriert.

Die Globalisierung ist heute eine Tatsache des Wirtschaftslebens. Die meisten Unternehmen führen ihre Geschäfte heute grenzüberschreitend. Das globale Geschäftsleben bietet dabei Raum für die unterschiedlichsten Unternehmen. Jedes von ihnen muß seinen Platz darin finden und seine eigenen, typischen Stärken erkennen. Letztlich muß ein Unternehmen immer zuerst seine eigene Kultur respektieren und sie dann als einzigartigen Wettbewerbsvorteil nutzen.

## Der Blick in den Schatten

Das Konzept der Vielfalt ist untrennbar mit dem der Ähnlichkeit verknüpft. Man kann die Methoden anderer Länder und anderer Kulturen analysieren, von ihnen lernen und sie übernehmen. Diese gegenseitige Befruchtung ist nicht nur möglich, sondern wünschenswert. Unternehmen wie Kao und Rank Xerox haben ganz offiziell andere Unternehmen mit einer völlig fremden Kultur untersucht und daraus Erkenntnisse abgeleitet, die sie wieder für sich verwerteten – und bei alledem büßten sie kein Quentchen ihrer kulturellen und individuellen Einzigartigkeit ein.

Man muß erkennen und akzeptieren, daß es neben dem eigenen noch viele andere Modelle gibt. Sie stehen im Licht, also dort, wo Sie sich schon auskennen. Versuchen Sie, in den Schatten zu blicken, und finden Sie heraus, welche Erkenntnisse dort auf Sie warten.

## Führung

Wenn die Innovation tatsächlich, wie schon gesagt, die *Conditio sine qua non* des Wettbewerbserfolgs ist, dann ist die Führung wohl der wichtigste Faktor im Innovationsprozeß. Welche Rolle sich die Geschäftsführung im Innovationsprozeß zuweist, wie der Unternehmenschef zur Frage der Innovation steht und welche Entscheidungen daraus resultieren, ist von wesentlicher Bedeutung. In diesem Zusammenhang spielt die kulturelle Vielfalt ebenso eine Rolle wie praktische Überlegungen zum Stil des Unternehmens und zu persönlichen Wissenskonzepten.

Folglich lassen sich viele verschiedene Führungsstile in innovativen Unternehmen feststellen: Es gibt den Verhandler (Bill Gates), den Philosophen (Yoshio Maruta), die Vaterfigur (Berthold Leibinger, Emilio Botin) und den Praktiker (Gianni Versace, David Potter). Konstant dabei ist nur die Notwendigkeit, daß der Führer eine Vision vorgibt. Wie diese Vision im einzelnen aussieht und wie sie interpretiert wird, hängt von vielen Faktoren ab. Europäische Führungskräfte müssen ihre Unternehmen mit einer Leidenschaft für die Innovation begeistern. In Teil 4 werden dazu neun Verhaltenstypen beschrieben.

Allerdings darf an dieser Stelle ein Vorbehalt nicht fehlen: Führungskräfte brauchen eine Organisation, die ihre eigenen Stärken reflektiert und ausgleicht. Die Organisation muß an die Führungspersönlichkeit angepaßt werden, und umgekehrt. Es reicht nicht aus, eine starke Organisation und eine starke Führungspersönlichkeit zu haben. Es ist auch notwendig, daß beide miteinander harmonieren.

Führungspersönlichkeiten können alle drei Phasen der Innovation leiten: die Gründung, die Weiterentwicklung und die Orientierung. Diese Phasen sind nicht voneinander getrennt. Jede steht immer in Beziehung zur anderen, doch wird eine Phase immer vorherrschend sein. Trotzdem müssen die Führungskräfte ihre Untergebenen in jeder Phase motivieren und ihre Bemühungen kanalisieren. Die Gründungsvision ist ein wichtiges Merkmal innovativer Unternehmen auf der ganzen Welt.

## Hierarchie

Wir haben in unserer Studie festgestellt, daß relativ flache Strukturen und ein hoher Stellenwert der Teamarbeit für viele erfolgreiche Unternehmen typisch waren. Aber diese Aussage ist mit Vorsicht zu genießen.

Der Ruf nach «flachen Strukturen» gehörte zum Mantra der vergangenen Jahre, als Unternehmen Hierarchien abbauten und Umstrukturierungen vornahmen, um die Führung näher an die Basis zu bringen und die Kommunikation zu verbessern. Dieses Bestreben war an sich durchaus positiv, aber oft glaubten die Unternehmen auch, daß es ein universales Modell gebe, mit dem sie ihre Ziele erreichen könnten. Die erfolgreichen innovativen Unternehmen haben dagegen ganz unterschiedliche Umstrukturierungsmethoden angewandt.

In der Regel versuchten Firmen auf dem Weg zu «flachen Strukturen», die Kontrollebenen zu reduzieren und den einzelnen Mitarbeitern mehr Freiheit einzuräumen. Der interne Wettbewerb sollte die Kreativität anregen, was das Vertrauen der betroffenen Mitarbeiter in die Sicherheit ihres Arbeitsplatzes verringerte. Der interne Wettbewerb kann sehr erfolgreich zur Förderung der Kreativität beitragen, wie das Beispiel Microsoft zeigt; und die Einbettung des Wissens auf allen Unternehmensebenen kann Innovationen fördern, wie Kao und Sharp beweisen.

Andere Firmen haben Hierarchieebenen abgebaut, aber auch wenn die Pyramide flacher wurde, handelt es sich immer noch um eine Pyramide. Niemand würde die Geschäftsführer von Unternehmen wie Trumpf, Banco Santander, Salomon oder Michelin als irgendetwas anderes als die unumstrittene Spitze des Unternehmens betrachten. Pyramidenstrukturen ermöglichen eine starke Kontrolle und bieten vor allem manch patriarchalischen Führungskräften europäischer Tradition die Chance, ihre Spuren im Unternehmen zu hinterlassen. Außerdem tragen derartige hierarchische Strukturen – wenn sie mit der väterlichen Fürsorge europäischer Tradition gekoppelt sind – zum Vertrauen und zur Loyalität der Belegschaft bei. Diese Strukturen müssen keineswegs einengend sein, sondern können innovativen Mitarbeitern durchaus den notwendigen Freiraum zum kreativen Schaffen eröffnen. Da die Mitarbeiter wissen, daß ihre Position sicher ist, können sie ihre ganze Energie der kreativen Arbeit widmen. Obwohl wir die Stärken der «flachen» Strukturen anerkennen, befürworten wir ein höheres Maß an Hierarchien und Kontrolle, als derzeit allgemein propagiert wird.

Für die europäische Tradition sind Hierarchien typisch. In Europa gibt es eine Vielzahl von möglichen Strukturen, aus denen Unternehmen auswählen können. In Anlehnung an Weber könnte man sagen, daß Hierarchien auf substantieller und praktischer Rationalität sowie formaler Rationalität aufgebaut werden können.

Strukturen verleihen Form und Gestalt und ermöglichen Kontrolle. Unternehmen, die Strukturen einrichten, können diese auch wieder aufgeben, wenn es notwendig wird. Der Schlüssel lautet Flexibilität, nicht Einfachheit. In diesem Sinn kann die Bürokratie sehr viel Positives bewirken, und sie ist nicht per se beschränkend.

Es gibt keinen Grund, warum flache, offene Strukturen grundsätzlich überlegen wären. Sie sind nicht weniger kompliziert, und sie sind informeller, was die Führungsarbeit sogar erschweren und die Effizienz vermindern kann. Gleichzeitig gibt es keinen Grund, Hierarchien grundsätzlich in Grund und Boden zu verdammen. Die Hierarchie kann ein wirkungsvolles Instrument sein, um Wisseneliten anzuziehen, die Innovationen hervorbringen. Hierarchien können Führungskräften helfen, ihre Bemühungen und Maßnahmen im Zusammenhang mit der Innovation zu kanalisieren.

## Eliten

Schon die ersten Managementtheoretiker haben ausdrücklich, wenn auch manchmal unbewußt, das Konzept der Eliten angesprochen. Chandler hat das Management als die «sichtbarer Hand» bei der Führung von Unternehmen bezeichnet, in Anlehnung an (aber nicht in Gegensatz zu) Adam Smiths unsichtbarer Hand des Markts. Drucker meinte, daß Manager letztlich das Unternehmen selbst bildeten und zog den Vergleich mit dem Dirigenten und seinem Orchester. Beide Metaphern unterstellen, daß Manager eine separate Gruppe darstellen, die das Schicksal des Unternehmens lenken und eng mit ihm identifiziert werden. Ihre Ausbildung, ihre Herkunft, ihre Fähigkeiten und ihre Perspektiven kennzeichnen sie als Elite.

Im Lauf der folgenden Jahre versuchte man, dieses Konzept zu modifizieren, indem man den Elitestatus von Managern oder Führungsebenen einschränkte und Unterschiede zwischen den Managern selbst und zwischen Managern und Mitarbeitern zu verringern suchte. In den wissensorientierten Branchen der 90er Jahre ist eine solche Teilung tatsächlich immer weniger gerechtfertigt: Die Mitarbeiter sind immer besser qualifiziert und ausgebildet, und die Grenzen zwischen «Arbeit» und «Management» verschwimmen immer mehr. Im spezifischen Kontext der Innovation haben besonders japanische Firmen ein höchst wirkungsvolles System der Bottom-up-Innovation entwickelt. In den USA schuf Microsoft eine Kultur der Offenheit, in der der Führer eher Moderator als Antriebskraft ist.

Es gibt aber auch ein alternatives Modell, das der europäischen Tradition der Hierarchie und Struktur viel besser entspricht. Dieses Modell sieht die bewußte Rekrutierung, Entwicklung und Pflege innovativer Eliten vor. Damit sind Mitarbeiter gemeint, die ein oder mehrere separate Teams bilden, die direkt der Geschäftsführung unterstellt und für Innovationsprojekte verantwortlich sind. Diese Männer und Frauen sind Spezialisten, in der Regel hochqualifiziert und stark motiviert durch Potters «Leidenschaft für die Wissenschaften». Während die japanischen «Wissens-Crews» speziell dazu gebildet werden, die *Breite* des Wissens zu garantieren, indem Mitglieder vieler verschiedener Funktionen einbezogen werden, konzentrieren sich die europäischen Teams auf die *Tiefe* des Wissens, indem sie qualifizierte Spezialisten mit praktischem und theoretischem Wissen rekrutieren.

Eliten ermöglichen die Konzentration innovativer Macht. Zumindest in der Theorie hat die Geschäftsleitung die Möglichkeit, ein Team mit außerordentlicher Erfahrung zu bilden, das durch die Leidenschaft für Wissenschaft und Kunst motiviert wird. Diese Teams befinden sich in enger Nähe zur Unternehmensspitze und interpretieren deren Vision für die Innovation. Oft sind sie dem Geschäftsführer direkt unterstellt sind und sehen ihn sogar täglich.

Die Kehrseite der Medaille ist zumindest theoretisch die, daß ein solches Unternehmen durch die Konzentration der Innovation auf Eliten etwas von seiner Fähigkeit verliert, Informationen und Innovationen durch das gesamte Unternehmen zu transportieren. Der interne Wettbewerb bei Microsoft und die japanischen «Wissens-Crews» sind hier wahrscheinlich effizienter. Wenn wir einmal die jüngere Geschichte der europäischen Innovatoren betrachten, wird deutlich, daß sie versucht haben, gerade in diesem Bereich Verbesserungen zu erreichen. Aber dazu brauchen sie ihre Eliten nicht aufzugeben. Diese Lektion müssen insbesondere europäische Unternehmen noch lernen.

Eliten sind die sichtbare Hand, die das Schicksal der Unternehmen formt. Sie müssen mit Sorgfalt entwickelt und behandelt werden. Sie brauchen sowohl Freiräume wie Stabilität: Freiräume, um kreativ zu sein, und Stabilität, um sich voll und ganz auf die kreative Arbeit konzentrieren zu können.

Diese Eliten sind keine Eliten in gesellschaftlicher, sondern nur in geistiger Hinsicht. Europäische Innovatoren bilden Eliten infolge ihrer Ausbildung, ihrer Neigung und ihrer Tradition. Sie sind Künstler, Wissenschaftler, Ingenieure, Gelehrte. Das japanische Modell zielt auf möglichst breitgestreute Erkenntnisse innerhalb der Unternehmen ab, während das amerikanische Modell versucht, Erfahrungen unter Firmen weiterzugeben. Jedes Modell hat seine Daseinsberechtigung, und keines sollte ignoriert werden.

## Erweiterung des Horizonts

Wenn europäische Unternehmen ihre Innovationskraft zurückgewinnen wollen, reicht es nicht aus, nur nach innen zu schauen. Unternehmen müssen den Blick nach außen richten und willens sein, ihren Horizont zu erweitern und die Innovationen anderer zu akzeptieren.

Auch der Staat spielt eine Rolle, denn er muß ein wirtschaftliches Klima schaffen, in dem Innovationen gedeihen können. Die Steuersysteme sollten Unternehmen zu Innovationen anregen, gesetzliche Regelungen dürfen Innovationen nicht ersticken, Rechtssysteme müssen traditionelle Belange anerkennen und dürfen Unternehmen nicht davon abhalten, sich auch auf riskantes Neuland zu begeben (in diesem Bereich geht übrigens das amerikanische Produkthaftungsrecht wohl in die falsche Richtung), und schließlich – und dies ist vielleicht der wichtigste Punkt – müssen die Bildungssysteme innovatives

Denken fördern und Innovatoren als Rollenmodelle zeigen. Sie müssen zur Führung ermutigen und Eliten entwickeln, anstatt sie ins Abseits zu stellen, wie es durch die egalitären Tendenzen in einigen europäischen Ländern derzeit geschieht. Wenn Europa diese Tendenz umkehrt und darüber hinaus noch den Wettbewerb zwischen den Universitäten auf nationaler und internationaler Basis fördert, hat es eine Chance, sein reiches Potential vielfältiger Kulturen zu nutzen und seine Position im globalen Wettbewerb zu verbessern.

Teil 4

# Innovation und Führung

# 16 Dirigent und Orchester

**Erfolgreiche Innovation... ist ein Sonderfall des sozialen Phänomens der Führung.**

Joseph Schumpeter

## Einleitung

Im Lauf unserer Ausführungen über die Innovation hat es eine Konstante gegeben, ein Leitmotiv, das alle Überlegungen gefärbt hat, ob es um die globalen Ähnlichkeiten oder um die Unterschiede zwischen Weltregionen, Nationen und Gebieten ging. Diese Konstante ist die Rolle der Führung, also jenes mächtigen Katalysators, der Innovationen ermöglicht und dafür sorgt, daß innovative Ideen in die Realität umgesetzt werden.

Wie in Kapitel 8 schon erwähnt, besitzen alle Unternehmen der Studie ein starke Führung. Aber die einzelnen Unternehmensführer wenden ganz unterschiedliche Stile und Methoden an, nicht nur im Hinblick auf die Innovation, sondern auch im Management im allgemeinen. Einige dieser Unterschiede lassen sich auf die Einflüsse der jeweiligen Kultur und Umgebung zurückführen. Die Werte der Kulturen, in denen Unternehmensführer aufgewachsen sind, ausgebildet wurden und ihre Erfahrungen gesammelt haben, prägen natürlich ihr Denken und ihre Einstellungen ganz entscheidend. Aber es gibt auch andere Unterschiede, die mit dem Charakter der Innovation selbst zu tun haben, und diese Unterschiede sollen im letzten Teil unserer Reise durch das Licht und den Schatten behandelt werden.

Die letzte Ebene der Vielfalt, die wir untersuchen wollen, ist die Innovation selbst. Natürlich stellt die Innovation keine einzelne, klar abgegrenzte Aufgabe dar. In Kapitel 4 wurde auf ihre vielen Schichten und Facetten sowie die Unterschiede zwischen Prozeß-, Produkt- und Marktinnovation hingewiesen, um nur einige wenige Beispiele zu nennen. Auf einer noch tieferen Ebene liegen jedoch die grundsätzlichen Unterschiede in der Natur der Innovation, die von den jeweiligen Bedürfnissen des Unternehmens und der Vision seines Führers abhängig sind. Zum einen gibt es die *zeitabhängige Innovation*, die das jeweils aktuelle Stadium im Unternehmenslebenszyklus reflektiert, und zum anderen die *wissensabhängige Innovation*, die die im Unternehmen vorherrschenden Sichtweisen und Interpretationen der Ideale des Wahren, des Guten und des Schönen reflektiert.

Die zeitabhängige Innovation ist zumindest in gewissem Ausmaß mit der Entwicklung des Unternehmens verknüpft, also damit, ob es sich im Stadium der *Gründung*, der *Weiterentwicklung* oder der *Orientierung* befindet. Die Bereiche der wissensabhängigen Innovation beziehen sich auf die Denkweisen und mentalen Prozesse, die man für Innovationen benötigt. Sie können in die Kategorien des *technologischen Fortschritts*, der *Managementinnovation* und der *ästhetischen Anziehungskraft* unterteilt werden.

Aus dieser Unterteilung darf man jedoch nicht schließen, daß es innovative Aktivitäten gibt, die ausschließlich innerhalb eines Bereichs stattfinden würden. Der menschliche Geist funktioniert nämlich so nicht. Vielmehr gibt es dominante Bereiche, in denen bestimmte zeitabhängige und wissensabhängige Aktivitäten dominieren und andere in den Hintergrund treten. Aber sie werden niemals völlig ausgeschaltet.

Wenn man die Innovation auf diese Weise strukturiert, erhält man eine Art «Landkarte», die das Konstrukt «Wissen» beschreibt. Vor allem aber erlaubt diese Einteilung uns, die verschiedenen Aspekte der *innovationsorientierten Führung* zu definieren. Daran wird deutlich, daß man weder *die* Innovation definieren kann noch die eine Führungseigenschaft, die den Erfolg von Innovationen garantiert. Vielmehr hat man es mit einem sich ständig verändernden Mosaik von Eigenschaften und Attributen zu tun, die zu unterschiedlichen Zeiten unterschiedlich wichtig sind, die aber letztlich alle für eine ganzheitliche Sichtweise der Führung von Innovationen notwendig sind.

## Der Dirigent und das Orchester: Zusammenhänge zwischen Innovation und Führung

Auf die starke gegenseitige Abhängigkeit zwischen Führung und Innovation wurde bereits hingewiesen. Die bisher beschriebenen Pluspunkte europäischer Unternehmen können sich natürlich nur unter einer guten Führung entfalten, aber verschiedene Führungspersönlichkeiten wenden unterschiedliche Innovationsmethoden an. Vergleichen Sie zum Beispiel das starke persönliche Engagement von Georges Salomon, François Michelin und Gianni Versace, oder das Konzept der Führung aus dem Zentrum, wie es von Mondragón und Bertelsmann vertreten wird, mit den egalitären Bottom-up-Methoden bei Microsoft oder Kao. Aber die Notwendigkeit der Führung in irgendeiner Form ist immer vorhanden.

Die Förderung der Innovation ist vielleicht die schwierigste aller Führungsaufgaben. Die Führungskräfte müssen Innovationsprozesse anschieben, leiten und überwachen. Dazu reicht es längst nicht aus, die Mitarbeiter zur Äußerung neuer Ideen anzuregen, denn Ideen alleine stellen keine Innovationen dar. Die Führungskräfte müssen den Strom der neuen Ideen sichten, ein Gespür für die wertvollsten darunter haben, ihre Marktchancen beurteilen und prüfen, ob ihr Unternehmen über ausreichende Ressourcen und Kompetenzen verfügt, um eine Idee umzusetzen. Die Führungsaufgabe besteht also nicht nur darin, Innovation per se zu fördern, sondern sie auch in einen Wettbewerbsvorteil umzumünzen. Die Krise, in die IBM in den 80er Jahren geriet, ist teilweise auf das Unvermögen zurückzuführen, sich dieser Tatsache bewußt zu werden.

In diesem Zusammenhang vergleicht man die Unternehmensführung oft gerne mit einem Dirigenten, der viele verschiedene Musiker so zusammenführt, daß sie mit ihren verschiedenen Instrumenten demselben Takt folgen und dieselbe Melodie spielen. Aber dieser Vergleich hinkt auch ein wenig, denn er symbolisiert im Sinne des letzten Kapitels ein sehr westliches Konzept. Dem Vergleich liegt der Gedanke zugrunde, daß ein Unternehmenschef den Ton für die Innovation vorgibt und die Orchestermitglieder ihr Bestes geben, um die Melodie vollendet auszuführen. In Wahrheit ist ein Symphonieorchester viel komplexer und hierarchischer, und die Musiker müssen sich an die musikalischen Strukturen halten, die der Komponist vorgegeben hat (eine sehr viel «nördlichere» Einstellung). Ein Trompeter kann einer Mozartkomposition nicht einfach einen eigenen Satz hinzufügen, auch wenn er noch so brillant ist. In Jazzbands (einer Erscheinung «südlicher» und «westlicher» Kulturen) haben die Musiker eine größere musikalische Freiheit.

Außerdem steht ein bestimmtes Musikstück oder ein bestimmtes Projekt im Mittelpunkt dieses Vergleichs. Wenn das Musikstück abgeschlossen ist, wenden sich Komponist und Orchester dem nächsten zu, das möglicherweise gar keinen Bezug zum gerade gespielten Stück hat (auch wenn die Musiker vielleicht neue Erfahrungen erworben und gelernt haben, Musik auf innovative Weise zu interpretieren). In Anbetracht der vielen Ebenen der Innovation dürften Vergleiche, die nur den direkten persönlichen Kontakt zwischen Führer und Geführten sowie ihre konkrete Aufgabe berücksichtigen (Allport, 1924), zu beschrankt sein. Sie erfassen bei weitem nicht alle Funktionen der

Führung, die im Verlauf des Innovationsprozesses relevant sein können. So haben wir schon festgestellt, daß vor allem in Großunternehmen die Topmanager einen wichtigen Beitrag zur Innovationskraft leisten, auch wenn sie nicht persönlich mit all den Mitarbeitern zu tun haben, die am Innovationsprozeß beteiligt sind.

Wir benötigen daher ein allgemeineres Führungskonzept, wie es etwa in Stogdills (1959) klassischer Definition enthalten ist, nach der Führung «die Schaffung und Aufrechterhaltung von Strukturen, bestimmt durch Erwartungen und Interaktionen» ist. Um dies zu erläutern, wollen wir einen Augenblick bei der Musik bleiben. Musik und Innovation haben vieles gemeinsam. Beide sind grundsätzlich kreativ. Bei beiden verfolgt man das Ziel, verschiedene Elemente zu einem harmonischen Ganzen zusammenzufügen. Beide weisen klare Strukturen auf, innerhalb derer es große kreative Freiräume gibt. Beide sind im wesentlichen rational. Die Innovation wird durch die Grenzen der Wissenschaft und Technik begrenzt, während die Musik letztlich auf der Mathematik beruht. In der griechischen Antike stellte der Mathematiker Pythagoras die Hypothese auf, daß alle Objekte, einschließlich der Welt selbst, ihren eigenen musikalischen Ton hätten. Als im zwölften Jahrhundert die Universität von Paris gegründet wurde, war die Musik ein Nebenfach der Mathematik. Mittelalterliche Gelehrte betrachteten die Musik als eine himmlische Manifestation der Mathematik, als Klang, der die Bewegung der Planeten im All begleitete. Interessanterweise wurden in der europäischen Geschichte die Epochen großer Fortschritte in Wissenschaft, Forschung oder Philosophie von neuen Entwicklungen in der Musik begleitet. Die Rennaissance brachte den Palestrina-Stil und Bach, die industrielle Revolution wurde von Mozart und Beethoven begleitet, das große Zeitalter der Naturwissenschaften im späten neunzehnten Jahrhundert erlebte Wagner und Ravel.

Wenn also Musik mit Innovation zu tun hat, welche Rolle spielt dann der Führer? Mittlerweile dürfte die Antwort nicht mehr überraschen, daß es keine Rolle gibt, die auf jede Situation anwendbar wäre. Manchmal ist der Führer wirklich ein Dirigent, etwa wenn Bill Gates interveniert und seine Produktteams wieder auf ihr gemeinsames Ziel einschwört. Manchmal ist er ein Komponist, etwa wenn Georges Salomon, Gianni Versace und David Potter ihre kreativen Konzepte entwickeln. Aber welche Rolle spielen Carlo Castellano oder Haruo Tsuji, die gar nicht persönlich für Innovationen verantwortlich sind? Sie sind weder Komponisten noch Dirigenten. Sie sind eigentlich selbst Teil des Kreativitätsprozesses. Man könnte sie fast mit der Musik selbst gleichsetzen, durch die ein dominantes Thema vorgegeben wird, das alles andere bestimmt. Wie die ersten vier Klänge der fünften Symphonie von Beethoven zeugen sie von einem genialen Geist, der selbst kreativ ist und andere zur Kreativität anregt.

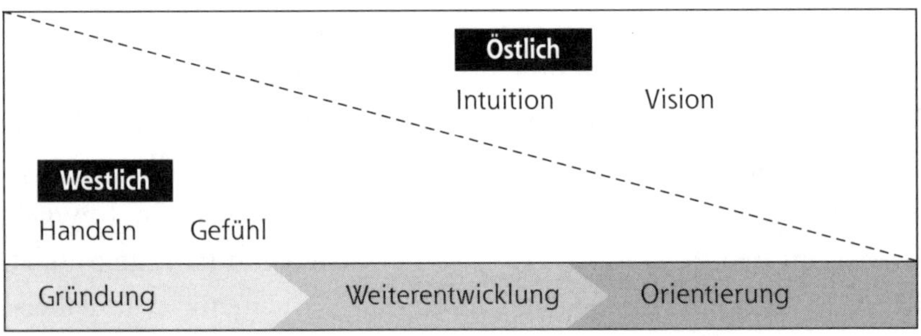


**Abbildung 16.1:** Unternehmensentwicklung und Führungsaufgaben

## Innovation, Führung und die Phasen der Unternehmensentwicklung

Führungskräfte, die für Innovation und Unternehmenswachstum verantwortlich sind, müssen zwei Führungsaufgaben gleichzeitig bewältigen. Sie müssen das Tagesgeschäft führen, also ihre Mitarbeiter dazu anleiten, «etwas zu tun». Dabei müssen sie ihnen das Gefühl geben, daß ihre Tätigkeit sinnvoll ist, und ihnen vermitteln, welchem übergreifenden Zweck ihre Arbeit dient. Vor diesem Hintergrund haben Führungskräfte eine zweifache Aufgabe: Sie müssen in der Gegenwart handeln («westliche» Aktion) und gleichzeitig auch den Weg in eine wünschenswerte Zukunft aufzeigen («östliche» Ganzheitlichkeit und Vision).

Diese Aufgaben stellen sich in allen Stadien der Unternehmensentwicklung, wenngleich sie zu verschiedenen Zeitpunkten unterschiedlich wichtig sind. In der ersten Zeit der Geschäftsgründung und Überlebenssicherung sind Führungskräfte eher handlungsorientiert, während in späteren Stadien die Kommunikation und die Entwicklung einer Vision einen höheren Stellenwert erhalten. In Abbildung 16.1 wird deutlich, in welcher Beziehung diese beiden Aufgaben zueinander stehen. Diese Abbildung entspricht Abbildung 12.3, wird hier aber unter einem anderen Gesichtspunkt interpretiert.

Den Theorien der Unternehmensentwicklung zufolge (über die es eine umfangreiche Literatur gibt) besteht ein Unternehmenszyklus aus typischen Phasen. Sie unterstellen, daß die Führungsaufgaben sowie die Effektivität bestimmter Führungsmethoden mit den Anforderungen der jeweiligen Entwicklungsstadien des Unternehmens gekoppelt sind. Wie in Kapitel 5 erläutert, handelt es sich um die Phasen der *Gründung*, der *Weiterentwicklung* und der *Orientierung*. In Abbildung 16.2 wird deutlich, wie diese drei Dimensionen die Entwicklung eines Unternehmens bestimmen.

## Handlungsorientierte Führung in der Phase der Unternehmensgründung

Produkte oder Dienstleistungen zu entwickeln, die sich von den anderen abheben und einzigartig sind, stellt die wichtigste Herausforderung im Wettbewerb dar. Gleichzeitig ist es die schwierigste Aufgabe, die sich dem Unternehmenschef in der Gründungsphase stellt. Die richtige Führung spielt bei der Bewältigung dieses Problems eine zentrale Rolle. Die Topmanager junger und kleiner Firmen üben einen starken Einfluß auf das Klima ihres Unternehmens aus; sie dominieren häufig die Entscheidungsfindung und spielen eine herausragende Rolle bei der Festlegung der Unternehmensziele (Kimberly, 1979). Miller und Friesen (1984: 193) meinen sogar, daß die Innovationskraft in kleinen Firmen «so sehr mit der Persönlichkeit, der Macht und dem Wissensstand des Unternehmensführers verknüpft ist, daß fast nichts anderes zu zählen scheint.»

In der Gründungsphase braucht ein Unternehmen Führungskräfte, die gerne Verantwortung übernehmen. Die Manager erfolgreicher junger Firmen verbringen den größten Teil ihres Arbeitstages mit operativen Fragen und weniger mit langfristigen strategischen Planungen oder der Kommunikation ihrer Vision. Greiner meint dazu (1972: 42): «Ihre physischen und geistigen Energien werden völlig davon absorbiert, ein neues Produkt herzustellen und zu verkaufen.» Aber das bedeutet nicht, daß sie keine Vision hätten. Unternehmer wie Thomas Watson oder Edwin Land sind Beispiele für erfolgreiche Firmengründer, die für sich selbst schon frühzeitig eine persönliche Vision der Zukunft entwickelt haben. Bei Microsoft sah Bill Gates voraus, daß die Software letztlich wichtiger als die Hardware würde, und er erkannte als einer der ersten, daß das Setzen eines Standards für Betriebssysteme vielleicht das wichtigste strategische Werkzeug in der Softwareindustrie sein würde. Bei Gates gab die Vision also den Ausschlag zum Handeln, so wie es auch bei David Potter und Gianni Versace der Fall war.

### Institutionalisierung der Führung in der Phase der Weiterentwicklung

Im Lauf der Unternehmensentwicklung, wenn die Aktivitäten immer komplexer werden und die Wertschöpfung in den Vordergrund rückt, wird auch das Innovationsmanagement immer komplexer. Dabei stehen die Führungskräfte vor dem Problem, daß effizientes Management einen nachteiligen Einfluß auf die Innovationsfähigkeit haben könnte, und umgekehrt. Dieser Konflikt beruht auf der grundlegenden Spannung zwischen Stabilität und Veränderung, Sicherheit und Experimentieren, Routine und Erneuerung, transaktionalem Management und Transformationsmanagement, Determinismus und eigenverantwortlichem Handeln.

In diesem Spannungsfeld muß sich auch der Schwerpunkt der Führungsarbeit verlagern. Während die Unternehmen reifer werden, Normen entwickeln und eine Identität gewinnen, schwinden die direkten Einflußmöglichkeiten der Topmanager. In dieser Situation bietet sich die «institutionelle Führung» (Van de Ven, 1986) als angemessene Reaktion auf die Bewältigung des Spannungsfelds zwischen Effizienz und Innovation an. Der Begriff der «institutionellen Führung» deutet darauf hin, daß die Verantwortlichen sich nun mit institutionellen Vereinbarungen befassen müssen. Er bezieht sich auf die verschiedenen administrativen und kulturellen Mechanismen, mit denen das Topmanagement Verhaltensweisen beeinflussen kann. Zu diesen gehören explizite Regeln und implizite Normen und Werte. Diese Mechanismen ermöglichen einerseits Stabilität und Effizienz und bieten andererseits einen strukturierten Raum für Innovationen.

Dadurch, daß die Topmanager individuellen Initiativen gegenüber grundsätzlich aufgeschlossen sind und diese unterstützen, vermitteln sie den Mitarbeitern auf symbolische Weise, wie wichtig die Innovation im Unternehmen ist (Schein, 1995). Bei Salomon sind die Leiter neuer Projekte direkt dem Präsidenten des Unternehmen, Jean-François Gaultier unterstellt. Durch die Einrichtung direkter Kommunikationskanäle signalisiert Gaultier, welch hohen Stellenwert er der Innovation einräumt. Gaultier hat nicht nur eine neue innovationsorientierte Unternehmensstruktur eingeführt, sondern auch die Vision des Unternehmens als Entwickler von «Kultprodukten» verbreitet. Derartige Visionen sind ein wirkungsvolles Mittel, um die Kreativität und Innovationskraft zu fördern.

### Visionäre strategische Führung in der Phase der Orientierung

Im Lauf des Wachstumsprozesses bieten sich Unternehmen Chancen, ihre Gewinne in neue Geschäftsfelder zu investieren (Bühner,

1990). Eine solche Diversifikation – gelegentlich auch als Unternehmensinnovation bezeichnet (Yoshihara, 1988) – erfordert eine starke Führung an der Unternehmensspitze.

Die beiden zentralen Innovationsthemen in diesem Stadium der Unternehmensentwicklung lauten, die Innovationskraft zu bewahren und gleichzeitig den unvermeidlichen Widerstand zu bewältigen, der durch Diversifikationsmaßnahmen hervorgerufen wird, da diese nun einmal eine Veränderung der bestehenden Ordnung implizieren und damit auch die Machtverhältnisse verändern könnten (Yoshihara, 1988).

Wenn Unternehmen diversifizieren, bedeutet dies in der Regel auch, daß einzelne Geschäftseinheiten in sehr heterogenen Umgebungen aktiv sind und den unterschiedlichsten Anforderungen gewachsen sein müssen. Das kann einem Unternehmen die notwendige Energie rauben, Aktivitäten zu koordinieren und potentielle Synergieeffekte zu nutzen. Um diese Falle zu vermeiden, sollten die Topmanager nicht nur neue und effektive Strukturen einführen, sondern auch mehr Zeit für die Entwicklung und Kommunikation einer sinnstiftenden Vision aufwenden. Auf diese Weise beugen sie dem Problem der Fragmentierung effektiv vor.

Klare Visionen vermitteln den Beschäftigten immer, welchen Sinn ihre Arbeit hat. Sie zeigen ihnen übergeordnete Ziele und Maßnahmen auf und schwächen damit den Widerstand gegen das Neue. Dadurch wiederum wird mehr Kreativität – die Basis der Innovation – möglich. Im Lauf der Unternehmensentwicklung wird die Vision also ein immer wichtigeres Mittel der Integration, Orientierung und Innovation. Sie wirkt als Bindeglied zwischen ansonsten isolierten oder sogar im Wettbewerb stehenden Geschäftseinheiten. Häufig ist die Vision sogar so umfassend, daß sie das Unternehmen prägt, anstatt umgekehrt von den Unternehmensbedürfnissen geprägt zu werden. Beispiele dafür sind Kaos Vision der «Sauberkeit, Gesundheit und Schönheit», Salomons Wunsch, den besten Ski der Welt zu bauen, oder das kollektivistische Ethos von Mondragón.

Der Begriff der visionären Führung wird in verschiedenen Unternehmen unterschiedlich ausgelegt. Westley (1991) meint, daß visionäre Führer ihre Inspiration letztlich aus wissenschaftlicher Leidenschaft oder tief verankerten moralischen Überzeugungen beziehen. Daneben scheinen manchmal auch ästhetische Einflüsse eine gewisse Rolle zu spielen, wie es etwa bei Versace der Fall ist. Diese Einflüsse prägen wiederum in entscheidendem Maß die Innovationen der Unternehmen. Durch die Kombination der wissensabhängigen Bereiche mit den oben beschriebenen operativen, zeitabhängigen Bereichen kommt man dem Verständnis der Beziehung zwischen Innovation und Führung entscheidend näher.

## Typologie der innovationsorientierten Führungsrollen

Aus den obigen Ausführungen ergibt sich, daß die Führungsrolle an den jeweils vorherrschenden Innovationsfokus angepaßt werden sollte. Vor allem in der Gründungsphase unterscheiden sich die Führungsmethoden in technologisch orientierten Unternehmen deutlich von denen in ästhetisch orientierten Firmen, und diese wiederum von denen in auf Managementinnovationen konzentrierten Unternehmen. Die beiden Dimensionen der Entwicklung – die jeweilige Phase der Unternehmensentwicklung und der jeweilige Wissensbereich – sind untrennbar miteinander verbunden. Auch in Platons Konzept des Wissens gibt es zwei Hälften eines Ganzen. Auf der einen Seite stehen das Schöne, das Gute und das Wahre für den Fortschritt des *Wissens*, während die Gründung, Weiterentwicklung und Orientierung den Fortschritt des *Handelns* repräsentieren.

Kombiniert man die beiden Hälften, zeigt sich, daß ein Unternehmen in jedem zeitabhängigen Bereich in jedem der drei wissensabhängigen Bereiche tätig sein kann. Es kann sich im kreativen

Stadium auf den technologischen Fortschritt (das Wahre), die Führungsinnovation (das Gute) oder ästhetische Produkte (das Schöne) konzentrieren. Die Palette möglicher Beziehungen kann in einer zweidimensionalen Matrix mit neun Führungsrollen dargestellt werden, wie Abbildung 16.2 zeigt.

**Der unternehmerische Erfinder (Technologie/Gründung)**

Das technologieorientierte, innovative Unternehmen wird in der Regel von einem unternehmerischen Erfinder gegründet. Wissenschaftliche Durchbrüche oder technologische Fortschritte sind die ausschlaggebenden Faktoren für die Unternehmensgründung. Dabei kommt es besonders auf die technologische oder wissenschaftliche Kompetenz und Kreativität der Gründer an. In der Gründungsphase von Technologieunternehmen spiegelt der Führungsstil eine starke Leistungsorientierung, die mehr auf den technologischen Fortschritt als auf die Kundenbedürfnisse abzielt.

**Beispiel: Psion**

Charles Davies, verantwortlich für Forschung und Entwicklung bei Psion, erinnert sich an die Anfangszeiten des Unternehmens:

> Ich war praktisch der erste Mitarbeiter, und in den ersten Jahren hatten wir keine formalen Führungsstrukturen. Wir alle verfolgten einfach das Ziel, neue Technologien zu meistern. Es stimmt wahrscheinlich, daß wir keinen großen Wert auf zwischenmenschliche Fähigkeiten gelegt haben. Wir denken uns etwas aus, von dem wir glauben, daß es den Kunden gefällt, aber wir holen uns unsere Anregungen eigentlich nicht bei den Kunden. In der Anfangszeit wurde diese Methode durch unseren Erfolg auch bestätigt.

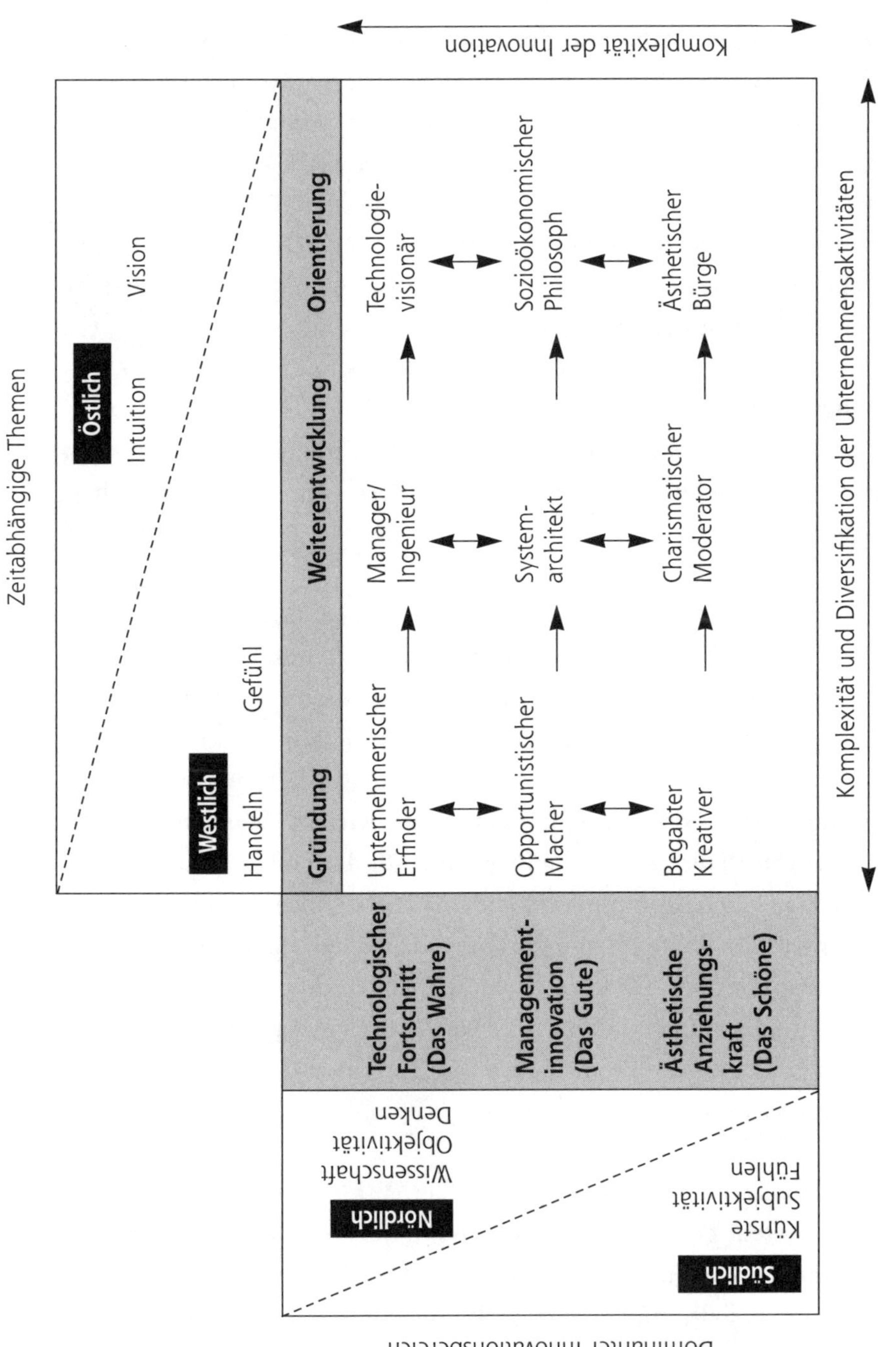


**Abbildung 16.2:** Führungsrollen

### Der Manager/Ingenieur (Technologie/Weiterentwicklung)

Wenn die unternehmerischen Erfinder anfangen, Geld zu verdienen, und ihre Unternehmen mehr oder weniger schnell wachsen, wird deutlich, daß sich die Aufgabe der Innovation nicht auf die Forschung und Entwicklung beschränken darf, sondern daß sie externe wie interne Quellen der Innovation nutzen muß. Die Führungskräfte stehen also vor der Aufgabe, die Innovationsbemühungen zu kanalisieren und in systematischere Bahnen zu lenken.

### Beispiel: Psion

Hier ergab sich, wie so oft, der Anstoß zu Veränderungen nicht aus vorausschauenden Überlegungen, sondern aus einer plötzlichen Krise:

> Unser schneller Erfolg hatte uns glauben gemacht, daß wir nichts falsch machen könnten. So kam es, daß alle möglichen Mitarbeiter immer mehr Ideen hatten und sie für die richtigen hielten. Es fehlte an echter Koordination, und bald hatten wir uns mehr aufgeladen, als wir bewältigen konnten. Unser Selbstvertrauen und unser Mut erhielten einen gehörigen Knacks. Wir hatten nicht nur ernsthafte technische Probleme, sondern unser Traum schien sich in einen Alptraum verwandelt zu haben. Den Kunden gefielen unsere Produkte nicht mehr. Sie entsprachen nicht ihren Bedürfnissen, und sie waren zu teuer. Schließlich erwiesen sich die Probleme als unüberwindbar, und wir mußten akzeptieren, daß wir in einer Reihe von technischen wie organisatorischen Aufgaben versagt hatten.

Der Manager/Ingenieur weiß, daß zur Wahrung des Wettbewerbsvorteils mehr gehört, als technologische Innovationen auf den Markt zu bringen. Da ein Unternehmen nur überleben kann, wenn es auch Gewinne erzielt, muß es sich im Lauf des Prozesses der technologischen Innovation immer mehr auf den Markt konzentrieren. Die Entwicklung funktionaler Fähigkeiten darf neben der Vervollkommnung des technischen Know-hows nicht zurückstehen. Die Fähigkeit zur Koordination und Kontrolle wird somit ein entscheidendes Element der Führung. Kurz: Ein weiteres Wachstum des Unternehmens ist in diesem Stadium nur möglich, wenn den Unternehmensfunktionen mehr Beachtung geschenkt wird. Dazu muß die Führung in der Lage sein, für die Kooperation und die gemeinsame Nutzung des Wissens in den Unternehmenseinheiten zu sorgen. David Potter, Gründer von Psion, brachte es auf den Punkt: «Wenn die Aktivitäten nicht abgestimmt werden, bricht Chaos aus.»

Der kreative Einsatz von Entwicklungsprojekten kann dazu beitragen, die Unternehmenseinheiten zu strukturieren und zu integrieren, während gleichzeitig die Mitarbeiter die Freiräume erhalten, ihr Potential zu entwickeln. Mit Entwicklungsprojekten können einzelne Funktionen stärker zusammengeschweißt werden, während die Mitarbeiter ihre eigenen Fähigkeiten und Kenntnisse ausbauen können. Es liegt auf der Hand, daß Teamarbeit kaum möglich ist, wenn Kompetenzen nicht delegiert werden. Daher ist es notwendig, von einem autokratischen zu einem demokratischeren Führungsstil überzugehen. Aber viele Manager/Ingenieure tun sich schwer damit, ihren autoritär gefärbten Führungsstil abzulegen.

**Beispiel: Trumpf**

Prof. Berthold Leibinger, der Geschäftsführer des schwäbischen Werkzeugmaschinenherstellers, ist ein typischer Manager/Ingenieur. Die Autorität steht im Zentrum seines persönlichen Führungskonzepts:

> Ich glaube an die Notwendigkeit der Autorität im Leben. Mein Ideal ist es, ein aufgeklärter Patriarch zu sein, jemand, der seine Pflichten kennt und weiß, daß er sich um andere kümmern muß, aber auch von anderen abhängig ist.

### Der Technologievisionär (Technologie/Orientierung)

Im Lauf des Entwicklungsprozesses technologieorientierter Firmen verändert sich die Rolle des Chefs. Er wird zum Technologievisionär, der die verschiedenen Unternehmenseinheiten integriert und ein umfassendes technologisches Konzept entwickelt, auf dem die weitere Innovationsarbeit des Unternehmens sowie die Entwicklung der Branche insgesamt basiert.

### Beispiel: Sharp

Atsushi Asadi, F&E-Leiter bei Sharp, glaubt, daß zwischen einer technologischen Vision und der Kreativität ein direkter Zusammenhang besteht. Ein visionärer Führer baut eigene Konzepte auf und denkt in größeren Zusammenhängen, die über den Nutzen einzelner Ideen weit hinausgehen:

> Es gibt eine Grenze für den Nutzen einer Technologie, die man entwickelt hat. Wenn man lediglich versucht, diese Technologie zur Marktreife zu führen und möglichst viel Geld damit zu verdienen, engt man den Horizont der F&E-Leute ein. Wenn man ihnen eine umfassendere Perspektive anbietet, gewinnen sie auch mehr Freiheit. Sobald man ein solches Konzept gegenüber Ingenieuren erwähnt, die sich gerade in einer Sackgasse befinden, tritt ein Leuchten in ihre Augen. Plötzlich erweitert sich ihr Horizont, und das führt zu einer Lawine neuer Ideen. Man muß ihnen ein übergreifendes Konzept anbieten. Wenn man ihnen nur sagt, daß sie eigentlich tun können, was sie wollen, landen sie am Ende höchstens einen einzigen Treffer. Wenn man jedoch quasi einen «Schirm» über ihnen aufspannt, erzielen sie einen Treffer nach dem anderen.

Technologievisionäre spielten bei Sharp seit der Firmengründung eine überragende Rolle. Tokuji Hayakawa selbst kann als Vertreter dieses Typs bezeichnet werden.

### Der opportunistische Macher (Managementinnovation / Gründung)

Der opportunistische Macher erzielt unternehmerische Erfolge, indem er versucht, Marktchancen zu nutzen. Er kümmert sich intensiv um die Vorlieben der Kunden und neue Markttrends. Es kommt ihm auf das schnelle Erkennen von Chancen und Gefahren und rechtzeitige Reaktionen an. Häufig fühlt er sich stark dem Service verpflichtet. Marketing-Know-how und die Fähigkeit zu motivieren und zu improvisieren sind die wichtigsten Merkmale opportunistischer Macher. Sie beziehen die Stärken ihrer Mitarbeiter in hohem Maß in ihre Überlegungen ein. Eine starke Orientierung auf Menschen und die Betonung allgemeiner Führungsfähigkeiten spielen – anders als in technologisch oder ästhetisch orientierten Unternehmen – schon in der Gründungsphase eine wichtige Rolle.

### Beispiel: Esaote

Carlo Castellano ist ein typisches Beispiel für diese Art der Führung. Fabrizio Landi, der stellvertretender Geschäftsführer, erinnert sich an die Unternehmensgründung:

> Alles fing mit einer Idee, einer Studie und einigen vorläufigen Kontakten an, wobei der Marktfaktor von grundsätzlicher Bedeutung war... Unser Trumpf war die Kontinuität im Management... Der Zusammenhalt in der Geschäftsführung hatte eine strategische Bedeutung für den Erfolg der Innovationen. Die Menschen haben in unserem Unternehmen immer eine wichtige Rolle gespielt.

### Der Systemarchitekt (Managementinnovation / Weiterentwicklung)

In einem sehr wettbewerbsorientierten Umfeld kommt es darauf an, Chancen zu erkennen, sobald sie sich bieten. Diese Fähigkeit kann man entwickeln und ausbauen.

**Beispiel: Banco Santander**
Die Bank versucht, Veränderungen auf den Finanzmärkten zu nutzen, um neue Produkte vor ihren Rivalen einzuführen. Ein Emilio Botin unterstellter Manager sagte:

> Innovationen werden nicht in der Bank selbst geschaffen. Wir hatten enorme Erfolge mit «Superkonten», «Superfonds» und «Superhypotheken». Diese Produkte stehen auf dem Markt zur Verfügung, oder die Bedingungen auf den Finanzmärkten machen sie möglich. In Antracht des sinkenden Zinsniveaus in Spanien kann man sich sehr attraktive Produkte ausdenken und sie dann einführen. Man muß sie nur richtig verpacken und bewerben und dann den Mitarbeitern beibringen, wie man sie verkauft. Die meisten Finanzinstitute sind in dieser Hinsicht sehr langsam. Wir bei Banco Santander möchten schneller als alle anderen sein, wenn es darum geht, neue Chancen auf den Finanzmärkten zu nutzen.

Der effektive Systemarchitekt hat gelernt, von der Vielfalt zu profitieren und das System in seiner Gesamtheit im Auge zu behalten. Er schafft die Innovationen nicht selbst, sondern konzentriert sich darauf, einen Rahmen zu schaffen, in dem Innovationen gedeihen können. Der Fall Bertelsmann zeigt, daß echte Systemarchitekten die Ziele der Innovation, Eigenverantwortlichkeit und Autonomie verfolgen können, ohne daß darunter die Koordination leiden muß.

Ein wichtiger Teil der Führungsaufgabe des Systemarchitekten besteht darin, ein Klima zu schaffen, in dem sich unterschiedliche Führungstalente nebeneinander entwickeln können. Viele Unternehmen werden deshalb in eigenständige Einheiten gegliedert. Zwei Voraussetzungen müssen erfüllt sein, damit diese Methode gut funktioniert. Zum einen muß der Systemarchitekt ein Talent dafür haben, andere Führungskräfte auszubilden. Der schon zitierte Manager von Banco Santander meinte:

> Jeder muß innovativ sein. Die Innovation ist ein kritisches Element der Dynamik der Bank, eine Form des internen Wettbewerbs. Wenn man eine lernende Organisation schaffen will, ist natürlich auch eine gewisse Toleranz gegenüber Mißerfolgen nötig, wenngleich «jede Sünde bestraft wird». Wenn jemand ständig versagt, muß er allerdings die Konsequenzen tragen.

Der Systemarchitekt kümmert sich darum, unternehmerische Talente anzuziehen. Er betont seine Funktion als Coach, der zuhört, ermutigt und die Richtung vorgibt. Wie erwähnt, erzeugen die Dezentralisierung der Entscheidungsfindung und die Diversifizierung der Aktivitäten naturgemäß verschiedene «zentrifugale Kräfte», die die Integration des Unternehmens eher behindern. Der Systemarchitekt versucht zu verhindern, daß die Nachteile der Dezentralisierung ihre Vorteile der individuellen Freiheit und Autonomie überwiegen.

### Der sozioökonomische Philosoph (Managementinnovation / Orientierung)

Ein weiteres wichtiges Elemente der Kontrolle sind die Grundregeln, die die Einstellungen und Werte des Führers reflektieren. Die Methoden des Systemarchitekten werden sehr wahrscheinlich durch einen Führungsstil ergänzt, den man als «sozioökonomisch» bezeichnen könnte. Ein «sozioökonomischer Philosoph» versucht, die Unternehmensaktivitäten mit gesellschaftlichen Entwicklungen in Beziehung zu setzen. Er betrachtet das Unternehmen als eine Reflexion der umfassenderen gesellschaftlichen Ideale. Gleichzeitig sieht er es als Instrument zur Verwirklichung von Werten, die wiederum zur Weiterentwicklung der Gesellschaft beitragen.

#### Beispiel: Bertelsmann

Für diese Art der Führung ist die Philosophie des ehemaligen Unternehmenschefs Reinhard Mohn typisch:

> Die Menschen nehmen sich heute anders wahr als in der Vergangenheit. Wir haben ihnen dabei geholfen: durch Demokratie, Bildung, einen höheren Lebensstandard... Das übergreifende Ziel unseres Unternehmens lautet, einen Beitrag zur Verbesserung der Gesellschaft zu leisten... Wenn wir zum Beispiel eine interne Richtlinie formuliert und in unserer Unternehmensverfassung verankert haben, dann ist das ein Baustein der Gesellschaftspolitik... Oder warum haben wir etwa einen großen Teil des Privatvermögens des Unternehmers Mohn oder seiner Familie an die Bertelsmann Stiftung übertragen?... Wir wollten die Kontinuität des Kapitals sichern. Und durch unsere Aktivitäten, von denen viele nicht gewinnorientiert sind, wollten wir unsere Verpflichtungen gegenüber der Gesellschaft erfüllen... In der Bilanz unseres Lebens werden die qualitativen Ergebnisse höher bewertet als die quantitativen.

Sozioökonomische Philosophen sind vor allem in hochentwickelten Unternehmen anzutreffen, die eine zentrale Vision, wie sie oben beschrieben wurde, vertreten. Auch Javier Mongelos und Yoshio Maruta sind Repräsentanten dieses Führungstyps.

### Der begabte Kreative (Ästhetik / Gründung)

Für den begabten Kreativen ist die Ästhetik seiner Konzepte wichtiger als der Blick auf die Marktchancen. Er ist hauptsächlich in der Mode- und Unterhaltungsbranche anzutreffen. Seine herausragenden Eigenschaften sind ein ausgeprägter persönlicher Stil, eine klare ästhetische Überzeugung und Kreativität. In der Gründungsphase arbeitet er meist noch unabhängig und entwickelt Konzepte für andere Unternehmen. Allmählich stellt der begabte Kreative dann weitere kreative Menschen ein, die unter seiner Anleitung arbeiten.

### Beispiele: Versace und Psion

Unter den dreizehn untersuchten Führungspersönlichkeiten war Gianni Versace der typische Vertreter des begabten Kreativen. Aber auch David Potter weist viele Merkmale dieses Typs auf. Er sagt von sich selbst, daß er eine romantische Sichtweise der Naturwissenschaften habe und sehr stark durch seine Leidenschaft für die Kreativität beeinflußt werde. Obwohl Technologie und Ästhetik zwei verschiedene Konzepte sind, sollte man sich in Erinnerung rufen, daß sie zumindest bei manchen Menschen sehr eng verknüpft sind.

### Der charismatische Moderator (Ästhetik / Weiterentwicklung)

Ästhetik, die Bedürfnisse weckt, schafft Nachfrage. Wenn der begabte Kreative Erfolg mit seinem Design und seinen künstlerischen Leistungen hat, entsteht in der Regel der Wunsch, seine kreativen Konzepte selbst zu verwerten anstatt dies anderen zu überlassen. Dazu muß er sich allerdings auf neues Terrain begeben. Vielleicht fehlt es ihm an Kapital oder Know-how, um dies tun zu können. Die pragmatische Lösung dieses Problems liegt in der «Quasi-Integration» der Wertschöpfungsaktivitäten, etwa durch die Einrichtung von Netzwerken, die aus kreativen, produzierenden und vermarktenden Einheiten bestehen. Es handelt sich um Kooperationen, deren Teilnehmer in hohem Maß voneinander abhängig sind. Dies kann ein guter Weg sein, um die oben erwähnten Probleme zu umgehen, es kann aber auch Schwierigkeiten in der Geschäftsführung aufwerfen.

Gleichzeitig wird damit ein gewisser Druck auf den begabten Kreativen ausgeübt, einen größeren Anteil seiner Zeit auf betriebliche Fragen zu verwenden. Dadurch steht ihm weniger Zeit für den Bereich zur Verfügung, der ihn überhaupt erst erfolgreich gemacht hat. Dieses Problem kann er lösen, indem er die formale Verantwortung für die Geschäftsführung an einzelne Manager überträgt. Die

Frage lautet allerdings, ob er die Führungsaufgaben einem Mitglied des alten Teams überträgt oder professionelle Manager einstellt. Da aber gerade in ästhetisch orientierten Branchen die wenigsten Kreativen an Fragen des Managements interessiert sind, gibt es vielleicht gar keine Mitarbeiter aus dem Team, die für eine Führungsposition in Frage kämen. Dann ist es effektiver, erfahrene Manager mit nachgewiesenen Qualifikationen einzustellen. Natürlich hat man in der Folge das Problem, daß sie zum einen die Branche nicht kennen und sich zum anderen als Außenseiter ihre Akzeptanz im Unternehmen oft schwer erkämpfen müssen. Eine Lösung für dieses Problem kann es sein, Familienmitglieder einzubringen.

**Beispiel: Versace**

Gianni Versace brachte seinen Bruder Santo als Manager in die Firma. Als Familienmitglied besaß Santo den Respekt und das Vertrauen der kreativen Mitarbeiter, und er ermöglichte es seinem Bruder Gianni, sich völlig seinen kreativen Aufgaben zu widmen. Während sich Santo Versace auf die unternehmerischen Aspekte konzentrierte, gab Gianni Versace durch sein Charisma den kreativen Mitarbeitern eine Identität, die eine «weiche» Integration ermöglichte.

### Der ästhetische Bürge (Ästhetik/Orientierung)

Ästhetische Bürgen sind die Instanzen, auf die sich andere verlassen, um Informationen und Urteile über die Qualität ästhetischer Produkte zu erhalten (Mossetto, 1993). Um eine solche Rolle zu spielen, muß man beim allgemeinen Publikum einen hohen Bekanntheitsgrad gewonnen haben.

**Beispiele: Versace und Salomon**

Gianni Versace wurde durch seine Modeschauen und den Entwurf von Theaterkostümen für internationale Künstler berühmt. Außerdem repräsentierte er sein Land auf vielen internationalen Ausstellungen. Diese Aktivitäten gaben ihm die Chance, seine ästhetische Philosophie zu verbreiten. Auf vergleichbare Weise hat auch Salomon versucht, allgemeine Standards für Produkte wie Skier und Golfschläger zu setzen. Ein ästhetischer Bürge verfügt nicht nur über ein hohes Prestige, sondern seinem Unternehmen eröffnen sich auch viele neue Chancen. Während er sich immer mehr als zuverlässiger Richter in Fragen der Ästhetik etabliert, bieten sich Möglichkeiten, seine ästhetische Philosophie auf andere Produktklassen zu übertragen. Dies führt letztlich zu einer Strategie der Diversifikation. Versace produziert zum Beispiel so verschiedene Produkte wie Accessoires, Stoffe, Uhren, Schmuck, Parfüm und Möbel.

Insbesondere erfolgreiche Innovationen im Bereich der Ästhetik zeigen besonders deutlich, daß Führung und Management jeweils unterschiedliche Anforderungen stellen. Es sieht sogar so aus, daß der kreative «Führer« nur dann effektiv führen und neue Konzepte entwickeln und kommunizieren kann, wenn er sich nicht zu intensiv mit dem Management befaßt. Das kann er sich aber nur leisten, wenn er von einem vertrauenswürdigen und kompetenten Managementteam unterstützt wird.

## Moralische Aspekte der Führung

Aus unserer Studie schließen wir, daß ein enger Zusammenhang zwischen Managementinnovationen und ethischen Überlegungen besteht. Man könnte sogar sagen, daß die Moral die wichtigste Quelle des langfristigen Erfolgs von Managementinnovationen ist. Die Gründer und Führer derjenigen Unternehmen, die auf erfolgreiche Managementinnovationen zurückblicken, verfügen gleichzeitig auch über starke moralische Überzeugungen. Gesellschaftliche Verantwortung und protestantische Werte waren schon für Carl Bertelsmann, den Gründer des Bertelsmann-Konzerns, von zentraler Bedeutung, und diese Werte prägen die Aktivitäten des Konzerns bis heute. Auf der Managementtagung des Konzerns im Jahr 1994 sagte Reinhard Mohn:

> Mein Urgroßvater Carl Bertelsmann... horchte sich in seiner kleinen Heimatstadt Gütersloh um: Was brauchen die Leute? Natürlich benötigten sie Lernmaterial, Bildungsmaterial, Schulbücher. Sie brauchten auch geistige Orientierung. ... So kam er ins Verlagswesen und schrieb sogar einiges selbst. Vor diesem Hintergrund entwickelte er sehr strikte Grundsätze für seine Berufsethik. Er konnte nicht ausschließlich die reine Gewinnmaximierung anstreben... Nein, er sah es als seine Pflicht an, einen Beitrag zum Wohl der Gesellschaft und der Menschen zu leisten... Glauben Sie mir, diese Leitidee, diese Philosophie, hat dem Unternehmen geholfen, viele Schwierigkeiten zu überwinden und Krisen zu überstehen. Diese Einstellung hat sich auch durch die Generationen hindurch nie geändert.

Ein weiteres Beispiel ist die Mondragón-Gruppe, die vom Priester José Maria Arizmendiarrieta gegründet wurde. Auch Carlo Castellano, Präsident und Geschäftsführer von Esaote Biomedica, vertritt starke soziale Werte und neigt eher einer Politik der linken Mitte zu, was nicht gerade typisch für einen erfolgreichen Unternehmer ist. Auch im japanischen Kontext scheint es eine Beziehung zwischen Managementinnovation und moralischen Überzeugungen zu geben. Der ehemalige Präsident der Kao Corporation, Yoshio Maruta, erklärt seine Managementphilosophie so:

> Unser Hauptziel besteht nicht darin, den Marktanteil zu steigern oder die Konkurrenz zu schlagen. Er besteht darin, den Kunden nach dem Grundsatz der Barmherzigkeit zu dienen, den Königin Srimala, eine fromme Buddhistin im alten Indien, gepredigt hat, oder auch nach dem Grundsatz der Wahrheit der Lehre Buddhas.

## Schlußfolgerungen

Zwischen den zeit- und wissensabhängigen Bereichen herrscht keine zwangsläufige Trennung. Die Phasen der Gründung, Weiterentwicklung und Orientierung sind unterschiedlich, ohne getrennt zu sein. Eine Vision kann nur auf dem Boden der Gründung gedeihen, während eine Gründung ohne Vision häufig ziellos erscheint und es ihr an Begeisterung mangelt. Auch Technologie und ästhetische Anziehungskraft sind miteinander verknüpft. Deshalb sind auch die oben beschriebenen neun Führungstypen keine starren Kategorien. Führungskräfte entwickeln sich weiter oder können sogar Aufgaben verschiedener Bereiche gleichzeitig wahrnehmen. Gianni Versace und David Potter wurden schon als Beispiele dafür genannt. Genau betrachtet, kann man sogar allen Chefs der Unternehmen unserer Studie mehrere Bereiche zuschreiben.

Der jeweils vorherrsche Bereich, das Tempo, mit dem diese sich verändern, und die daraus resultierenden Führungsrollen hängen natürlich von der Unternehmens- und Marktentwicklung ab. Es gibt eine Vielzahl interner und externer Kräfte, die einen Manager dazu bewegen, von einem Bereich in den nächsten überzugehen. Dazu zählen nicht zuletzt auch die eigene Persönlichkeit des Führers, seine Herkunft, Ausbildung und Ideale. Die Unterschiede zwischen den Führungsstilen von Bill Gates und Gianni Versace beruhen auch auf ihrer Herkunft – der eine wuchs im Nordwesten Amerikas und der andere in Kalabrien auf – und auf ihren persönlichen Idealen, wobei der eine die Vision der Technologie und der andere die Vision der Ästhetik verfolgte.

# Nachwort

Dieses Buch will keine vorgefertigten Rezepte anbieten. Es erhebt nicht den Anspruch, ein neues globales Unternehmensmodell zu beschreiben oder den Königsweg zum Erfolg vorzuzeichnen. Es enthält kein einzigartiges Konzept, auf das sich Unternehmensführer berufen können, um ihre Effizienz oder Effektivität zu steigern. Denn wenn wir dies täten, würden wir die Prinzipien, auf denen das Buch basiert, verletzen. Wir haben nun genug Idole gehabt. Das letzte, was die Wirtschaft braucht, ist ein weiterer Götze, der seine Anhänger zum wahren Glauben bekehren will.

Wir haben aber versucht zu zeigen, daß es viele Wege zum unternehmerischen Erfolg gibt. Es gibt viele Geschäftskulturen, viele Arten der Führerschaft, viele Wege zur Innovation. Erfolgreiche Unternehmen existieren in den unterschiedlichsten Formen; erfolgreiche Führer haben viele Gesichter. Die Welt des Geschäftslebens ist durch eine unendliche Buntheit und Vielfalt geprägt. Das macht die Wirtschaftswelt gleichzeitig so herausfordernd und faszinierend: Wenn ein Unternehmen wie das andere wäre, wenn jeder Manager sein Unternehmen gleich führen würde, wäre kein Raum für Leidenschaft und Spannung, und an ihre Stelle wäre die dumpfe Mechanik der Prozesse und der Ergebnisse getreten.

Aber dies wird nie geschehen, und dies ist auch einer der Gründe dafür, warum sich das Reengineering in mancherlei Hinsicht als ein Licht herausstellt, das nicht leuchtet. Menschen bringen keine Leidenschaft für Prozesse, sondern für Ideen auf. Bei der Innovation geht es um Ideen, um Wissen, um den Kick des Neuen. Innovationen kann man um ihrer selbst willen verfolgen, um der Freude willen, die man über ihren Erfolg empfindet. Die gesamte Tradition und Geschichte der europäischen Innovation basiert auf einer Jagd, auf der Verfolgung des Lichts des Wissens durch die Nebel des Unbekannten. Das ist keine neue Idee. Sie traf schon zu Platons Zeiten zu, wenn nicht gar noch früher.

Letztlich lehrt uns die Beschäftigung mit der Vielfalt, wie wenig wir wirklich über diese immensen, mächtigen Organisationen wissen, die wir Unternehmen nennen. Wir unterstellen in unseren Büros, Vorstandsetagen und Workshops – und den Vorlesungssälen der Universitäten –, daß wir viel wissen und uns im Kegel des Lichts befinden. In Wahrheit stehen wir im Schatten. Das echte Licht ist immer noch weit weg und wartet darauf, entdeckt zu werden. Manchmal scheint es besonders zu locken, wenn wieder eine neue Große Idee verbreitet wird. Manchmal wird tatsächlich ein wenig Licht verbreitet, und manchmal erlischt es wieder, und der Schatten scheint unergründlicher als je zuvor.

Ist es vermessen zu hoffen, daß die nächste Große Idee nicht aus einer, sondern vielen Ideen besteht? Darf man sich darauf gefaßt machen, daß Unternehmen eine Vielzahl von Führungs- und Innovationsmethoden berücksichtigen, und daß Regierungen, Universitäten und Business Schools diesen Trend zur Vielfalt unterstützen? Vielleicht kann man diese Fragen bejahen. Die universale Lösung, die eine beste Methode, die magische Pille, die alle Probleme löst, besitzt immer noch eine sehr starke Anziehungskraft. Aber wenn dieses Buch nur eine Botschaft hätte, dann wäre es die, daß das erfolgreiche, innovative Unternehmen der Zukunft sowohl fest in der eigenen Kultur verwurzelt als auch gleichzeitig in der Lage ist, die Vielfalt der Unternehmenswelt zu verstehen, damit umzugehen und Stärke daraus zu beziehen.

Unternehmen auf der ganzen Welt können viel voneinander lernen. Innovation, Wissen und Fähigkeiten sind universale Gegebenheiten. Die vielleicht wichtigste Schlußfolgerung für das einundzwanzigste Jahrhundert ist die, daß die Welt durch neue Möglichkeiten der Information und Kommunikation zwar immer mehr zusammenwächst, daß aber Unternehmen voneinander lernen können, ohne ihre Einmaligkeit zu opfern. Kao ist nicht weniger japanisch, weil es das Marketing von Procter & Gamble zum Vorbild genommen hat. Es wäre auch ein Fehler gewesen, seine japanische

Identität zu opfern, so wie es ein Fehler wäre, wenn die europäischen Firmen nun versuchen würden, ihre europäischen, nationalen und lokalen kulturellen Eigenarten über Bord zu werfen, um sich dem Diktat eines amerikanischen, japanischen oder ostasiatischen Modells zu unterwerfen.

Europa besitzt Stärken und Schwächen. Unsere Aufgabe lautet heute, die Schwächen zu überwinden und uns gleichzeitig auf die wesentlichen Stärken zu besinnen. Dazu benötigen wir Ressourcen, Investitionen, Führerschaft und Vision. Es liegt an uns, eine europäische Vision zu entwickeln und auf den europäischen Stärken aufzubauen, um auf dem Weltmarkt bestehen zu können.

## Literaturangaben


Abaelard, Peter. «The Story of my Misfortunes». In: *The Letters of Abelard and Heloise.* übers. v. Betty Radice. London: Penguin, 1974.

Adler, Paul S. und Borys, Bryan. «Two Types of Bureaucracy: Enabling and Coercive». Entwurf einer Forschungsarbeit. University of Southern California, 1994.

Allport, F. H. *Social Psychology*. Boston: Houghton-Mifflin, 1924.

Bavendamm, D. *Bertelsmann, Mohn, Seippel. Drei Familien – ein Unternehmen.* München: Bertelsmann, 1986.

Bennis, Warren und Nanus, Burt. *Führungskräfte: Die vier Schlüsselstrategien erfolgreichen Führens.* Frankfurt: Campus, 5. Aufl. 1992.

Ben-Porath, Yoram. «The F-connections: Families, Friends and Firms and the Organisations of Exchange». *Populisation and Development Review* (1980).

Berger, Stefan und Broughton, David. *The Force of Labour: The Western European Labour Movement and the Working Class in the Twentieth Century.* Oxford: Berg, 1995.

Bloom, Helen, Calori, Roland und de Woot, Philippe. *Euro Management: A New Style for the Global Market.* London: Kogan Page, 1994.

Boisot, Max. *Information Space: A Framework for Learning in Organizations, Institutions and Culture.* London: Routledge, 1995.

Bond, Michael Harris (Hrsg.). *The Psychology of the Chinese People.* Hong Kong u.a.: Oxford University Press, 1986.

Braudel, Fernand. *Sozialgeschichte des 15.–18. Jahrhunderts.* 2 Bde. München: Kindler, 1985 und 1986.

Braudel, Fernand. *A History of Civilizations*. Übers. v. Richard Mayne. London: Penguin, 1993.

Bühner, R. «Die Bedeutung von Unternehmenszusammenschlüssen im Rahmen einer technologieorientierten Unternehmensstrategie». *Ifo-Studien*, 1990 (36:1). S. 17–40.

Brusco, S. *Small Firms and Industrial Districts: The Experience of Italy.* London: Croom Helm, 1988.

Burgelmann, R. A. «A Comparative Evolutionary Perspective on Strategy-Making: Advantages and Limitations of the Japanese Approach». In: K. Urabe, J. Child und T. Kagono (Hrsg.). *Innovation and Management: International Comparisons.* New York/Berlin: Walter de Gruyter, 1988. S. 63–80.

Burns, T. und Stalker, G. *The Management of Innovation.* London: Tavistock, 1961.

Calori, Roland und De Woot, Philippe. *A European Management Model: Beyond Diversity.* Hemel Hempstead: Prentice Hall, 1994.

Canetti, Elias. *Die Provinz des Menschen: Aufzeichnungen* 1942–1972. München: Hanser, 1973.

Cavaleri, Steven und Oblój, Krzysztof. *Management Systems: A Global Perspective.* Belmont CA: Wadsworth, 1993.

Chandler, Alfred D. *Strategy and Structure: Chapters in the History of the American Industrial Enterprise.* Cambridge: MIT Press, 1990.

Chandler, Alfred D. *The Visible Hand: The Managerial Revolution in American and Business History.* Cambridge, MA: Harvard University Press, 1977.

Child, John. *Management in China during the Age of Reform.* Cambridge: Cambridge University Press, 1994.

Clark, R. W. *Einstein: The Life and Times.* New York: Word Publishing, 1971.

Clegg, Stewart R. und Redding, S. Gordon. *Capitalism in Contrasting Cultures.* New York/Berlin: Walter de Gruyter, 1990.

Cohen, W. M. und Levinthal, D. A. «Absorptive Capacity: A New Perspective on Learning and Innovation». *Administrative Science Quarterly,* 1990 (35:2). S. 128–152.

Coleman, Bruce I. (Hrsg.).*The Idea of the City in nineteenth-century Britain.* London: Routledge & Kegan Paul, 1973.

Collins, O. und Moore, D. *The Organization Makers.* New York: Appleton Century Crofts, 1970.

Cooper, A. C. «Strategic Management: New Ventures and Small Business». *Journal of Long Range Planning*, 1981 (15:5). S. 39–45.

Croparizano, R., James, K. und Citera, M. «A Goal Hierarchy Model of Personality, Motivation, and Leadership». In: L. L. Cummings und B. M. Staw (Hrsg.). *Research in Organizational Behaviour*, 1993.

Daft, R. L. *Organizational Theory and Design*. St. Paul: West, 1983.

Daft, R. L. und Becker, S. *Innovation in Organization*. New York: Elsevier, 1978.

Davenport, Thomas H. *Process Innovation: Reengineering Work Through Information Technology*. Boston: Harvard Business School Press, 1993.

De Geus, Arie. *Jenseits der Ökonomie: Die Verantwortung der Unternehmen*. Stuttgart: Klett-Cotta, 1998.

EFER: Venture Capital Ass. *Europe 500 «Central and East European Dynamic Entrepreneur»*. Brüssel, 1995.

Einstein, Albert. *Aus meinen späten Jahren*. Stuttgart: DVA, 1979.

Einstein, Albert. *Mein Weltbild*. Berlin: Ullstein, 1998.

Fayol, Henri. *General and Industrial Management*. London: Pitman, 1949.

Fiedler, F. E. A *Theory of Leadership Effectiveness*. New York: McGraw-Hill, 1967.

Filley, A. C. und House, R. J. *Managerial Process and Organizational Behaviour*. Glenview: Scott Foresman, 2. Aufl. 1976.

Frost, P. J. und Egri, C. P. «The Political Process of Innovation» In: L. L. Cummings und B. M. Staw (Hrsg.), *Research in Organizational Behaviour*, 1991 (13). S. 229–295.

Füredi, Frank. *Mythical Past, Elusive Future*. London: Pluto Press, 1992.

Galbraith, J. R. und Nathanson, D. A. «The Role of Organizational Structure and Process in Strategy Implementation». In: D. E. Schendel und C. W. Hofer (Hrsg.). *Strategic Management: A New View of Business Policy and Planning*. Boston: Little, Brown and Company, 1979. S. 249–283.

Gatley, S. und Lessem, R. *Enhancing the Competitive Advantage of Trans-Cultural Businesses*, 1995.

Gatley, S., Lessem, R. und Altman, J. *Comparative Management: A Transcultural Odyssey*. New York: McGraw-Hill, 1995.

Gibbons, P. T. «Impacts of Organizational Evolution on Leadership Roles and Behaviours». *Human Relations*, 1992 (45:1). S. 1–18.

Gomez, P., Hahn, D., Müller-Stewens, G. und Wunderer, R. (Hrsg.). *Unternehmerischer Wandel: Konzepte zur organisatorischen Erneuerung*. Wiesbaden: Gabler, 1994.

Govindarajan, V. «Implementing Competitive Strategies at the Business Unit Level: Implications of Matching Managers with Strategies». *Strategic Management Journal*, 1989 (10:3). S. 251–269.

Graen, O., Dansereau, F., Jr. und Minami, T. «Dysfunctional Leadership Styles». *Organizational Behaviour and Human Performance*, 1972 (7:2). S. 216–236.

Greiner, L. E. «Evolution and Revolution as Organizations Grow». *Harvard Business Review*, 1972 (50:4). S. 37–46.

Griffin, R. W. «Task Design Determinants of Effective Leader Behavior». *Academy of Management Review*, 1979 (4:2). S. 215–224.

Hage, J. und Aiken, M. *Social Change in Complex Organizations*. New York: Random House, 1970.

Hambrick, D. C. und Mason, P. A. «Upper-Echelons: The Organization as a Reflection of its Top Managers». *Academy of Management Review*, 1984 (9:2). S. 193–206.

Hampden-Turner, Charles. *Corporate Culture*. London: Piatkus, 1994.

Hampden-Turner, Charles und Trompenaars, Fons. *Seven Cultures of Capitalism*. New York: Doubleday, 1993.

Handy, Charles. *Die Fortschrittsfalle*. Wiesbaden: Gabler, 1994.

Hersey, P. und Blanchard, K. H. *Management of Organizational Behaviour: Utilizing Human Resources*. Englewood Cliffs: Prentice Hall, 4. Aufl. 1982.

Hickson, David J. und Pugh, Derek S. *Management Worldwide: The Impact of Societal Culture on Organizations Around the Globe.* London: Penguin, 1995.

Hofstede, Geert. *Culture's Consequences: International Differences in Work-Related Values.* Beverly Hills: Sage, 1980.

Hofstede, Geert. *Interkulturelle Zusammenarbeit: Kulturen – Organisationen – Management.* Wiesbaden: Gabler, 1993.

Holton, Robert S. und Turner, Bryan S. *Max Weber on Economy and Society.* London: Routledge, 1989.

Howell, F. M. und Higgins, C. A. «Champions of Technological Innovation». *Administrative Science Quarterly,* 1990 (35:2). S. 317–341.

Hunt, S. G., Baliga, B. R. und Peterson, M. F. «Strategic Apex Leader Scripts and an Organizational Life Cycle Approach to Leadership and Excellence». *Journal of Management Development,* 1988 (7:5). S. 61–83.

Iribarne, Philippe d'. *La logique de l'honneur. Gestion des Entreprises at Tradutions Nationales.* Paris: Edition du Seuil, 1989.

Jacques, Elliot. «In Praise of Hierarchy». *Harvard Business Review* (Januar-Februar 1990). S. 127–133.

Jarillo, S. C. «On Strategic Networks». *Strategic Management Journal,* 9:1 (1988). S. 31–41.

Jung, Carl Gustav. *Archetyp und Unbewußtes.* Hrsg. v. H. Barz, U. Baumgardt, R. Blomeyer, H. Dieckmann, H. Remmler, Th. Seifert. Zürich: Walter-Verlag, 4. Aufl. 1990.

Kagono, T., Nonaka, I., Sakakibara, K. und Okumura, A. *Strategic versus Evolutionary Management: A US-Japan Comparison of Strategy and Structure.* Amsterdam: North Holland, 1985.

Kanter, Rosabeth Moss. *The Change Master.* New York: Simon and Schuster, 1983.

Kanter, Rosabeth Moss. «When a Thousand Flowers Bloom: Structural, Collective, and Social Conditions for Innovation in Organization». In: L. L. Cummings und B. M. Staw (Hrsg.). *Research in Organizational Behavior,* 1988 (10). S. 169–211.

Kantrow, Alan M. *The Constraints of Corporate Tradition.* Harper and Row, 1987.

Kets de Vries, M. und Miller, D. *The Neurotic Organization.* San Francisco: Jossey-Bass, 1984.

Kimberly, S. R. «Issures in the Creation of Organizations: Initiation, Innovation, and Institutionalization» *Academy of Management Journal,* 22:3 (1979). S. 437–457.

Kimberly, S. R. und Miles, R. H. *The Organizational Life-Cycle.* San Francisco: Jossey-Bass, 1980.

Kogut, Bruce Michael. *Country Competitiveness: Technology and the Organizing of Work.* Oxford: Oxford University Press, 1993.

Kono, T. «Factors Affecting the Creativity in Organizations – An Approach from the Analysis of New Product Development». In: K. Urabe, J. Child und T. Kagono (Hrsg.). *Innovation and Management: International Comparisons.* New York /Berlin: Walter de Gruyter, 1988. S. 104–144.

Larçon, J.-P. und Reitter, R. *Structures de Pouvoir et Identité de l'entreprise.* Paris: Nathan, 1979.

Lawrence, P. R. und Lorsch, J. W. *Organizations and Environment.* Chicago: Irwin, 1967.

Lessem, R. *Business as a Learning Community.* New York: McGraw-Hill 1993.

Lessem, R. und Neubauer, F. *European Management Systems.* New York: McGraw-Hill, 1994.

Lessem, R. und Palsule, S. *Managing in Four Worlds.* Oxford: Blackwell, 1997.

Liden, R. G. und Graen, G. «Generalizability of the Vertical Dyad Linkage Model of Leadership». *Academy of Management Journal,* 1980 (23:3). S. 451–465.

MacFarlane, Kenneth B. *The Nobility of Later Medieval England.* Oxford: Clarendon Press, 1973.

Macharzina, K. «Interkulturelle Perspektiven einer management- und führungsorientierten *Betriebswirtschaftslehre*». In: *R. Wunderer (Hrsg.). Betriebswirtschaftslehre als Management- und Führungslehre.* Stuttgart: Schäffer-Poeschel, 3. Aufl. 1995a. S. 265–283.

Macharzina, K. *Unternehmensführung.* Wiesbaden: Gabler, 2. Aufl. 1995b.

Maidique, M. A. «Entrepreneurs, Champions, and Technological Innovation». *Sloan Management Review,* 1980 (21:2). S. 59–76.

Mansfield, Edwin. *The Economics of Technological Change.* New York: Norton, 1968.

March, J. und Simon, H. *Organizations.* Chichester: Wiley, 1958.

McLuhan, Marshall. *Understanding Media: The Extensions of Man.* London: Routledge & Kegan Paul, 1964.

Miles, R. E. und Snow, C. C. «Fit, Failure and the Hall of Fame». *California Management Review,* 1984 (26:3). S. 10–28.

Miles, R. P. und Snow, C. C. «Organisations: New Concepts for New Forms». *California Management Review,* 1986 (28:3). S. 62–73.

Miller, D. und Friesen, P. H. *Organizations: A Quantum View.* Englewood Cliffs: Prentice Hall, 1984.

Miller, D. und Toulouse, S. «Chief Executive Personality and Corporate Strategy and Structure in Small Firms». *Management Science,* 1986 (32:11). S. 1389–1409.

Mintzberg, H. «Power and Organization Life Cycles». *Academy of Management Review,* 1984 (9:2). S. 207–224.

Mohn, R. *Erfolg durch Partnerschaft. Eine Unternehmensstrategie für den Menschen.* Berlin: Siedler, 1986.

Mossetto, G. *Aesthetics and Economics.* Dordrecht: Kluwer, 1993.

Nonaka, Ikujiro. «The Knowledge-Creating Company». *Harvard Business Review,* November-Dezember 1991.

Nonaka, Ikujiro. «A Dynamic Theory of Organizational Knowledge Creation». *Organization Science,* 1994 (5:1).

Nonaka, Ikujiro und Takeuchi, Hirotaka. *Die Organisation des Wissens. Wie japanische Unternehmen eine brachliegende Ressource nutzbar machen.* Frankfurt: Campus, 1997.

Nyström, H. *Creativity and Innovation.* Chichester: Wiley, 1979.

Pappas, Nickolas. *Plato and the Republic.* London: Routledge, 1995.

Parker, R. C. *The Management of Innovation.* Chichester: Wiley, 1982.

Parry, S. H. *The Age of Reconnaissance.* London: Cardinal, 1973.

Pelz, D. C. und Andrews, F. M. *Scientists in Organizations.* Chichester: Wiley, 1966.

Pettigrew, A. M. *The Management of Change.* Oxford: Blackwell, 1988.

Piore, Michael J. und Sabel, Charles F. *The Second Industrial Divide: Possibilities for Prosperity.* New York: Basic Books, 1984.

Porter, Michael E. *Nationale Wettbewerbsvorteile: Erfolgreich konkurrieren auf dem Weltmarkt.* Wien: Ueberreuter, 1993.

Powell, W. W. «Neither Market nor Hierarchy: Network Forms of Organization». In: L. L. Cummings und B. M. Staw (Hrsg.). *Research in Organizational Behavior*, 1988 (12). S. 295–336.

Quinn, S. B. «Strategic Change: ‹Logical Incrementalism›». *Sloan Management Review*, 1978 (20:1). S. 7–21.

Quinn, S. B. *Strategies for Change: Logical Incrementalism.* Homewood: Irwin, 1980.

Quinn, R. E. und Cameron, K. «Organizational Life Cycles and Shifting Criteria of Effectiveness: Some Preliminary Evidence». *Management Science*, 1983 (29:1). S. 33–51.

Randlesome, Collin (Hrsg.). *Business Cultures in Europe.* Oxford: Butterworth Heinemann, 2. Aufl. 1993.

Reich, Jerome. *Colonial America.* Englewood Cliffs: Prentice Hall, 1984.

Reitter, R. u.a. *Culture d'entreprises.* Paris: Vuibert, 1991.

Ritzer, George. *Die McDonaldisierung der Gesellschaft.* Frankfurt: Fischer, 1995.

Ritzer, George und LeMoyne, T. «Hyperrationality: An Extension of Weberian and NeoWeberian Theory». In: George Ritzer (Hrsg.). *Metatheorizing in Sociology.* Lexington, MA: Lexington Books, 1991.

Roth, K. «Managing International Interdependence: CEO Characteristics in a Resource-Based Framework». *Academy of Management Journal,* 1995 (38:1). S. 200–231.

Rothwell, R. «The Characteristics of Successful Innovations and Technically Progressive Firms». *R&D Management,* 1977 (7:3). S. 258–291.

Schein, Edgar. *Unternehmenskultur. Handbuch für Führungskräfte.* Frankfurt: Campus, 1995.

Scaff, Lawrence A. *Fleeing the Iron Cage: Culture, Politics and Modernity in the Thought of Max Weber.* Berkeley: UCLA Press, 1989.

Scott, B. R. «The Industrial State: Old Myths and New Realities». *Harvard Business Review,* 1973 (52:2). S. 133–148.

Scott, S. G. und Bruce, R. A. «Determinants of Innovative Behavior: A Path Model of Individual Innovation in the Workplace». *Academy of Management Journal,* 1994 (7:3). S. 580–607.

Senge, Peter M. *Die fünfte Disziplin.* Stuttgart: Klett-Cotta, 4. Aufl. 1997.

Smith, Adam. *Der Wohlstand der Nationen.* München: dtv, 1988.

Starbuck, W. H. «Organizational Growth and Development». In: J. G. March (Hrsg.). *Handbook of Organizations.* Chicago: Rand-McNally, 1965. S. 451–533.

Starbuck, W. H. *Organizational Growth and Development.* Baltimore: Penguin, 1971.

Stogdill, R. M. *Individual Behavior in Group Achievement.* New York: Oxford University Press, 1959.

Tayeb, Monir H. *Organizations and National Culture: A Comparative Analysis.* London u.a: Sage, 1988.

Taylor, B., Gilinsky, A., Hilmi, A., Hahn, D. und Grab, U. «Strategy and Leadership in Growth Companies». *Long Range Planning*, 1990 (23:3). S. 66–75.

Tichy, N. und Ulrich, D. «Revitalizing Organizations: The Leadership Role». In: S. R. Kimberly und R. F. Quinn (Hrsg.). *New Futures: The Challenge of Managing Corporate Transitions*. Homewood: Irwin, 1984.

Thompson, V. *Modern Organizations*. New York: Knopf, 1961.

Thorelli, H. B. «Networks: Between Markets and Hierarchies». *Strategic Management Journal*, 1986 (7:1). S. 37–51.

Toynbee, Arnold J. *Change and Habit*. Oxford: Oxford University Press, 1966.

Trompenaars, Fons. *Handbuch Globales Managen. Wie man kulturelle Unterschiede im Geschäftsleben versteht*. Düsseldorf: Econ, 1993.

Urabe, K. «Innovation and the Japanese Management System». In: K. Urabe, J. Child und T. Kagono (Hrsg.). *Innovation and Management: International Comparisons*. New York/Berlin: Walter de Gruyter, 1988. S. 3–25.

Van de Ven, A. H. «Central Problems in the Management of Innovation». *Management Science*, 1986 (32:5). S. 590–607.

Veblen, Thorstein. *The Place of Science in Modern Civilization and Other Essays*. New Brunswick, NJ: Transaction Books, 1990.

Vroom, V. H. und Yetton, P. W. *Leadership and Decision-Making*. Pittsburgh: University of Pittsburgh Press, 1973.

Wakasugi, R. «Organizational Structure and Behavior in Research and Development». In: K. Imai und R. Komiya (Hrsg.). *Business Enterprise in Japan: Views of Leading Japanese Economists*. Cambridge, MA: MIT Press, 1994. S. 159–177.

Weber, Max. *Die protestantische Ethik und der Geist des Kapitalismus*. Tübingen: Mohr, 1934.

Weber, Max. *Wirtschaft und Gesellschaft. Grundriß der verstehenden Soziologie*. Tübingen: Mohr, 5. rev. Aufl. 1980.

Westley, F. und Mintzberg, H. «Profiles of Strategic Vision». In: S. Conger und R. Kanungo (Hrsg.). *Charismatic Leadership: The Elusive Factor in Organizational Effectiveness.* San Francisco: Jossey-Bass, 1988. S. 161–212.

Westley, F. «Bob Geldof and Life Aid: The Affective Side of Global Social Innovation». Human Relations, 44:10 (1991). S. 1011–1036.

Whitley, Richard (Hrsg.). *European Business Systems: Firms and Markets in their National Contexts.* London: Sage, 1993.

Yoshihara, H. «Dynamic Synergy and Top Management Leadership: Strategic Innovation in Japanese Companies». In: K. Urabe, J. Child und T. Kagono (Hrsg.). *Innovation and Management: International Comparisons.* New York/ Berlin: Walter de Gruyter, 1988. S. 47–62.

# Index

## U



## V